小学作文教学设计方案53例

黄波◎著

中国轻工业出版社

图书在版编目（CIP）数据

小学作文教学设计方案53例／黄波著．—北京：中国轻工业出版社，2011.1（2021.1重印）
ISBN 978-7-5019-7869-4

Ⅰ.①小… Ⅱ.①黄… Ⅲ.①作文课-教案（教育）-小学 Ⅳ.①G623.242

中国版本图书馆CIP数据核字（2010）第191926号

总 策 划：石　铁
策划编辑：孔胜楠　　　　　　　　责任终审：杜文勇
责任编辑：吴　红　孔胜楠　　　　责任监印：刘志颖

出版发行：中国轻工业出版社（北京东长安街6号，邮编：100740）
印　　刷：三河市鑫金马印装有限公司
经　　销：各地新华书店
版　　次：2021年1月第1版第10次印刷
开　　本：710×1000　1/16　印张：18.50
字　　数：186千字
印　　数：24501—27000
书　　号：ISBN 978-7-5019-7869-4　　定价：30.00元
读者热线：010-65181109，65262933
发行电话：010-85119832　传真：010-85113293
网　　址：http://www.chlip.com.cn　http://www.wqedu.com
电子信箱：1012305542@qq.com
如发现图书残缺请与我社联系调换
101124J5X101ZBW

前　言

　　现在的小学作文教学，唯一统一的依据就是教材上每个"语文园地"中的习作训练。可是，那只是一个"习作要求"而已，没有任何的方法介绍，作文教学仅仅寄托于教师的能力和学生的天赋。可是，教师教学写作的能力是参差不齐的，有些教师的作文课，只是说说写作要求就让学生自己写，学生能写出什么来呢？如果用做菜来比喻，教师有的只是一个"菜单"，却没有"烹调方法"，而教师的教学水平有差异，那烹调出来的菜肴的口味也就千差万别，有的美味无比，有的味道平淡但勉强能吃，还有的不仅味道不好、难以下咽，甚至吃了对身体有害。

　　现在市场上有一些关于作文教学或作文指导的书，大都是根据教科书编排的每篇习作的具体指导，基本上就是每单元几篇范文，再加上几点似乎很有用、其实学生似懂非懂的所谓的"指点迷津"，告诉学生该从哪些方面去写，该怎么写等，一点、二点、三点……似乎搞得清清楚楚了。可是，我以为，在小学生还不知道如何审题、如何选材、如何开头、结尾、如何把事情的经过叙述清楚的时候，跟学生说这些，是没有用的，学生还是不知道怎么去练习。这就像你对一个不会炒菜的学生说："今天中午，你可以做辣椒炒肉，既营养又美味；你还可以炒一个空心菜，吃蔬菜有利于身体健康……"这又有什么用？你还得告诉他怎么炒，才能算得上真正的指导。有的作文书里好心地为学生积累了一大堆所谓的好词佳句,却没有告诉学生该怎样让这些好词佳句为"我"所用……这就如同把一些米交给一个不会煮饭的学生一般,煮饭的过程虽然简单,但也是有学问的,放太多的米,放太少的水,或者火候不到位,都是煮不好饭的。

　　写作文就像造一辆汽车,我们必须先把各个零件都造好了,然后再把它们拼装起来。但是,如果连零件都不会造,又怎么造汽车呢?所以,真正的写作教学,一定要首先进行单项训练,而这正是教材上没有具体列出的内容,也是有些教师自己都不知道如何处理的内容。所以,我决定将一些单项的写作知识整合起来,使之变成一个循序渐进的知识体系,供教师在教学教材上的作文之余进行单项训练时使用。

　　我的作文教学观点是"循序渐进玩中学,先稳后新方奇崛"——写作文就像学走路,必须先走"稳",才能再要求他走得"美",甚至,写作文比走路更难。因为除了自身有残疾的人,我们很少见到不会走路的人,但是,我们却见到很多不会写作文的人。所以,我们不能在学生还没学会走路以前就要求学生创新,走姿势优美、摇曳生姿的"模特步",那结果就可能会是不仅不能走"模特步",甚至连走路都没学会。生活中,我们也没见过哪个大人要求孩子刚学走路的时候就要走出个性,他们甚至还宽容地让孩子先扶着床铺、茶几等慢慢地走,或者给他一辆学步车,这是让孩子学会走路的基本方法。但是,为什么写作却忌讳"学步"呢?有些作文指导书,一味在创新和新奇方面下功夫,反而忘了最基本的技能训练,导致很多学生不仅没学会怎么写作,甚至还丧失了写作的兴趣。所以,我决定写这本循序渐进的、在别人看来也许太浅但却真正有用的书。

　　对小学生写的作文,我们一定要放低要求,宽容对待,多发现他们作文中的闪光点,不要只看缺点,千万不能苛刻地拿它们与大人的文章相比。原因有三:

　　第一,小学生刚开始学写作文。肯定有很多不懂的地方,肯定不会写得太好,如果你用过高的要求吓着他们,他们就会失去写作文的兴趣。因为写作是需要自信的,需要有人欣赏,有很多作家提到他们之所以成为作家,就是因为开始写作时他们的老师表扬了自己的作文。"兴趣是最好的老师"已经是人人皆知的真理,让学生丧失兴趣容易,但要再培养学生的兴趣就是"难于上青天"了。所以,我们一开始一定要用"低要求"呵护学生的写作兴趣,作文批阅和讲评一定要以发现优点为主,哪个词语用得好,哪个句子写得好,哪个标题拟得好,哪个开头很新颖……一定要用红笔浓重加彩，一定要点名隆重表扬。而缺点呢，就不要点名或单独指出了，告诉学生如何改正就可以。如果一开始你就老挑学生作文的不是，会严重挫伤学生写作的积极性。我们不是经常在看到一岁的孩子摇摇摆摆地走路时会大加赞赏吗？对初学写作的小学生，为什么不能这样呢？

  第二，虽然学生的写作技巧不那么老练，但是学生眼中的世界却是不受束缚、没被污染的，是那样天真、纯洁，因此也那样动人，这正是小学生作文中可贵的地方，给人一种特殊的美感，就好像我们看到那些刚学走路或刚学说话的小宝贝所得到的幸福和快乐一样。如果我们一开始就用太多写作的理论知识来束缚他们，如果一开始就让他们去考虑文采等问题，学生的写作思路就会受到限制，甚至脑海中的写作资料也会因为要考虑别的事情而失踪，他们明明有东西要表达却不好表达，或者是担心不符合老师的要求而不敢表达。其实，学生的眼中自有一个美丽动人的世界，与之相比，成人的世界反而显得单调而守旧。所以，如果我们只是一味地要求学生按照我们的思路去写作，我们培养的不过是一些复制品，了无新意，那对我们，对我们这个社会又有什么好处呢？

  第三，万事都要从头开始，先让学生写通了作文，才能让学生写好作文。先让学生把句子写通顺了，才能考虑修辞手法；先让学生把事情交代清楚了，才能去设置悬念、折腾花样。所以，我们先不要急着从学生的作文中寻找文采或新意，只要学生把作文写通了，把思想表达出来了就可以，而文采和新意，到时自然会"熟能生巧"，"奇崛"的文章自然也就慢慢有了。

  当然，我永不会忘了我"乐学宫主"的身份，作文教学的枯燥自然难逃我的法眼，所以，我在作文教学中融入了很多趣味的东西：故事、游戏、歌曲、活动……这些充满魔力的东西，一定能让学生"乐不思蜀"，教师自然也就乐在其中了！

  同时，为了让教师更好地了解我的教学方法，我采用了详细教案的形式，有的地方甚至精细到每一句话，这样，就可以让教师既能了解我的教学思路，又能具体知道某些程序应该如何操作，比只有条条框框的教案更方便使用。

  本书还提供了一些参考答案，但值得注意的是：这不是什么标准答案，只是可以作为范例让学生参考，如果学生有好的、新的思路，一定要加以表扬，不要打消他们创新的积极性。

如果你想让自己的作文课不再枯燥无物，那就请跟我来吧，我将带你畅游一个作文教学的新境界！

黄波
2010 年 8 月

目 录

基 础 篇 …………………………………………………………………… 1
【教案 1】别人需要的爱才是最好的爱——如何审题 …………………… 1
【教案 2】云想衣裳文想名——如何给作文拟题 ………………………… 8
【教案 3】天生好材为我用 霓裳未若美魂灵
　　　　　——如何选材和立意 ……………………………………… 17
【教案 4】也傍桑阴学种瓜——什么是模仿 …………………………… 29
【教案 5】作文家族座次表——誊写作文的格式 ……………………… 36
【教案 6】作文中无字的语言——小标点的大作用 …………………… 41
【教案 7】"开门见山"回眸笑 不醉不呆最宜人
　　　　　——围绕主题，首尾照应 ………………………………… 50
【教案 8】兔子的尾巴不长了——作文修改常识 ……………………… 54
【教案 9】让我轻轻地告诉你——如何互相批阅作文 ………………… 60
【教案 10】为我所用才有用——如何收集资料写文章 ………………… 66
【教案 11】精写随笔三百篇 不会作文也会编
　　　　　 ——随笔，材料的仓库 ………………………………… 76
【教案 12】一滴水可以见大海——如何用"小"素材写大主题 ……… 82
【教案 13】唱的比说的好听——歌曲和作文的亲密接触 ……………… 86
【教案 14】千万次的问——如何让问句为作文服务 …………………… 95
【教案 15】灵活，是最好的老师——考场作文支招 …………………… 98

写 事 篇 ·· 107

【教案16】再现活动的精彩——如何记录活动经过·················· 109
【教案17】活动：最佳"摄像机"
　　　　　——事情的发展顺序片段练习·························· 112
【教案18】歌声与故事——听歌写故事······························ 114
【教案19】耳听为虚　笔记为实——听、记故事···················· 118
【教案20】天生丽质难自弃　写事功到自然成
　　　　　——要素开头，自然收尾································ 121
【教案21】起因—经过—结果——学会把事情写完整················ 126
【教案22】给作文打造完美身形——材料的取舍和详略·············· 130
【教案23】小小少年　渐渐长大——成长的故事······················ 135
【教案24】音乐美　童话美——如何根据歌曲编写动物童话·········· 139
【教案25】让童话代替我们说话——自力更生写童话················ 144

写 人 篇 ·· 149

【教案26】他长得什么模样——外貌描写比赛······················ 150
【教案27】小小的我——学会根据表格内容写人···················· 155
【教案28】活动："猜猜我是谁"——《我》的作文讲评············ 162
【教案29】那人，那事——如何为人写事·························· 164

写 景 篇 ·· 169

【教案30】先写树木再写林——如何观察一个"点"················ 171
【教案31】活动：团结就是力量
　　　　　——分组观察图片并综合成一段文字···················· 174
【教案32】秋天的图画——如何根据图片写秋天的景色·············· 177
【教案33】动静结合美更多——如何动静结合写景物················ 180
【教案34】声入文，文如歌——象声词的运用······················ 183
【教案35】具体美，想象美——用想象将美写具体·················· 189
【教案36】酒不醉人人自醉　幻想奢侈不浪费
　　　　　——如何通过感觉写景物································ 192
【教案37】比出一片新天地——比喻手法的运用···················· 195
【教案38】要成功，先"成人"——拟人手法的运用················ 199
【教案39】让古人帮我们写文章——古诗的引用···················· 203

【教案40】美不美　家乡水——如何写家乡的景物……………………208
　　【教案41】活动：在希望的田野上——作文讲评………………………213
　　【教案42】江山如此多娇——"我"最心怡的美景………………………215
　　【教案43】活动：妙文生"画"，妙笔生"画"
　　　　　　　——写景作文讲评……………………………………………220

状　物　篇……………………………………………………………………223
　　【教案44】问渠哪得清如许　为有源头活水来
　　　　　　　——如何写观察日记……………………………………………224
　　【教案45】"花谜会"活动：猜一猜　快乐来——猜动物谜语…………233
　　【教案46】最佳魔术师——如何根据动物谜语描写动物…………………238
　　【教案47】可爱的动物——如何描写动物的外形和习性…………………240
　　【教案48】飞向未来的城堡——如何写想象中的物………………………245

应　用　篇……………………………………………………………………249
　　【教案49】跟我走吧，现在就出发——如何写导游词……………………250
　　【教案50】我读我思故我在——如何写读后感……………………………257
　　【教案51】云中谁寄锦书来——如何写信和回信…………………………263
　　【教案52】说明文的"十八般武艺"——如何写说明文……………………268
　　【教案53】让思想自由飞翔——如何写自主作文…………………………276

参　考　文　献…………………………………………………………………283

基 础 篇

【教案1】

别人需要的爱才是最好的爱——如何审题

审题,是写作中最关键的一步。所以,教会学生审题也是作文教学中最重要的一步。如果这一步没走好,那作文教学无疑就是无本之木。即使写作技巧再纯熟、修辞手法再丰富、思想意义再深刻,如果离题了,那写的作文也只是"竹篮打水一场空"。

所以,我们可以在第一堂作文课上,先说说"审题那些事",当然,小学生的水平有限,我们一定要用通俗和趣味的语言吸引他们的学习兴趣。

教学目标

(1) 了解什么是审题、审题对于写作的作用。
(2) 学会审命题作文、半命题作文和习作要求的"题"。

教学重点

学会审命题作文、半命题作文和习作要求的"题"。

教学难点

学会审命题作文、半命题作文和习作要求的"题"。

教学准备

故事一个，表格一个，小黑板或课件出示的几篇没有标题的文章。

教学过程

一、导入激趣

从前有个财主，一心望子成龙，可是他的儿子又笨又懒。有一次，儿子在老师的逼迫下，拼命写了一篇文章。财主喜欢得不得了，捧着文章到处请人鉴赏，请人评价。有个秀才看了文章之后，在上面写了两句评语："两个黄鹂鸣翠柳，一行白鹭上青天。"

秀才肯写评语，总是好事。财主更高兴了，逢人就拿出来给人看。有一天，他家的穷亲戚来借钱，看了文章与评语后，大为赞赏。财主自己不通文理，不明白这两句评语的意思，就向这个穷亲戚请教。这个穷亲戚说："这两句评语写得好。上一句是黄鹂在鸣，有声也；黄鹂和翠柳相配，有色也。下一句是白鹭飞上青天，青云直上也。这是说公子的文章写得有声有色，将来高中之后，必定青云直上，您老人家就可以当老太爷了。"财主听了大喜，就借了一大笔钱给他。

这件事传开后，写评语的秀才就受到了朋友们的指责。大家说："这样的文章，你为什么给它下那么好的评语？难道你也得了他家的好处吗？"

秀才解释说："各位！你们误会了！对这样的文章，我怎么还会给它下好评语呢？我的评语是'不知所云，离题万里'。"

有人就反问他："你的评语不是'两个黄鹂鸣翠柳，一行白鹭上青天'吗？"秀才说："不错。你们想：两个黄鹂在柳树上叽叽喳喳，谁知道它们在说些什么，这不正是'不知所云'吗？白鹭上了青天，只有越飞越远，这不正是说他的文章写得'离题万里'吗？"

有趣吧？什么是"离题万里"呢？财主的儿子写的文章为什么会"一行白鹭上青天"呢？

二、什么是审题？为什么要审题？

"离题万里"，就是说文章的内容和题目的要求差得很远，为什么文章的内容要符合题目的要求呢？

打个比方：同学们都很有爱心，都希望能给别人以关心和友爱，但是，有这样一个人，他看到一个乞丐饿得有气无力，于是，他把自己的棉衣脱下来递给了乞丐，说："你穿上它吧！"你们觉得他的爱怎么样？

这个乞丐又不冷，他却把棉衣给他穿，至少在当时，棉衣是乞丐所不需要的，乞丐最需要的是食品，你即使给他一床棉被，乞丐还是有可能会饿死。所以，给别人需要的爱才是最好的爱。

写作文当然也一样，每一次写作文，我们都要考虑这次作文需要什么。作文需要什么，我们就写什么，这个过程，就叫做审题。审好了题，才不会"一行白鹭上青天"——离题万里。

审题，是写作的第一步，也是最关键的一步，因为写作文如果离题的话，那就像给一个饥饿的乞丐棉衣一样，是没有用的。有的学生，作文要求写一件快乐的事，他偏偏写一件伤心的事；作文要求写一件发生在夏天的事，他偏偏写一件发生在冬天的事；作文要求写一个人，他偏偏写"我的家乡很美"……所以，即使他妙笔可以生花，如果审题这一步没做好，那花也是"白花力气"的"花"了。

三、命题作文的审题

1. 什么是命题作文？

命题作文是指命题者已经将题目拟出来，只要按照题目的要求把作文写出来即可，而不需要自己拟题目的一种习作要求形式。

2. 命题作文如何审题？

审命题作文的题，我们主要要弄清题目规定的写作对象和范围。

什么是写作对象？就是写作所指向的到底是什么，是介绍一个人，还是写一件事，是写一处景，还是写一个物……这个问题搞清楚了，写作就有了基本的方向。如《我的爸爸》、《我的伙伴》、《我最尊敬的一位老师》，这是写人的文章；《发生在教室里的一件事》、《难忘的一件事》、《往事》，这是写事的文章；《美丽的家乡》、《公园一角》，这是写景的文章；《我的文具盒》、《一张美丽的画》，这是写物的文章。

一般情况下，写作对象除了这个大范围，还有一些小范围，同样是写人，《我的爸爸》，就只能写"我"的"爸爸"，不能写其他任何人；《我的伙伴》，就只能写"我"的"伙伴"，不能写"我"的"妈妈"、"我"的"老师"、"我"的"外公"；《我最尊敬的一位老师》，就必须写"一位""我""尊敬"的"老师"，而不能写"我"尊敬的"作家"，不能写"两位""我"尊敬的老师，不能写自己"不尊敬"的老师，也不能写"别人"尊敬的老师；《发生在教室里的一件事》，就只能写发生在"教室"里的一件事，不能写发生在公园里的一件事，也不能写"两件"发生在教室里的事；《往事》因为没有规定数量，所以可以任意写几件，但是一定得是"往事"，而不能是"正在发生"的事，更不能写"将来"的事。

另外，我们还要注意作文题目中的附加条件。有些作文题目中有附加条件，比如《这儿变了样》的附加条件是"从一条马路、一家商店、一所学校中任选一处来写"，如果你不注意这些附加条件，写的是"我"家的变化，那就不符合要求了；如果你既写了商店的变化又写了学校的变化，那也不符合要求，因为题目要求"任选一处"来写。

3．练一练

（1）回忆我们学过的课文，将课文名称分类写在下面的括号里。

①《燕子》　　　　②《一幅名扬中外的画》　③《我选我》
④《数星星的孩子》　⑤《司马光》　　　　　　⑥《王二小》
⑦《小壁虎借尾巴》　⑧《黄山奇石》　　　　　⑨《北京》
⑩《蜜蜂》

写人的文章：（　　　　　）

写事的文章：（　　　　　）

写景的文章：（　　　　　）

写物的文章：（　　　　　）

（2）审一审下面两个作文题目。

《一件开心的事》

问题：

①作文要求我们写什么？

写人（　）写事（　）写景（　）状物（　）

②写什么样的？

开心的（　）伤心的（　）烦躁的（　）

③写几件？

一件（　）两件（　）随便几件（　）

《我们班的一件事》

问题：

①作文要求我们写什么？

写人（ ）写事（ ）写景（ ）

②写几件？

一件（ ）两件（ ）随便几件（ ）

③发生在哪里？

家里（ ）街上（ ）我们班（ ）

(3) 下面给出了几篇作文和它的主要内容，请判断一下小作者们审题正确吗？

序号	题目	主要内容	正误
例	秋天的图画	秋天过去了，冬天来了，雪地里有好多小朋友在玩游戏。	×
1	美丽的家乡	我们在杭州旅游，看了很多美丽的景色，了解了很多神奇的传说。	
2	可爱的小动物	我喜欢花，尤其是太阳花，我种了很多太阳花。	
3	我的妈妈	我的妈妈长得很漂亮，她很勤劳，也很关心我。	
4	我最尊敬的人	4岁的小表妹活泼可爱，而且很懂礼貌。	
5	让我后悔的一件事	很疼爱我的奶奶生病了，要我星期六去陪她，而我因为已经约好了同学一起去郊游，就没去。没想到过了几天，奶奶就去世了，我很后悔。	

参考答案：

1.× ；2.× ；3.√；4.×；5.√。

四、半命题作文的审题

1. 什么是半命题作文？

半命题作文指作文题目中规定了一部分内容，是必须按要求写的，但还有一部分是没有规定的内容，可以自由选择。

半命题的形式有：命前空后，如《我喜欢_____》、《我学会了_____》、《妈妈的_____》；命后空前，如《_____教育了我》、《_____笑了》；命两头空中间，如《一堂有趣的_____课》、《发生在_____里的事》；命中间空两头，如《_____教育了_____》、《_____学会了_____》等。

2. 练一练

(1) 审一审下面的半命题作文题目。

《发生在_____的一件事》

这个题目要求写一件事，但是对发生的时间、地点和人物都没有限制，学生可以自由地选择。可以在横线上填写表示地点的词，如《发生在教室的一件事》、《发生在外婆家的一件事》、《发生在菜市场的一件事》等；

也可以填写表示时间或天气的词,如《发生在夏天的一件事》、《发生在星期天的一件事》、《发生在雪天的一件事》等;还可以填写表示人物的词,但是为了语句通顺,一般要加上"身上"两字才好,如《发生在爸爸身上的一件事》、《发生在张老师身上的一件事》等。

《我爱_____》

这个题目限制了"我"的"爱",但是没有限制"我爱"的范围,学生可以写人物:《我爱爸爸》、《我爱老师》、《我爱雷锋》等;可以写植物、动物:《我爱映山红》、《我爱仙人掌》、《我爱小白兔》等;可以写物品:《我爱布娃娃》、《我爱小闹钟》、《我爱小雨伞》等;还可以写兴趣爱好:《我爱唱歌》、《我爱跳舞》、《我爱吹泡泡》等。当然,更可以写《我爱祖国》、《我爱家乡》、《我爱人民子弟兵》、《我爱白衣天使》等。

(2) 将下面的题目补充完整。

我喜欢_____

我学会了_____

妈妈的_____

_____笑了

一堂有趣的_____课

_____教育了_____

五、如何审"习作要求"?

命题作文和半命题作文的审题,就像一首歌唱的,是"明明白白我的心"。我们能够看得比较清楚,但有时候,命题者给我们的并不是一个题目,而是一段话,我们一般把这段话称为"习作要求",习作要求不像命题作文那样把关键的词语都列在了题目里面,让我们一目了然,那我们又该怎么办呢?

1. 学一学

(1)"习作要求"审题范例1:

这次习作,我们来写一写自己的课余生活。可以写课余参加的活动,可以写课余发生的有趣的事、高兴的事、或者你愿意写的其他事。写好以后读给爸爸妈妈听,让他们和我们分享习作的快乐。

学生在教师的引导下分析:

①课余,是指上课时间以外的时间,课余生活也就是上课时间以外的生活。这里就不能写课堂里的事情。

②写谁的课余生活呢？"写一写自己的课余生活"，也就是"我"的课余生活，虽然，"我"的课余生活可能也有别人参加，但必须是以"我"为主的，不能只写别人。

(2)"习作要求"审题范例2：

我们身边有许多熟悉的人，他们身上有许多值得写的事。这次习作就来写熟悉的人的一件事。先想一想打算写谁，写他的哪件事，把这件事想清楚，再动笔写。写完以后，可以读给你写的那个人听，请他评评写得怎么样？

学生在教师的引导下分析：

①写人还是写事？这个问题有点难，它既需要写人又需要写事，它是写"人的事"，所以，我们就不能写"小壁虎断了尾巴，它去借尾巴，大家都不借给它，它哭着回家找妈妈……"虽然这也是一件事，但这不是人的事，而是动物之间的事，所以不行。

②这件事有什么特点？这件事必须发生在"我们身边熟悉的人"的身上，我们不能把我们看到的一些名人故事写下来，如"华盛顿砍了樱桃树主动向爸爸承认错误"，"周总理的睡衣很旧了舍不得扔补好了再穿"，"诸葛亮巧使空城计"，"武松打虎"等，这些虽然也是我们熟悉的人发生的一件事，但不是"我们身边"熟悉的人的事。哪些是我们身边熟悉的人呢？我们的亲戚、邻居、同学、伙伴、朋友、老师等。写发生在他们身上的事。

需要注意的是，这件事最好具有一定的教育意义，使人能够看出一个人的品格，或者说明一个道理。

③几件这样的事？一件。

④我们将习作要求浓缩一下，就是"熟悉的人的一件事"，但是，我们一般不直接将"熟悉的人的一件事"作为作文的题目，最好将这个"熟悉的人"的身份指出来，如果写爸爸的一件事，标题就是"爸爸的一件事"；如果写"张老师的一件事"，标题就是"张老师的一件事"；如果写伙伴小文的一件事，标题就是"小文的一件事"；如果写同桌的一件事，标题就是"同桌的一件事"……

2. 练一练

分析下面的习作要求，找出写作范围和关键词。

如果问到同学们都会做些什么，大家会不假思索地回答：会画画、会游泳、会滑冰、会照相……回忆一下，这些本领是怎么学会的，在学习本领的过程中,有哪些趣事,有什么体会。选一样写下来。写的时候,要把由不会到会的过程写具体,表达出自己的真情实感。

六、结束语

把作文的需求了解清楚了,就能给它最需要的爱了,就不会"一行白鹭上青天"了,这样也就走上了写作文的正确轨道。

【教案2】

云想衣裳文想名——如何给作文拟题

命题作文和半命题作文,因为要求学生都写同一个题目,所以显不出个性,而现在是一个张扬个性、倡导创新的社会,所以,越来越多的作文不再用命题或半命题的方法,而改用习作要求了。习作要求的命题形式,灵是灵活了,但难度也增加了,因为那就需要作者自己拟题,而拟题也是一门学问,没有专门的训练是很难有好的标题的。所以,给学生上一节专门学习拟题的课是非常有必要的。

教学目标

(1)了解什么是拟题,如何进行拟题。
(2)学会根据习作要求或文章拟题。

教学重点

如何进行拟题。

教学难点

学会根据习作要求或文章拟题。

教学准备

准备好几篇习作要求和没有标题的文章。

教学过程

一、导入激趣

文章的标题也叫文章的名字,"云想衣裳花想容",我们的作文,它也想有一个美丽的名字。因为,一个美丽的名字不仅能吸引大家把文章看下去,还能让文章显得更美、更有深意。

上一节课,我们学习了如何审题,但是,同题作文往往磨灭了作文的个性,只有看文章才能看出作文的独到之处,也不利于作者思想的表达,所以,很多时候,命题者常常只给我们一个要求或是一个范围,而由我们自己去拟标题。

既然命题者给了我们这个机会,我们就要好好把握这个机会,把自己文章中独到的东西在标题里展示出来,让自己拟的标题更有个性,让别人一见标题就想读我们的文章。

二、如何根据习作要求拟题?

根据习作要求拟题的方法一般有以下几种:

出示习作要求1:

选一幅或画一幅秋天的图画,先跟同学说一说图画的内容,再写一写你选的或画的画。注意用上平时积累的词句。写好后读给同桌听,根据他的意见认真改一改。再把习作和图画一起贴在教室里,供大家欣赏。

像这样的习作要求,我们可以直接用习作要求中的关键词命名:"秋"、"秋天",也可以写"秋天的图画"、"秋天的景色",当然,也可以加入自己的感情色彩:"秋天真美"、"美丽的秋天"、"秋天多么美"等。

出示习作要求2:

我们身边有许多熟悉的人,他们身上有许多值得写的事。这次习作就来写熟悉的人的一件事。先想一想打算写谁,写他的哪件事,把这件事想清楚,再动笔写。写完以后,可以读给你写的那个人听,请他评评写得怎么样。

像这种习作要求,我们当然可以像第一种方法那样直接选用关键词命名:"我熟悉的人的一件事",但是,那样总感觉又长又别扭,所以,我们不如直接将人物名称写进去,变成"爸爸的一件事"、"妈妈的一件事"、"小明的一件事"……当然,如果你有足够的概括能力,你也可以把这件事概括起来,用这件事情最主要的线索或话语作为标题,有很多课文就是用的这种方法,如"窗前的气球"、"动手做做看"、"我要的是葫芦"、"小

"壁虎借尾巴"、"找花生"、"一分钟"……

出示习作要求3：

在综合性学习活动中，我们收集了不少关于中华传统文化的资料，有文字，有图片，也有实物，我们还看到了、听到了许多许多。想一想，哪些是你最想告诉大家的，把它们理一理，写成一篇习作。

像这种习作要求，它只给出了一个大范围，我们一般不宜直接写《中华传统文化》，因为我们很难用一篇简短的文章介绍所有的中华传统文化。所以，我们一般不以"中华传统文化"为题，而是以要写的具体的内容为题，如果写关于剪纸的，就可以以"剪纸"为标题；如果写关于放鞭炮的，就可以以"放鞭炮"为标题；如果想告诉大家清明节是怎么来的，就可以以"清明节的由来"为标题；如果想告诉大家端午节是怎么来的，就可以以"端午节的由来"为标题等。

出示习作要求4：

我们已经向同学介绍了自己去过的地方，接下就来写一写。要写出这个地方怎么吸引人，使别人读了也对这个地方感兴趣。写同一个地方的同学，可以交流交流，互相取长补短。如果不想写去过的地方，写想去的地方也可以。

这次习作的内容是介绍自己去过的地方或者想去的地方，我们可以将写的那个地方的名称作为作文的标题，如"西湖"、"黄山"、"颐和园"、"张家界"等；还可以像"美丽的小兴安岭"、"富饶的西沙群岛"一样，在地名前加上修饰语，如"秀美的西湖"、"奇特的黄山"、"迷人的张家界"等；也可以像"香港，璀璨的明珠"一样，在后面加上一些话，如"西安，美丽的都市"、"九寨沟，神奇的画卷"等。

如果按照自己的游览顺序来写，可以将标题写成："游人民公园"、"游九寨沟"、"游香山"等。

如果写的是想去的地方，可以将标题写成："我想去桂林"、"我想去北京"、"我想去杭州"等。

"要写出这个地方怎么吸引人，使别人读了也对这个地方感兴趣"，既然是吸引人的地方，那就应该是"好地方"，迷人的地方，那么，我们就可以给它加个修饰语："美丽的西湖"、"迷人的张家界"、"神奇的客家民居"等。

出示习作要求5：

我们已经读过不少童话故事，这次习作就来编童话故事。请你任选几种动物作为主人公，编一个故事。先想象一下它们之间可能会发生什么事，然后写下来。写好后读给大家听，看谁编的故事最有趣。

　　这次习作是写几个动物之间的童话故事，那么就不能专门写花花草草，也不能写成《我的爸爸》、《我的同学》等。什么是动物之间发生的童话故事呢？我们学过的《从现在开始》、《称赞》、《小壁虎借尾巴》等，都是动物之间的童话故事，我们看过的《白雪公主》、《灰姑娘》等就不是动物之间的童话故事了。

　　给这种文章拟标题，我们可以选主要"动物"的种类名称作为标题，比如"狮子和蚊子"、"狼和刺猬"、"公鸡和小狗"、"狐狸和乌鸦"等；也可以给故事中的人物取上名字，和别的相同种类的动物进行区别，就像大家最喜欢看的《喜羊羊与灰太狼》一样：如果你的故事是写的小狗"花花"，和刺猬"球球"的故事，你就可以给故事取名为"花花与球球"；如果你写的是皮皮狼与乖乖兔的故事，你就可以给故事取名为"皮皮狼与乖乖兔"；如果你愿意，也可以将故事中写到的事情作为作文标题，比如"小马过河"、"猴子吃西瓜"、"老狼请客"等。

三、如何为自由命题作文拟题？

　　出示习作要求6：

　　这次习作不规定内容、范围，请你自由写。可以写各种各样的人或事，可以写自己喜欢的景或物，可以写自己的快乐或烦恼……动笔前，先想一想自己最想告诉别人什么。写的时候，要把想表达的意思写清楚。写完后，把不满意的地方改一改。

　　这是一个很好写的习作要求，因为它的要求就是没有要求，只要你写想写的东西就行。当然，它得是一篇作文，是一个完整的整体，是一篇表达一定思想的文章。这样的习作要求，因为没有内容的规定，所以，我们不能根据关键词去拟题目，而只能根据自己写的具体的内容去拟题目，所以，我们要先决定自己写什么内容，然后根据自己写的内容去拟题：写自己的快乐，就可以拟题为"我的快乐"；写自己的烦恼，就可以拟题为"我的烦恼"；写自己喜欢的景物，就可以将景物名称作为标题："家乡的小池塘"、"外婆家的澎湖湾"等。

四、写完作文后再拟题

1. 写完作文后再拟题的好处

　　我们学习了如何根据习作要求拟标题，但是要想拟出更加独特的标题，还有一种方法，就是按照习作要求写完作文后再去拟题，那样，我们就有更多的拟题资源了，比如作文中一些精妙的语句、作文中人物绝妙的语言、作文中最重要的人物或线索等。

而且，即使我们开始已经拟好了作文标题，但写完之后如果觉得用另外一个标题更好，也可以再改过来。像有个同学写的下面这篇作文，开始他拟的标题是"发生在放学路上的一件事"，但是，写完之后，他觉得用另外一个标题更好。读读下面的这篇文章，想一想，他是想用什么做标题？

"笔直走，转弯狗！笔直走，转弯狗！"排在队伍中间的阮汉章一个劲儿念叨着。

放学回家人人要排队，我们这一队是七个人。

王力强的家过了，但是他不敢进去，因为一进去就得转弯，转弯岂不成了狗，谁愿意去当狗呀？

白莉莉的家也到了，她也不愿意转弯当狗，虽然她的眼泪已经在眼眶里打圈圈了。

第三个到的是林顾强的家，他咬了咬牙继续排队走，并且还附和阮汉章叫道："笔直走，转弯狗！笔直走，转弯狗！"声音比阮汉章还响亮。

反正，今天大家是耗上了，走到天黑吧，看谁先当狗！

眼睁睁看着自己的家门口一个接着一个地过去了，七个人的队还是排得好好儿的。

终于，住得最远的阮汉章家到了，大家心料阮汉章绝不会作法自毙，一点也没放慢步子。谁又知道，他竟猛地拐了一个弯，"嘻嘻"一笑，一跳跳进了自己家的院子，"砰"的一声关上了大门。

这个当上得可大了，大家马上"哗"的一下散了开来，气呼呼地在他家院子门口齐声吆喝："笔直走，转弯狗！阮汉章是转弯狗！"

阮汉章只当自己是聋子，任凭大家去喊哑嗓子。好一会儿，我们正觉得有些气馁时，突然，门打开了，嘻嘻笑的阮汉章伸出了脑袋："天下哪有不转弯的路？只有你们这群小傻瓜才会上当受骗，陪着我送我送到家！"

说完后，他还一连扮了两个鬼脸，"砰"的一声又关上了门。我们气坏了，回去的路上一路商量着，有朝一日，总要狠狠地报复他一下。

唯有林顾强还在不断地嘟哝："笔直走，转弯狗！笔直走，转弯狗……"不知不觉中，竟念成了"转弯走，笔直狗……"

有好多同学都想到用"笔直走,转弯狗"作为标题,真是英雄所见略同啊,小作者就是改用了这个标题,大家是不是也觉得这个标题比"发生在放学路上的一件事"更生动、更有吸引力呢?读者看了这个标题一定会觉得奇怪:什么是"笔直走,转弯狗"呢?这里面有一个什么样的故事呢?如此,就能吸引读者把这篇文章读下去了。这就是写完作文后再拟题的好处。

2. 常见的拟题方法

(1) 文中主要人、物的名称、地名、时间名和主要线索的名称:如"赵州桥"、"燕子"、"回声"、"司马光"、"王二小"、"灰雀"、"蜜蜂"、"风筝"、"松鼠和松果"、"小白兔和小灰兔"、"棉花姑娘"、"纸船和风筝"、"车站"、"日月潭"、"秋天"、"夏夜"等。

当然,有时候还会带上一定的修饰语,表示事物的性质、数量等,如"胖乎乎的小手"、"两只鸟蛋"、"美丽的小路"、"春雨的色彩"、"棉鞋里的阳光"、"手捧空花盆的孩子"、"两只小狮子"、"窗前的气球"、"一株紫丁香"、"清澈的湖水"、"我们的民族小学"、"金色的草地"、"槐乡的孩子"、"一幅名扬中外的画"、"美丽的小兴安岭"、"富饶的西沙群岛"等。

让学生从教材中找一找,哪些课文用的是这种拟题方法。

(2) 主要事件或内容:如"孔子拜师"、"失物招领"、"画家乡"、"小壁虎借尾巴"、"邓小平爷爷植树"、"称象"、"看电视"、"兰兰过桥"、"坐井观天"、"小蝌蚪找妈妈"、"太空生活趣事多"、"盘古开天地"等。

让学生从教材中找一找,哪些课文用的是这种拟题方法。

(3) 关键语句——文章中起主要作用的人物的语言等:如"我要的是葫芦"、"从现在开始"、"我们成功了"、"我为你骄傲"、"动手做做看"、"我不是最弱小的"、"一次比一次有进步"、"自己去吧"、"要下雨了"、"吃水不忘挖井人"、"她是我的朋友"等。

让学生从教材中找一找,哪些课文用的是这种拟题方法。

(4) 疑问:如"雷锋叔叔,你在哪里"、"我是什么"、"哪座房子最漂亮"等。

让学生从教材中找一找,哪些课文用的是这种拟题方法。

(5) 感叹:如"夏夜真美"、"'红领巾'真好"、"农业的变化真大"等。

让学生从教材中找一找,哪些课文用的是这种拟题方法。

五、练一练

用以上任意一种拟题方法,给下面三篇文章想个合适的标题并填在文前的横线上。

一天，父亲下班回到家已经很晚了，他很累也有点儿烦，他发现5岁的儿子靠在门旁正等着他。

　　"爸爸，我可以问您一个问题吗？"

　　"什么问题？"

　　"爸爸，您1小时赚多少钱？"

　　"这与你无关，你为什么问这个问题？"父亲生气地说。

　　"我只是想知道，请告诉我，您1小时赚多少钱？"儿子哀求道。

　　"假如你一定要知道的话，我1小时赚20美金。"

　　"哦，"儿子低下了头，接着又说，"爸爸，可以借我10美金吗？"

　　父亲发怒了："如果你只是要借钱去买毫无意义的玩具的话，给我滚回你的房间睡觉去。好好想想为什么你会那么自私。我每天辛苦工作，没时间和你玩小孩子的游戏。"

　　儿子默默地回到自己的房间并关上了门。

　　父亲坐下来还在生气。后来，他平静下来了。心想他可能对儿子太凶了——或许儿子真的很想买什么东西，再说他平时很少要过钱。

　　父亲走进儿子的房间："你睡了吗？"

　　"爸爸，还没有，我还醒着。"儿子回答道。

　　"我刚才可能对你太凶了，"父亲说，"我不应该发那么大的火儿——这是你要的10美金。"

　　"爸爸，谢谢您。"儿子高兴地从枕头下拿出一些被弄皱的钞票，慢慢地数着。

　　"为什么你已经有钱了还要？"父亲不解地问。

　　"因为原来不够，但现在凑够了。"孩子回答，"爸爸，我现在有20美金了，我可以向您买1个小时的时间吗？明天请早一点儿回家——我想和您一起吃晚餐。"

　　(1) 教师出示文章，学生拟题。

　　(2) 教师检查学生的拟题情况。

　　(3) 总结学生的拟题情况，进行表扬和鼓励。

　　(4) 根据学生做题情况适当补充答案，供学生参考和学习。

　　参考答案：

　　按照第1种拟题方法，用故事中的主要人、物作为标题，我们可以写：

"爸爸和儿子"
"20美金"
"向爸爸买时间的儿子"

按照第2种拟题方法，用主要事件作为标题，我们可以写：
"儿子向爸爸买时间"

按照第3种拟题方法，用故事中人物的语言作为标题，我们可以写：
"我想和您一起吃晚餐"

按照第4种拟题方法，用疑问的方式拟标题，我们可以写：
"儿子为什么向父亲买时间"
"儿子为什么要借10美金"

当然，你还可以鼓励学生想自己觉得合适的其他题目，并说明这样拟题的理由，然后请老师和同学评价一下。

有一个爱下棋的国王，他常和大臣、象棋高手对弈。几年来，每次下棋，国王都是赢家，大家都恭维他是天下独一无二的象棋高手。

国王微服私访。他来到京城一家酒店，一个十来岁的小姑娘正和一个年轻人在下象棋，那小姑娘把年轻人杀得一败涂地。国王坐下来和小姑娘对弈，不多一会儿就损兵折将，成了小姑娘的手下败将。国王不服输，又和小姑娘下了一盘，结果是同样的惨败。国王这才心服口服，并且夸小姑娘是象棋高手。

小姑娘笑着说："我的父亲才是高手呢，他曾被选入宫和国王对弈，只是他输给了国王。"国王说："为什么会输给国王呢？"小姑娘哈哈大笑道："父亲说，国王高兴就能国泰民安，他是故意输给国王的。"

国王回到宫中，闭门反思。他想，太平盛世，其实不是我一个人的功劳，还有各种各样的人要做出让步，或以不同的方式帮助我啊！

(1) 学生拟题。
(2) 教师检查学生的拟题情况。
(3) 总结学生的拟题情况，进行表扬和鼓励。
(4) 根据学生做题情况适当补充答案，供学生参考和学习。

参考答案：
"爱下棋的国王"
"到底谁最会下棋？"

"国泰民安的原因"
"真相"

一只四处漂泊的老鼠在佛塔顶上安了家。

佛塔里的生活实在是幸福极了，它既可以在各层之间随意穿越，又可以享受到丰富的供品。它甚至还享有别人所无法想象的特权，那些不为人知的秘籍，它可以随意咀嚼；人们不敢正视的佛像，它可以自由消遣，兴起之时，甚至还可以在佛像头上留些排泄物。

每当善男信女们烧香叩头的时候，这只老鼠总是看着那令人陶醉的烟气，慢慢升起，它猛抽着鼻子，心中暗笑："可笑的人类，膝盖竟然这样柔软，说跪就跪下了！"

有一天，一只饿极了的野猫闯了进来，它一把就将老鼠抓住了。

"你不能吃我！你应该向我跪拜！我代表着佛！"这位高贵的俘虏抗议道。

"人们向你跪拜，只是因为你所占的位置，不是因为你！"

野猫讥讽道，然后，美美地开始享用起晚餐来。

如果以主要人物为题，可以拟为"老鼠"，但是，这个名称的范围太大，所以我们可以拟为"佛塔里的老鼠"，因为佛塔上的老鼠既说明了是哪里的老鼠，还说明了人们向它跪拜是因为它在佛塔里，与中心思想"人们向你跪拜，只是因为你所占的位置，不是因为你！"相呼应。当然，我们也可以写"老鼠和它的位置"，但是，相比之下，"佛塔里的"也说明了老鼠的位置，所以，"佛塔里的老鼠"应该是最佳答案。

我们还可以将文中主要事物都列出来，让读者去分析其中的关系，自己悟出道理："佛塔·老鼠·香客·猫"。

六、结束语

我的标题我做主！这节课到此结束了，课余时间你做主，祝大家玩得开心。

【教案3】

天生好材为我用　霓裳未若美魂灵——如何选材和立意

选材和立意也是写作中非常关键的步骤，将标题的问题解决后，接下来我们就要告诉学生如何选材和立意。符合标题的材料可能有很多，学生在写作时的一大问题就是选材杂乱无章，选的材料过多或与标题关系不大，或者内容丰富但读后不知其所云。因此，有必要给学生进行专门的讲解。

同时，选材和立意也是比较抽象的东西，要让学生弄明白，必须使它们形象化，让学生容易接受。所以，我们在教学时最好结合实例进行讲解，不能专讲理论知识。

教学目标

(1) 了解什么是作文的材料，如何收集材料。
(2) 了解什么是选材，怎样进行选材。
(3) 了解什么是立意，写文章为什么要立意。
(4) 了解写文章如何正确立意，立意和选材的关系。

教学重点

怎样根据中心思想进行选材和立意。

教学难点

怎样根据中心思想进行选材和立意。

课时安排

两课时。

教学准备

关于收集材料的故事几则，供展示的习题若干。

教学过程

第一课时

一、故事导入

有一个读书人，过些日子就要进考场应试了。他天天坐在家里发愁，吃也吃不下，喝也喝不下，一天比一天消瘦。他老婆问他：

"你为什么发愁啊？"

"进考场，要写文章啦！"

"哟，原来你写文章这么难哪。看样子，就跟我生孩子差不多吧？"

"哪里啊！比生孩子难多了。生孩子，只要你肚子里有，就生得出来！我肚子里什么也没有，可叫我如何写得出文章来呢？"

你知道这个读书人说的"肚子里什么也没有"是指没有什么吗？没有材料！什么是材料？为什么没有材料就写不出作文呢？

二、什么是材料？

就像建房子需要砖瓦，材料就是作文这座房子的砖瓦；就像做衣服需要布料，材料就是作文这件衣服的布料；就像做饭需要米，否则就会"巧妇难为无米之炊"……

还记得小燕子的诗吗？

> 走进一间房，
> 四面都是墙。
> 抬头见老鼠，
> 低头见蟑螂。

这首"诗"作为一首诗，也许不怎么样，但是，如果我们只是把它看做一篇短文，那作者就为自己描写的这间房选择了三个材料：一是"四面都是墙"，说明房子空荡荡的，没有装饰或家具；二是"抬头见老鼠"，说明房间的构造简单，没有天花板，或者天花板是破烂的，所以才能见到老鼠；三是"低头见蟑螂"，说明房间很脏，成为蟑螂的天下。这三点就都成了这首"诗"的材料。现在，我又来分析这首"诗"，用这首"诗"来说明什么是材料，那么，它又以一个整体成为我作文教案中的一个材料。现在，你们明白什么是材料了吗？

三、哪些东西可以成为材料？

天上的传说、地上的故事、张家的变故、李家的传奇、惊天动地的大事、鸡毛蒜皮的小事、琴棋书画的风雅、柴米油盐的琐碎、你的开心、他的郁闷等,我们甚至可以说:一切东西都可以成为作文的材料,你们不信?看看下面的故事也许你们就会相信了。

俄国著名的犹太作家肖洛姆·阿莱汉姆,13岁的时候失去了母亲,父亲给他和姐妹们又找了个后妈,后妈又带过来几个孩子,一大家子,人口多,收入少,生活很艰难。后妈脾气很坏,肖洛姆经常挨她的打、挨她的骂,但他从不顶嘴,也不生气,而且特别留心后妈骂人的话。后妈的每句话都带有咒骂,尖酸刻薄,而且不断变着花样,很有些特色。每骂一次,肖洛姆就偷偷把特别"精彩"的话一句一句地记在小本子上。比如:

"吃——让蛆虫把你吃掉!"

"叫——让你的牙疼得叫起来!"

"缝——给你缝寿衣!"

"写——给你写药方!"

日积月累,肖洛姆记下了这位"骂人专家"的许多话。时间长了,他竟满满地记了一大本,然后把它们按俄语字母顺序排列起来,编了一本小词典,取名为"后娘的词汇"。在他的作品里,不少尖酸刻薄的"骂人话",都是出自这部词典。

所以,不管是什么东西,都可以成为我们写作的素材,那些不文明的行为,我们不能去学,但是,当我们刻画一个不文明的人的时候,我们却可以通过语言、行动等去描绘他,这样才能让人物形象生动起来,所以,只要我们留心,生活当中处处是材料。有些同学写作,不管写什么人,都是"学生腔",满嘴文明词语,彬彬有礼,让人看着不真实,这是为什么呢?就是因为同学们平时没有留意不同人的语言是不同的,你要描写一个满嘴粗话的野蛮人,就有必要通过他的语言体现出来,不然的话,他满嘴文明词语、彬彬有礼,你却说他是个野蛮人,他会同意吗?

四、材料从哪里来?

元代有个文学家,叫陶宗仪。他的文才就是平时积累而来的。他当了个小官,但常常在农田干活,干累了,就靠在树边休息,只要想起了什么,听到了什么,看到了什么好材料、好诗句,就立即摘下身边的树叶,记在上面,回家就放进一个罐子里。这样一年一年地就积下了十几罐树叶。后来,他把树叶倒出来,做了仔细的修改和整理,抄录成三十卷,这就是文学史上经常提到的《辍耕录》。

北宋有位著名诗人，叫梅尧臣，诗写得又快又好。有一次，他同几位文人墨客一道乘船到一个地方去，旅途很寂寞，他们就在一起写诗、对对子。一个诗题一出来，别人还在苦苦思索，梅尧臣却已经提笔写出一首绝妙的好诗来了，大家都惊叹他有"一肚皮好诗"。但是，人们不久就发现了其中的秘密。大家注意到，梅尧臣身边有一个小布袋，不管是靠在船舱休息，看外面美丽的景色，还是上岸谈笑、游玩，甚至在吃饭、睡觉时，他常常会突然掏出一张小纸条，在上面写点什么，然后塞进小布袋里。有人趁梅尧臣不注意时，打开布袋一看，里面小纸条上写的全是妙言佳句——原来梅尧臣时时都在观察、思考、积累材料，时时都在锤炼语言。他出口成章、落笔成诗的秘密就在这里。

所以，大家也可以向他们学习，在平时多积累材料，准备一个小本子，如果哪天发生了什么有趣的事、有意义的事，或者是你们觉得对写作有用的其他材料，比如你们听谁说到一段顺口溜、一则谜语等，都可以把它们记下来，而不必写日记，可以想记就记，有的记就记，如果哪天确实没有什么东西可记，那就可以不记。

五、怎样选材？

1. 选材的依据

就像我们的衣服，大家肯定不是只有一套衣服，而是有很多衣服，那么，当我们要穿衣服的时候，是不是把所有的衣服都穿上呢？当然不是。我们肯定是在夏天就穿夏天的衣服，其他的衣服就放在那儿不穿。而且，我们也不是把所有夏装都穿上，而是只穿一套。同时，这一套衣服，还要适合自己所处的环境，如果我们要去上学，就不能选择穿睡衣。

选材和选衣服是一样的道理，我们虽然有很多材料，但是，我们只选我们写这篇文章需要的材料，而且，也不是把这些材料堆砌起来就可以，而是要选择最适合的材料。同时，我们选的材料也要适合我们的环境，要注意材料的思想性和"雅不雅"的问题。

2. 选材时要注意的问题

(1) 合不合。就是符不符合写作要求，如果题目是"一个乐于助人的人"，你选择写你的一位同学，但是，发生在他身上的事并不都是帮助别人的事，也有刻苦学习或勤俭节约的事，那你就必须选择他帮助别人的事来写，这才是符合要求的。

为《一个乐于助人的人》选择"合"的材料：

他上课专心听讲，不开小差。（　　）

100米赛跑时，他在跑道摔了一跤，膝盖破了皮，但是他看都没看，爬起来继续往前跑，终于获得了第二名。（　）

他看到一个同学的书包拉链坏了，就想办法帮同学修好了。（　）

他看到有人偷邻居家东西，怕小偷报复，就没敢做声。（　）

(2) 熟不熟。

传说宋代画家文与可，为了画好竹子，冒着似火的骄阳，全神贯注地看着一片竹子，即使脸晒得通红，衣服被汗水湿透，但他毫无察觉。不知何时乌云盖住了山头，随后狂风大作，文与可撩起袍襟，迎着咆哮的狂风，攀登到山顶，继续观察被狂风吹乱的竹林。突然一声雷鸣，顷刻大雨如注，竹叶上晶莹的水珠又吸引了他。他不顾雨急路滑，向竹林跑去，心神完全融于竹的海洋。由于文与可彻底地了解了竹子，因而才能画出最出众、最富有特点的竹子。

写作也一样，要选自己熟悉的材料，写的人最好是与自己朝夕相处的，写的事最好是自己亲身经历或亲眼目睹的。这样在写的时候，人物的音容笑貌才会历历在目，事情的来龙去脉也就如在眼前，这样的材料还怕写不好吗？如果不熟悉，就有可能写着写着"卡壳"："这个地方是什么样子呢？""事情然后怎么样了呢？"

为《我敬佩他（她）》选择"熟"的材料：

在拥挤不堪的公共汽车上，我看到一位叔叔在认真地看书，我佩服他抓紧时间认真学习的精神。（　）

我们的语文老师知识丰富，学问渊博，讲的课很有趣，而且不管学生提什么稀奇古怪的问题，他都能回答出来，我敬佩他。（　）

雷锋叔叔刻苦学习、工作认真、非常有爱心，我敬佩他。（　）

(3) 精不精。就是说要精选典型的材料、有代表性的材料。

还记得《小壁虎借尾巴》一文吗？文中小壁虎向哪些动物借了尾巴呢？小鱼、老黄牛和燕子。作者为什么这样写呢？因为它们三个分别代表水里游的动物、地上跑的动物和空中飞的动物，而且它们尾巴的作用也不一样，如果作者都写水里游的动物，或者两种水里游的动物和一种地上跑的动物却不写空中飞的动物，或者都写尾巴是用来打苍蝇的动物，那就失去了代表性。所以，选材的时候，我们要精选有代表性的材料。

为《一个认真学习的人》选择"精"的材料：

他上课认真听讲，从不开小差。（　）

他从不迟到早退。（　）

他每天认真完成作业。（　　）

一次数学课上，老师要同学们用三种方法解题，有的同学想了两种就不耐烦了，他却想出五种。（　　）

在上述几种材料中，"上课认真听讲"、"从不迟到早退"，这样的事情往往不止发生在一个人的身上，而"数学课上能想出五种解题方法"的人就不多了，我们选择最后一件，就更具有代表性，这样的材料才是精选的材料。

(4) 新不新。要选新颖、有特色的材料。尤其是学生习作，因为都是按照习作要求写作，范围相同，所以，极容易发生大家都写同样的材料的事情，而选择和大家不一样的材料，就能让人看了有耳目一新的感觉。所以，在选择材料的时候，要注意从自己独有的经历和见解中去寻找与众不同的材料。

比如写《一个乐于助人的人》，有很多人都会写"在公共汽车上让座"、"帮助同学修椅子"、"送迷路的孩子回家"、"给教室关窗户"、"拾到并送还钱包"，这都被人戏称为"五子登科"了，这就是由于人们不注重选择材料的新颖性造成的。

3．选最合适的材料

假如我们写《一件开心的事》，现在"我"的脑海里记得的有这么几件事，你觉得"我"该选哪一件呢？

①上次数学考试，我因为忘记写一个括号，结果没有考到100分。

②爸爸妈妈吵架了，妈妈生气出走，不知道去哪儿了。

③同桌小明把一条毛毛虫放进我的文具盒里，吓得我把文具盒都摔坏了。

④妈妈给我买了一条新裙子，正是我最喜欢的那种。

⑤我看见邻居家的小妹妹倒在地上，连忙把她扶了起来，她就把她所有好吃的东西都拿出来给我吃，我没有吃她的东西，但是心里觉得很开心。

写"一件开心的事"，第④、⑤件事基本符合"开心"的要求，但是第④件事并没有什么意义，所以，我们就选择写第⑤件事为"一件开心的事"，这就是选材。

六、练一练

(1) 为《我爱我的妈妈》选择一件事作为材料。

①妈妈有一次和邻居吵嘴，不停地漫骂。

②天晚了，没有公共汽车了，妈妈为了省下打车钱，从十几里远的地方走回了家，然后用省下的钱给我买了《新华字典》。

③妈妈喜欢打麻将，常常在我回家时还没有做饭，饿得我肚子直叫。

④妈妈看到前面的人掉了5块钱，连忙用脚踩住了，等别人走了后捡了起来。

⑤老师表扬我的作业做得好。

我选第（　　）件。

(2) 为《一个乐于助人的同学》选择材料。

①一个冬日，爸爸看到一个人的汽车坏在了路上，就停下来帮那个人修车，不仅耽误了我们去公园游玩，而且弄得自己手脚冰凉，还弄得自己一身脏兮兮的。

②我的同学李小明看到学前班的小朋友摔得一身泥，就把自己的衣服换给小朋友穿，还帮小朋友把衣服洗干净了。

③我和沙沙是好朋友，我们经常一起去钓鱼。

④隔壁王奶奶把捡垃圾攒下的钱捐给了我们班的孤儿。

⑤李小明、王小佳、张元元都喜欢帮助别人，在别人遇到困难的时候总是毫不犹豫地伸出自己的手。

⑥赵小美热爱学习，每次考试都考第一名。

我选第（　　）件。

参考答案：

(1) 写《我爱我的妈妈》，肯定要选妈妈的一件好事来写，所以，最好的选择就是第②件。

(2) 写《一个乐于助人的同学》，第③件、第⑥件没有写到乐于助人；第①件、第②件、第④件、第⑤件都符合"乐于助人"的要求，但爸爸、王奶奶不是同学；第⑤件是"乐于助人"而且是"同学"，但是，却写了三个，不符合"一个"的要求。所以，只有第②件才同时符合"一个"、"乐于助人"、"同学"这三个条件，正确答案是②。

第二课时

一、故事导入

从前有个秀才，总是把文章写得很长、很空洞。一天，他上街买白菜，有个卖菜人故意给他挑了一棵心儿很小的白菜。秀才本来一心想吃菜心，回家后，他剥掉层层叶子，才见一条小小的菜心，不由得很生气。

于是他气呼呼地去找卖菜人。卖菜人说:"菜心虽小,还是有的;你的文章总写得很长,却没有一点货色。"

什么是"你的文章很长,却没有一点货色"呢?"货色"是什么呢?

文章不是文字的简单排列,而是传播思想的工具,写作的目的不是为了把文字变得看起来像一篇完整的文章,而是为了传播思想,所以,我们除了要让文章穿上美丽的衣裳,还必须让文章拥有美丽的灵魂,抒发一种情感,表达一个观点,或者告诉人们一个道理等。

这种让文章拥有美丽灵魂的过程,就是立意。

二、什么是立意?立意和选材有什么关系?

不管写什么类型的文章,首先要考虑写什么内容,讲清一个什么问题,表达一个什么思想。立意,就是确定一篇文章所要表达的中心思想。我们不能写了一大堆文字却没有一个中心,那就是乱说一气,算不得作文了。你们还记得小燕子的《如人饮水》吗?

人都要喝水,早上要喝水,中午要喝水,晚上要喝水。渴了当然要喝水,不渴还是可以喝水。冷了要喝热水,热了要喝冷水。春天要喝水,夏天要喝水,秋天要喝水,冬天还是要喝水。男人要喝水,女人要喝水,小孩要喝水,老人还是要喝水。狗也要喝水,猫也要喝水,猪也要喝水,人当然要喝水……

这篇文章的毛病就是没有立意,也就是没有中心,只是围绕"喝水"两个字写了一大堆废话。如果我们写文章只是要求码一些文字或句子,那我们完全可以这样写"喝水"一直写到"地球纸贵",因为我们还可以写"张三要喝水,李四要喝水,王五要喝水,赵六要喝水……"将地球上所有人的名字都写上去。

所以,写文章没有立意,就像一种食品没有营养、一种药品没有药效一样,是没有用处的。

在科技高速发展的今天,文章更不能仅仅成为描绘景物、记录事情的工具,因为照相机、摄像机比我们高明得多,如果我们的文章无声无色,和它们比起来就是一文不值。所以,写文章一定要融入自己的思想。

比如写《台灯》,如果只是介绍台灯的外型,那你的文字写得再好也远远比不上一张照片具体、形象和直观,但是,如果你赋予台灯一种精神,歌颂它的某种精神,那就是照片所不能比的了。

比如写《蜡烛》,如果你只是告诉人们蜡烛是什么样子、有什么用,那即使你有李白的才华也很难写出什么新鲜内容来,但是,如果你从蜡烛的奉献精神立意,那你的文字洋洋万言又有何难?

立意和选材是相互关联的。我们在选择材料时,就要考虑立意的问题,也就是人们常说的"围绕中心思想选材"。当你确定好一篇文章的中心思想,也就是把"立意"做好之后,你就知道该怎么选材了。比如你的爸爸工作认真、关心子女、助人为乐,但是却喜欢打麻将,那么当你想赞美爸爸时,你就不能写"爸爸整天打麻将,不关心我的学习和生活",你若想写你的烦恼,你就不能写"我的爸爸工作认真、关心子女、助人为乐"。这就是围绕中心思想选材。

三、怎么立意?

立意其实很简单,就是要肯定对的事情,否定错的事情,赞扬好的事物,批评不好的事物。我们学过很多课文,每一篇都有一个中心思想,这个中心思想就是作者写作时的立意,有的赞美大自然的美景,有的歌颂某人高尚的品德,有的批评某人的卑劣,有的告诉人们一个什么道理……

立意要注意的事项主要有三点:

1. 正确

写文章的目的要正确,思想要健康,也就是对好与坏、正确与错误要有正确的态度,该歌颂的歌颂,该批评的批评,不能含糊其辞,更不能是非不分。

2. 集中

文章的中心思想要集中,虽然文章不能没有中心,但也不能同时有几个中心,尤其是不能同时有毫无联系、甚至互相矛盾的中心。虽然我们看到在概括一篇文章的中心思想时常常会出现这样的情况:"歌颂了祖国的大好河山,表达了作者对大自然的热爱之情",但是,这些中心都是互相关联的,因为是"大好河山",作者自然也就喜欢它,这是相辅相成的,但我们不能在一篇文章里既歌颂祖国的大好河山,又告诉大家"有些事情不能急于求成,要顺应事物的发展规律"。这样,大家反而不知道你到底要表达什么了。所以,一定要围绕中心思想选材。

3. 深刻

深刻的中心思想才能给人以启发和教育,才能感动人。因此,我们在写作时,不仅要写出事情的发展过程,还要写出事情为什么会这样发展。就像我们学过的《从现在开始》,它的目的不是要告诉我们"猴子当上了'万兽之王'",也不是要告诉我们"猴子很聪明",而是告诉我们"不能要求别人都像自己一样，要尊重别人的生活习惯，这样才能赢得大家的尊重和信赖"；《动手试试看》的目的不是告诉我们"一个鱼缸里装满了水，再把金鱼放进去，水就会溢出来"，而是告诉我们"科学家的话也不一定是对的，要自己动手试试看"；《揠苗助长》的目的不是告诉我们"把禾苗拔高是不能帮助禾苗生长的，而且禾苗反而会枯死"，而是告诉我们"不能不考虑事情的发展规律而急于求成"。同样，在古诗"离离原上草，一岁一枯荣。野火烧不尽，春风吹又生"中，如果作者只写草如何美，这首诗也许不会传诵至今，更不会被人在很多文章中引用，这首诗的立意深刻表现在后面两句"野火烧不尽，春风吹又生"，赞扬野草不屈不挠的精神。

当然，立意也可以不那么直接，写事物的美好，自然就蕴涵着赞美之情，写事物的丑陋与黑暗，自然就是批评。

四、练一练

想一想，下面的文章选材和立意正确吗？

序号	题目	主要内容	正确与否
例	美丽的河	我的弟弟、我的表哥都被河水夺去了生命。我讨厌这条河。	×
①	我爱我的家乡	家乡有一条小河，我们在河里游泳、摸鱼；家乡有一座山，我们在山上捉迷藏。我爱家乡的山和水。	
②	我的好伙伴	我呆在病床上没意思，好伙伴就从学校图书馆偷来几本书让我看。伙伴真够义气。	
③	我和雷锋比童年	"三月来，四月走，雷锋五月没户口"，雷锋精神现在已经过时了，现在生活也富裕了，不需要学雷锋了。	
④	我最尊敬的人	表叔偷东西的时候让我给他把风，然后他分了很多钱给我。我喜欢表叔。	
⑤	我的烦恼	妈妈生病了，要我伺候她，害得我不能去上学，这样的妈妈还不如死了好。	

参考答案：

我们先看一下例子——河水夺去了两个亲人的生命，"我"很讨厌它，那它在"我"眼中还是美丽的吗？自然不是，所以是"×"。

①（√）——家乡的山水给我们带来这么多乐趣，我自然爱我的家乡。

②（×）——担心生病的小伙伴无聊找书给他看固然很好，但"从学校图书馆偷书"就不对了，这更不是"够义气"的表现。

③（×）——雷锋精神过时了，立意本身就不对。

④（×）——表叔偷东西不对，小作者给他把风不对，分赃物也不对，小作者还喜欢表叔就更不对了。

⑤（×）——妈妈无微不至地关心儿女，儿女自然要孝顺妈妈，妈妈生病了，我们自然要全心全意照顾妈妈。

五、如何为"坏"的素材立意？

有的学生也许会想，那岂不是我们只能写好的事情，坏的事情就不能写？

那也不是，坏的事情我们也可以写，不过，坏的事情我们要用批判的手法来写，告诉大家这样是不对的、不好的。

1. 学一学

"小皇帝"与"老奴隶"

一天，我和几个小伙伴到日坛公园的游乐场玩，看见了这么一件事。

我们正玩得起劲儿，来了几个特别显眼的人：一个七八岁的小男孩由妈妈抱着，奶奶哄着，爷爷拿巧克力逗着，前面还有爸爸开道，真可谓众星捧月。可小男孩还是大哭不止，他憋得脸通红，眼睛闭得紧紧的，泪珠大颗大颗地落下来，"哇哇"地大哭着。奶奶边劝边拿手绢给他擦眼泪，爷爷一个接一个讲笑话逗他乐。哦，真有点小皇帝的架势。

这些人来到转椅边，爷爷用商量的口气问："好孙子，坐转椅吗？""小皇帝"用力摇着头，使劲地挥着胳膊，打在妈妈身上，他瞪着眼乱踢着，表示他不愿意。来到软梯前，奶奶笑呵呵地问："心肝哟，爬这梯子好不好？""小皇帝"扬头看了看，一闭眼，抱住妈妈的脖子，摆着身子，说："不嘛，不嘛！"奶奶像接了圣旨似的连声说："不爬，不爬。"不一会儿，来到滑梯前，妈妈轻声问："宝贝儿，滑滑梯吧。"这话还真灵，一下子打动了"小皇帝"的心，他立刻不哭不闹了，叫着："我要玩滑梯，我要玩滑梯！""哎——"大家异口同声地答应。这下，几位可高兴了，宝贝不哭了。

爸爸从妈妈怀里接过"小皇帝"，连抱带扶，小心翼翼地把他弄了上去。"小皇帝"可乐了，他在高架上得意洋洋地摆着腿，这下可吓坏了底下的那几位忠实的"臣民"。"哎哟，好宝贝，慢慢地。孩子他爸，快，快扶好孩子。"奶奶心惊肉跳，盯着孩子，连眼珠都不动了，生怕心肝宝贝儿出什么差错。"好孙子，别怕，有爷爷在此，摔不着。"这位"老奴隶"贴在滑梯边，准备保护"小皇帝"。爸爸、妈妈、爷爷、奶奶全都严阵以待，保护这位至高无上的"小皇帝"。千钧一发的时刻到了。"刷！刷！刷！""小皇帝"滑了下来，几双手一齐伸过去了，人多手杂，没接好，"小皇帝"被撞了一下，又哭了。王国里出现了这种严重事故，那还了得！奶奶心疼得直抹眼泪，爷爷气得一个劲儿骂儿子不中用，妈妈慈祥地揉着"小皇帝"的脑袋，爸爸像犯了大罪一样低着头，从包里掏出各种食品，给"小皇帝"压惊……

我呆呆地立在那儿，想笑，可又笑不出来。我扪心自问："这是伟大的母爱、父爱吗？这些'小皇帝'是合格的栋梁之材吗？他们挑得起时代的重担吗？"我不自然地咧了咧嘴，笑了，可这笑不是美的，不是甜的，是苦的，是涩的……

这篇文章写的并不是"好事"，而是写长辈对孩子的溺爱，是反面的材料。但是，小作者目光敏锐，语言辛辣，立意深刻："这是伟大的母爱、父爱吗？这些'小皇帝'是合格的栋梁之材吗？他们挑得起时代的重担吗？"这样以批判的手法来写，文章的立意就正确了。如果去掉小作者评论的最后一段，文章的立意就不明确了。所以，写"坏"的事情时，一定要注意写上一定的评论的话，给读者正确的思想启迪。

2．练一练

给下面的文章加一个结尾，使之立意正确。

有这样一位姑娘

清晨，踏着和煦的阳光，走来一位美丽的姑娘，白皙的皮肤，瓜子脸，一对迷人的大眼睛，玛瑙似的黑眼珠，长长的睫毛，一头浓密的披肩长发，穿着一套绯红的连衣裙，肩上还挎着一个精致的小红皮包。

突然一不小心，她被脚下的东西绊了个趔趄。她羞得满脸通红，对准绊她的东西狠狠地踢了一脚，忽然，她惊愕地张大了嘴，眼睛瞪得更大了，好像忽然从梦里醒了过来，那对迷人的大眼睛有如黑夜中老鼠那狡猾的眼睛四处瞅。眼见四下无人，她连忙抓起那个绊她的东西，灰尘、泥土也来不及拍，就塞进了自己的小红皮包里——那是个鼓鼓囊囊的钱包。

这时，远处有一个农民打扮的人向这边小跑过来，他一边跑一边焦急地向地上张望，好像在寻找什么。姑娘见了，装做若无其事的样子，挪了挪肩上的那只小包，甩了一下披肩长发，继续向前走。那人在姑娘面前停了下来，试探着问："姑娘，请问，你……你看到一个钱包了吗？我的孩子得了重病，还等着那钱救命呢。"农民打扮的人激动地说着，眼泪早就涌出了眼眶。姑娘径自往前走,不屑一顾地骂道:"没看见!没看见!大清早的哭什么丧?乡巴佬!"

_____

_____

参考答案:

我们可以直接批判:

<u>这个姑娘,虽然长得很美,可她的灵魂是多么的丑陋啊!</u>

我们也可以用疑问的方式:

<u>这样的姑娘,你觉得她真的美吗?</u>

<u>这样"美丽"的姑娘,你觉得她可爱吗?</u>

<u>晨风吹拂着她婀娜多姿的身姿,她美吗?</u>

六、结束语

审题和选材、立意都做好了,我们写作的准备活动就做好了,接下来的写作就容易了。

【教案4】

也傍桑阴学种瓜——什么是模仿

有很多教师忌讳模仿,那是因为他们把模仿和抄袭等同了起来。其实,模仿对于写作,甚至对于人类所有的技能学习而言,都是非常重要的一步。

而且,要学生自己独立完成一篇完整的作文,首先需要对其进行很多单项训练,比如:如何写开头;按照什么样的顺序写;如何进行过渡;如何写结尾等。而单项训练涉及很多方面,我们不可能把单项训练涉及的所有方面都讲完了再去要求学生写一篇完整的作文,这个矛盾该怎么解决呢?先让学生进行模仿。

在学生开始学习写作文的时候,多模仿是非常有益的,模仿的时间长一点也无所谓。小学的作文学习时间有四年,让学生用一年时间进行模仿也完全是可行的。

但是，模仿也要掌握方法，需要教师对学生进行专门的模仿训练。

进行模仿训练，要先让学生正确认识模仿的性质，把它和抄袭区分开来；先从简短的文章进行模仿，而且，最好具有一定的趣味性，能让学生动脑筋，但是难度又不会太高，能给学生以成就感。

教学目标

使学生了解什么是模仿，为什么要模仿，怎么进行简单的模仿。

教学重点

了解怎么进行简单的模仿。

教学难点

如何让模仿不变成"抄袭"。

教学准备

准备好与本课有关的故事和习题。

教学过程

一、什么是模仿？

写作文不是一下子就能学会的事，但是，我们可以先从模仿开始。

什么是模仿？模仿，其实我们早就接触过了，以前做的"照样子写词语"，"照样子写句子"就是一种模仿，今天，我们来学习"照样子写文章"。

有学生也许会觉得模仿很简单，的确，有些天资聪颖的学生常常能无师自通。但是，我们也发现有的学生在模仿时常常会闹笑话，"我叫张明，在育才小学上三年级"，梅溪小学三年级的李林模仿时还是写成"我叫张明，在育才小学上三年级"。类似这种情况，我们就需要将它改成"我叫李林，在梅溪小学上三年级"。

模仿得多了，我们自然就能掌握一些写作方法，可以说，老师从小学到初中的作文70%都是模仿或改良的，但是，这并不影响我后来写创新型的作文。反而因为模仿得较多，对好多写作技巧都掌握得比较好，所以创新起来才能得心应手。

二、模仿和抄袭的区别

1. 讲故事

老师窗内的灯光（节选、有改动）
韩少华

有一次，我写了一篇作文，里面抄袭了冰心《寄小读者》里面的几个句子。作文本发下来后，我看到自己得了个漂亮的好成绩。我虽很得意，却又有点儿不安。偷眼看那几处抄袭的地方，竟无一处不加了一串长长的红圈！得意从我心里跑光了，剩下的只有不安。直到回家吃罢晚饭，我一直觉得坐卧难安。于是，我忐忑不安地敲开了老师的房门——

等我站在老师那张旧书桌旁，又忙不迭鞠了一躬之后，我觉察到老师是在边打量我，边放下手里的笔，随之缓缓地问道：

"这么晚了，不在家里复习功课，跑到学校里做什么来了？"

我低着头，没敢吭声，只从衣袋里掏出那本作文本，双手递到了老师的案头。

两束温和而又严肃的目光落到了我的脸上，我的头低得更深了，只好嗫嚅地说：

"这……这篇作文……里头有我抄袭人家的话，您还给画了红圈儿，我骗、骗……"

老师没等我说完，一笑，轻轻撑着木椅的扶手，慢慢站了起来，在靠墙那架线装的和铅印的书丛中，随手一抽，取出一本封面微微泛黄的小书。等老师把书拿到灯下，我不禁侧目看了一眼——那竟是一本冰心的《寄小读者》！

还能说什么呢？老师都知道了，可为什么……

"怎么，你是不是在想抄名家的句子，是谓'剽窃'，为什么老师还给你打红圈？"

我仿佛觉出老师憔悴的面容上流露出几分微妙的笑意，心里略松快了些，只得点了点头。

老师真的轻轻笑出了声，好像并不急于了却那桩作文本上的公案，却点着一支香烟，默默地吸着；直到第一口淡淡的烟消融在淡淡的灯影里的时候，他才忽而意识到了什么，看看我，又看看他那铺垫单薄的独卧板铺，粲然一笑，教训里不无怜爱地说：

"总站着干什么？那边坐！"

我只得从命。两眼却不敢望到脚下那块方砖之外的地方去。

又一缕烟痕，大约已在灯影里消散了。老师才用那低而微弱的语声说：

"我问你，你自幼开口学话是跟谁学的？"

"跟……跟我的奶妈妈。"我怯生生地答道。

"奶妈妈？哦！奶母也是母亲。"老师手中的香烟只举着，烟袅袅上升，"孩子从母亲那里学说话，能算剽窃吗？"

"可……可我这是写作文呀！"

"可你也是孩子呀！"老师望着我，缓缓归了座，见我已略抬起头，就眯细了一双不免含着倦意的眼睛，看看我，又看看案头那本作文本，接着说，"口头上学说话，要模仿；笔头上学作文，就不要模仿了吗？一边吃奶，一边学话，只要你日后不忘记母亲的恩情，也就算是好孩子了……"这时候，不知我从哪里来的一股勇气，竟抬眼直望着老师，更斗胆抢过话来，问道：

"那作文呢？"

"学童习文，得人一字之教，必当终身奉为'一字师'。你仿了谁的文章，自己心里老老实实地认人家做老师，不就很好了吗？模仿无罪。学生效仿老师，谈何'剽窃'？"

我的心，着着实实地定了下来；却又着着实实地激动起来。也许是一股孩子气的执拗吧，我竟反诘起自己的老师：

"那您也别给我打红圈呀！"

老师却默然微笑，掐灭手中的香烟，向椅背微靠了靠，眼光由严肃转为温和，只望着那本作文本，缓声轻语着：

"从你这通篇文章看，你那几处抄引，也还上下可以贯串下来，不生硬，就足见你并不是为了图省力硬抄的了。要知道，模仿既然无过错可言，那么聪明些的模仿，难道不该略加奖励吗——我给你加的也只不过是单圈罢了……你看这里！"

老师说着，顺手翻开我的作文本，指着结尾一段。那确实是我绞得脑筋生疼之后才落笔的，果然得到了老师给重重加上的双圈——当时，老师也有些激动了，苍白的脸颊，微漾起红晕，竟然轻声朗读起我那几行稚拙的文章来……读罢，老师微侧过脸来，嘴角含着一丝狡黠的笑意说：

"这几句，我看，就是你自己从心里掬出来的了。这样的文章，哪怕它还稚气得很，也值得给它加上双圈！"

2. 要模仿，不要抄袭

模仿，是人类学习知识、增长才干的一个基本技能。我们小的时候学说话、学走路、学穿衣，一直到学写字、学骑车、学轮滑，有谁离开过模仿呢？所以，模仿有利于提高我们的能力。

在学习作文时，也不要害怕别人说自己模仿。同学们买来那么多作文选，读了那么多课文、范文，完全可以大胆地模仿，只要不是通篇一字不改地"抄袭"，只要是活学活用，有什么不可以呢？学生本来就是来学习的，没有模仿怎么学习呢？

但是，我们要模仿而不要抄袭，我以前教过一个学生，是个男孩子，可他"模仿"一篇写自己的作文时，连"我今年9岁，是个女孩"、"扎着两个羊角辫"等句子也抄了进去，这就不能算模仿而只能是抄袭了。还有个学生写《我的妈妈》时，居然出现了"长着长长的、花白的胡子"的句子，原来他把一篇《我的爷爷》改了个标题就完事了，这个虽然有点改动，还是只能算抄袭。

所以，在模仿时，要积极地融进属于自己的东西。

3. 模仿的目的

刚开始学写字时，有时候大人会手把手地教我们写，他们这样做的目的不是为了一直抓着我们的手写字，而是为了将来有一天我们能自己写字。同样的道理，我们现在模仿别人的文章，并不是说我们会模仿就算是会写文章了，而是为了我们将来有一天能独立写出文章来。

而且，上面那个故事还告诉我们：除了模仿，也要学会从自己的脑海里"掏话"。今天我们先来学好模仿，以后再慢慢学习如何从自己的脑海里"掏话"。

三、如何模仿？

模仿就是仿照别人的语气或思路进行写作。还记得我们在一年级上学期学习的《四季》吗？

> 草芽尖尖，
> 他对小鸟说：
> "我是春天。"
>
> 荷叶圆圆，
> 他对青蛙说：
> "我是夏天。"

谷穗弯弯，
他鞠着躬说：
"我是秋天。"

雪人大肚子一挺，
他顽皮地说：
"我就是冬天。"

我们就可以模仿它也写一篇《四季》。首先，原文中每一小节写的都是代表该季节的事物，我们也要找一些代表各个季节的事物，然后让它们"上台表演"。比如，春天桃花、梨花都开了，柳树也发芽了，燕子也飞回来了，麻雀也开始在树上唧唧喳喳地叫了……我们就可以写：

"桃花红红，她对燕子说：'我是春天。'"
"梨花洁白，她对燕子说：'我是春天。'"
"柳丝长长，她对燕子说：'我是春天。'"

除了完全按照原文的"格式"，我们还可以稍微变化一下，比如：

"柳树梳着长辫子，她骄傲地对燕子说：'我是春天。'"

我们还可以不局限于一种动物或植物，变成写两种动物或两种植物，比如：

"石榴笑得露出满口牙，她对橘子说：'我才是秋天！'"

学会了吗？开始行动吧！亲爱的小诗人们！

附：学生《四季》作文摘选

四季（1）

桃花红红，
她对燕子说：
"我是春天。"

石榴艳艳，
她对蝴蝶说：
"我是夏天。"

菊花黄黄，
她跳着舞说：

"我是秋天。"

梅花白白,
她对喜鹊说:
"我是冬天。"

四季 (2)

禾苗绿绿,
她对蝌蚪说:
"我是春天。"

荔枝圆圆,
她对快乐的蜻蜓说:
"我是夏天。"

橘子打着小灯笼,
她对馋嘴的小朋友说:
"我是秋天。"

雪花吻着洁白的梅花,
她温柔地说:
"我们就是美丽的冬天!"

四季 (3)

梨花白白,
她对小鸟说:
"我是春天。"

牵牛花吹着小喇叭,
她对孩子说:
"我是夏天。"

苹果圆圆,

　　　　　它羞红了脸说：
　　　　　"我是秋天。"

　　　　　梅花白白，
　　　　　她跳着舞说：
　　　　　"我就是冬天。"

四、结束语

　　模仿，是学习的必经之路，包括你们下课时玩的游戏，最开始也是从别人那儿模仿来的。瞧我，怎么可以在学习时提到你们念念不忘的游戏呢？那会让你们的心往外跑的。但是，没办法了！还是让你们去模仿别人的游戏或者巩固已经模仿过的游戏吧！

【教案5】

作文家族座次表——誊写作文的格式

　　作文誊写的格式，因为没有一定的规则，处于一种略显混乱的局面。比如写作文的标题：关于写在哪一行，有的老师要求"写在第一行"，有的老师要求"标题前面和后面各空一行"。关于写在一行的什么位置，有的老师要求"空七格写标题"，有的老师要求"空三格写标题"，有的老师则要求"写在正中间"。

　　我在参与阅卷时发现，很多学生写标点符号的格式也不规范，这其中的原因可能是教师讲过后学生没记住，也可能是教师根本没有给学生讲过如何处理标点符号的格式。

　　因此，我们有必要花一点时间来给学生专门讲讲誊写作文的格式。不过最好不要在学生独立写作文时才统一讲誊写的格式，因为学生在写作文时不可能一次用到所有的标点符号，对于有些标点符号的格式掌握就会得不到巩固，学生会很容易遗忘。而且，学生刚开始学习写作，就需要一边动脑筋写作文，一边花心思记格式，确实有点难为他们。所以，我觉得用一节专门的课来训练学生学习誊写作文的格式比较好。我选取的是让学生根据作文誊写的格式誊写一段现成的文章的方式，选取的文章里要尽可能地用到所有的常用标点符号。

教学目标

懂得誊写作文有一定的格式，记住作文誊写时各部分的格式。

教学重点

誊写作文时各部分的格式和标点符号的格式。

教学难点

标点符号在行首或同一格的格式。

教学准备

准备好作文格和供学生抄写的一段文字。

教学过程

一、导入新课

大家先来看看我们教室里的摆设，有没有一定的规矩呢？当然有，老师的讲桌放在哪里了？能不能放在后边的角落里呢？同学们的课本又是怎么摆放的呢？可不可以放得乱七八糟呢？可不可以放到老师的讲台上呢？这都有一定的规矩对不对？我们誊写作文的时候，也有一些这样的规矩，标题应该写在哪里？各个段落的"座位"摆放又有什么规定？标点符号怎么坐"座位"？这些都是我们需要了解的。

二、作文的格式

1. 标题的格式

文章的标题就像我们教室里的讲台一样，大家看看，教室里的讲台一般都摆放在哪里呢？对了，放在你们座位前面的正中间。因此，标题就像讲台一样，需要放在正文前面的正中间。

怎样才能知道什么位置是正中间呢？

根据作文格一行的行数和标题的字数进行分析，前面空格数=（每行总格数－标题字数）÷2。比如每行16格，作文标题"我的课余爱好"共6个字，$(16-6)÷2=5$，则前面空5格，从第6格开始写标题。余数忽略不计。

而且，上下要各空一行，不要连在一起。

上面说的是四个字及四个字以上的标题，字数少的标题中间要空格，两个字的标题空两格，三个字的标题空一格。

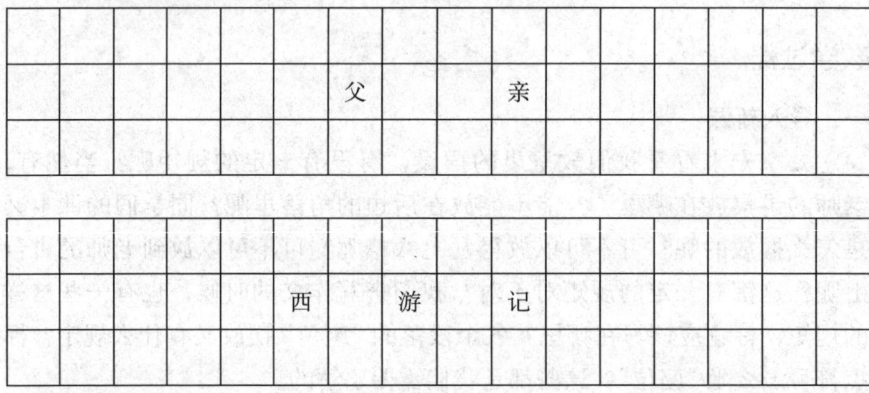

2．段落的格式

每个段前空两格，段中从第二行起，前面不需要空格，段后写到哪里就到哪里，提行另写下一段。

	课	余	的	时	候	，	我	最	喜	欢	画	画	。	
	开	始	的	时	候	，	我	不	会	画	画	，	只	会
拿	着	彩	笔	画	一	些	乱	七	八	糟	的	点	啊	、	线
啊	，	一	些	奇	形	怪	状	的	圆	圈	啊	，	还	常	常

| 把 | 自 | 己 | 当 | 画 | 纸 | ， | 弄 | 得 | 自 | 己 | 五 | 颜 | 六 | 色 | 的。 |

3.标点的格式

标点，标点，你们知道它为什么叫标点吗？因为它包括标号和点号。

点号包括：逗号、句号、顿号、冒号、分号、问号、感叹号。

标号包括：省略号、破折号、引号、书名号、间隔号、着重号。

在作文格里书写标点时，逗号"，"、句号"。"，还有顿号"、"、分号"；"、叹号"！"、问号"？"、冒号"："等符号要各占一格——它们也是很重要的一员，要给它们一个座位，不要冷落了它们！

| ， | 。 | 、 | ； | ！ | ？ | ： |

其中，逗号"，"、句号"。"、顿号"、"、分号"；"、冒号"："坐在格子的左下角，叹号"！"、问号"？"坐在格子的左半边。

有的同学也许要问：为什么上面例子中"弄得自己五颜六色的。"一句中的"。"却和"的"字挤一格呢？

假设一行作文格子就是一辆公共汽车，爸爸妈妈就是那些文字，你呢？就是"逗号"、"句号"、"顿号"、"分号"、"叹号"、"问号"、"冒号"中的一个，你和爸爸妈妈一块去乘车，车上有很多空座位，你会不会坐下来？可不可以坐下来？当然可以，所以，你可以有一个座位，不需要和爸爸妈妈挤一个座位。

但是，当你踏上这辆公共汽车后却发现车上只剩两个座位了，这时候你会怎么办？是和爸爸妈妈一起就坐这辆公共汽车、和爸爸妈妈挤在一起，还是"我不喜欢挤，我一个人去坐后面那辆公共汽车"呢？我想大家一般都会选择和爸爸妈妈挤一挤算了，对不对？

同样的道理，文字就是爸爸妈妈，作文格子就是那辆公共汽车，逗号、句号、叹号等中间的一个就是你，有座位的时候就坐一个座位，没座位的时候，就在爸爸妈妈身边挤一挤。

破折号"——"、省略号"……"，这两个人比较胖，要坐两个位子——占两格，且横写于格子正中。

| | 兔 | 子 | 的 | 尾 | 巴 | —— | 长 | 不 | 了。 |

| | |我|喜|欢|唱|歌|、|跳|舞|、|画|画|…|…| | |

引号"""、括号"( )"、书名号"《 》"的前后部分各占一格。

引号的前半部分写在作文格的右上角,后半部分写在作文格的左上角。如:

| | |我|这|才|看|清|原|来|是|个|"|未|"|字|。| |

| | |老|师|说|:"|放|学|了|。"| | | | | | | |

有的同学可能要问了,那为什么有的引号和前边的冒号坐同一个座位呢?

引号、括号、书名号的前半部分也可同前面紧连的点号合写一格,位置不变。后半部分也可和前面的点号合写一格,位置要移到格子的右半边;如果同后面紧连的点号合写一格,点号要移到格子的右半边。

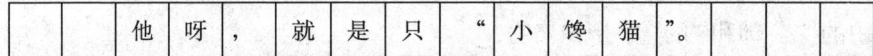

括号、书名号的前半部分写在作文格的右半边,后半部分写在作文格的左半边。

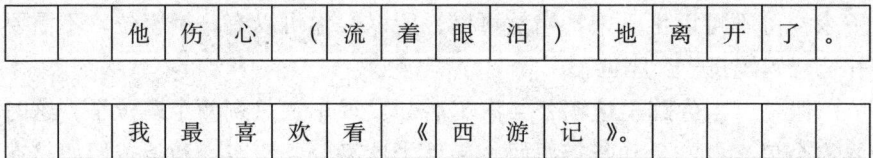

有的同学也许又要问了:"那为什么后半边的书名号'》'和句号'。'挤一格呢?"这就和两个小朋友挤一个大座位是同样的道理。

省略号、破折号是个不可分割的整体,所以,不能分写在两行内。遇上转行,可把一半写到格子外面,也可空一格转到下行行首。

| | |一|位|导|演|正|忙|碌|接|待|着|应|聘|者|——|
| | |他|要|挑|一|名|会|唱|歌|的|演|员|。| | | |

间隔号占一格,写在格子的正中间。

	马	克	·	吐	温	是	一	位	作	家	。			

着重号不占格，加在着重字的下边。

	山	上	的	花	开	了	。							

注意：除了省略号、破折号、括号的前半边"("、引号的前半边""、书名号的前半边"《"，其他标点符号都不可以写在一行的开头！

三、抄写下面的文章到作文本上，注意格式

来 意 不 同

一位大导演正忙碌接待着应聘者——他要挑一名会唱歌的演员，一妇人推门而入。

妇人："先生！对不起……"

导演打断了她的话题："好了好了，别啰唆了！让我听听你唱歌。"

妇女高声唱了一首《青藏高原》。

导演叫喊着："停住！停住！你唱得这么难听，到这里来干什么？"

"我是来这打扫房间的啊！"妇人说。

"……"

四、结束语

同学们刚才把作文里各部分的座位都安排得非常好！奖励你们到外边去自由玩耍，下课！

【教案6】

作文中无字的语言——小标点的大作用

写好一篇作文，不仅要内容丰富，中心思想明确，格式正确，还要正确运用标点符号。很多人在写作时经常忽略标点符号，不用或乱用，导致文章层次不清，感情语气不明，大大降低了文章的水平。而更严重的是，如果人们在开始写作时就忽略标点符号，久而久之就会成为习惯，以后很难再改正。因此，我们有必要在学生开始学习写作时就给他们讲讲标点符号的作用，使他们从小养成正确使用标点符号的习惯。

教学目标

使学生初步了解标点符号的作用，让标点符号更好地为作文服务。

教学重点

标点符号的用法。

教学难点

同样的话语使用不同标点符号后的区别。

教学准备

有本课例题、习题以及"标点符号歌"的小黑板或课件。

课时安排

两课时。

教学过程

第一课时

一、导入新课

我读小学的时候，有一次老师进行作文讲评，说是要给我们读一个同学的作文，然后他就开始读了。可是他一直不停地读，不停地读，没有停顿一下，他读啊读啊，一直读到他捂着肚子蹲下去了还在那儿读。同学们都莫名其妙地看着他，他实在读不下去了才停下来，不停地喘气，好不容易舒缓过来，才说："对不起……其实……这篇文章……我还没有……读……完，可是，我实在……坚持不……下去了。有的同学……也许会问我为什么……不停一下，说实话，我也想停……停一下，可是作者没有叫我停，我就不敢停啊，我要尊重作者……"然后老师将该同学的作文本展示给我们看，"作者没有打一个标点符号，所以我就不敢停啊。"

写作文一定要记得打上合适的标点符号。

二、认识常用的标点符号

我们曾经学过一篇文章,叫《字典公公家里的吵闹》,标点符号们为了我们的作文在吵吵闹闹,可有些同学却一点也不在乎标点符号,在他们眼里,标点符号似乎是个小不点,一点都不重要,所以,在写作文时总是忘记打标点符号。其实,标点符号也是文章中非常重要的一部分。

一边回顾《字典公公家里的吵闹》,一边了解标点符号的作用:

字典公公家里吵吵闹闹,
吵个不停的是标点符号。

看它们的眼睛瞪得多大,
听它们的嗓门提得多高。
感叹号挂着拐杖,小问号张大耳朵,
调皮的小逗号急得蹦蹦跳。

首先发言的是感叹号,
它的嗓门就像铜鼓敲:
"伙伴们,我的感情最强烈,
文章里谁也没有我重要!"

1. 感叹号——!

挂着拐杖的是什么?感叹号。

感叹号表达强烈的感情。一般用于感叹句的末尾,如:

为祖国的繁荣昌盛而奋斗!

多美的景色啊!

或者用于语气强烈的祈使句末尾,表示各种口令、命令、请求等,如:

停止射击!

向前看齐!

饶了我吧!

或者用于语气强烈的反问句末尾,如:

我哪里比得上他呀!

还说你不喜欢她!

2. 问号——?

回顾下面这一段:

感叹号的话招来一阵嘲笑，
顶不服气的是小问号：
"哼，要是没有我来发问，
怎么能引起读者的思考？"

张着大耳朵的是问号——"？"，问号用在疑问句和反问句的末尾。
表示疑问：
你叫什么名字？
昨天你在哪儿呢？
事情后来怎么样了？
表示反问：
你怎么可以这样呢？
难道我可以就这样走了？
哼，要是没有我来发问，怎么能引起读者的思考？

法国著名作家雨果写出《悲惨世界》这部小说后，把书稿寄给了一位出版商。过了些时日，没得到回音，雨果就给这位出版商写了封信，信上除落款外，一个字都没有，只有一个"？"，出版商接到这封无字的信以后，竟也明白了雨果的意思，就回了同样的一封信，信上除落款外，也只有一个标点——"！"。
你们知道，雨果和出版商都写了些什么吗？
"？"——是问"书稿能否出版？"
"！"——是明确肯定的回答："你的书稿非常棒！很快就会出版！"

3. 逗号—— ， 和顿号—— 、

回顾下面这一段：
小逗号说话头头是道，
它和顿号一起反驳小问号：
"要是我们不把句子点开，
文章就会像一根长长的面条。"

较长句子的内部如需停顿，用逗号，如：
村东头，大树下，几个孩子在比绝招。
大家脸上露出笑容，情不自禁地鼓起掌来。
在一所学校的俱乐部里，一些儿童队员正在开会，讨论参加国庆检阅的事。

顿号用于句子内部并列词语之间的停顿,如:

正方形是四边相等、四角均为直角的四边形。

我喜欢唱歌、跳舞、看书和画画。

桃花、梨花、李花都开了。

4. 省略号——……

回顾下面这一段:

学问深的要算省略号,

它的话总是那么深奥:

"要讲我的作用么……

哦,不说大家也知道。"

省略号一般用于引文或列举的省略,如:

她轻轻地哼起了《摇篮曲》:"月儿明,风儿静,树叶儿遮窗棂啊……"

他还在慢慢地数着:"八十九、九十、九十一……"

在广州的花市上,牡丹、吊钟、水仙、梅花、菊花、山茶、墨兰……春秋冬三季的鲜花都挤在一起啦!

省略号也可以用于话语中间,表示说明断断续续,如:

"我……对不起……大家,我……没有……完成……任务。"

省略号还可以表示不用说的或是不好说的内容,如:

"要讲我的作用么……哦,不说大家也知道。"

5. 句号——。

回顾下面这一段:

水平高的要数句号,

它总爱留在后面作总结报告:

"只有我才是文章的主角,

没有我,话就说得没完没了。"

句号用于陈述句的末尾,如:

北京是中华人民共和国的首都。

他昨天病了,没来上课。

句号还可以用于语气舒缓的祈使句末尾,如:

请您稍等一下。

帮我拿一下这本书。

三、练一练

(1) 给下列句子加上合适的标点符号。

妈妈给了我一个苹果

禁止吸烟

你看见一个穿红衣服的姑娘了吗

他去长沙了　今天不回来

亚马逊河　尼罗河　密西西比河和长江是世界四大河流

在我们班的同学里　我最喜欢李小军　张明明　陈小虎和周军

你没看见我正忙着吗

多好的人啊

(2) 给下面这段话加上合适的标点符号。

今天　阳光明媚　爸爸带我去动物园　动物园的动物真多啊　狮子　老虎　豹子　河马　孔雀　猴子　真是应有尽有　但我最喜欢的是孔雀

第二课时

一、导入新课

一位叫安德烈·梭勒里的老作家给苏联《海员报》写了一个短篇小说，题材很有趣，但是读起来层次不清，杂乱无章。编辑们正感到为难的时候，老报人布拉果夫主动把稿子拿去，连夜加以整理。隔天，当编辑们再度阅读时，不禁呆住了，它变得十分简洁流畅、清新明朗，原来的杂乱松散完全不见了，而文章并没有增减一字，不过是被布拉果夫精细地加以分段，并打上了标点符号罢了。这位老编辑说："标点符号就是标出思想，摆正词和词之间的相互关系，使句子易懂，声调准确。标点符号好比音符，它牢固地缚住文章，不让它撒落。"

据说，梭勒里知道后，抱住布拉果夫，亲了他三次，除郑重致谢外，还作了检讨。

所以，标点符号虽然不能单独成为作文，但作文如果没有标点符号，就会失去它本该有的光彩。就如一个甜美的西瓜，如果没有工具把它分开，谁又能品尝到它的美味呢？

二、继续认识常用的标点符号

1. 分号——；

分号用于复句内部并列分句之间的停顿。一般说来，把复句中的几个分句的顺序打乱也不会影响其表达效果。如：

漓江的水真静啊，静得让你感觉不到它在流动；漓江的水真清啊，清得可以看见江底的沙石；漓江的水真绿啊，绿得仿佛那是一块无瑕的翡翠。

我们把它变成：

漓江的水真清啊，清得可以看见江底的沙石；漓江的水真静啊，静得让你感觉不到它在流动；漓江的水真绿啊，绿得仿佛那是一块无瑕的翡翠。

也可以。

如：

看看这一朵，很美；看看那一朵，也很美！

我们也可以说：

看看那一朵，很美；看看这一朵，也很美！

不过要注意把"也"之类的词语放到后边一个分句里。

2．冒号—— ：

(1) 用于称呼语后面，表示提起下文，如：

同志们，朋友们：现在开会了……

(2) 用在"说、想、是、证明、宣布、指出、透露、例如、如下"等词语的后面，提起下文，如：

他十分惊讶地说："啊，原来是你！"

(3) 用于总说性话语的后面，表示引起下文的分说，如：

北京紫禁城有四座城门：武门、神武门、东华门、西华门。

(4) 用于需要解释的词语后面，表示引出解释或说明，常常用于各种记录或文件，如：

时间：2010 年 5 月 14 日

地点：三 (2) 班教室

出席：三 (2) 班全体学生

3．引号—— " "和' '

(1) 用于行文中直接引用的部分，如：

我不由得想起了"谁知盘中餐，粒粒皆辛苦"的诗句。

(2) 用于需要着重论述的对象，如：

古人对于写文章有个基本要求，叫做"有物有序"。"有物"就是要有内容，"有序"就是要有条理。

(3) 用于具有特殊含义的词语，如：

这样的"聪明人"还是少一点好。

(4) 引号里面还要用引号时，外面一层用双引号，里面一层用单引

号,如:

他站起来问:"老师,'有条不紊'是什么意思?"

4. 破折号—— ————

(1) 用于行文中解释说明的部分,如:

迈进金黄色的大门,穿过宽敞的风门厅和衣帽厅,就到了大会堂建筑的枢纽部分——中央大厅。

他们送的是一批特殊的客人——燕子。

(2) 用于话题突然转变,如:

"今天好热啊!——你什么时候去上海?"张强对刚刚进门的小王说。

(3) 用在表示声音延长的拟声词后面,如:

"呜——"火车开动了。

"好——笑!"有几个同学抢着答道,同时发出嘻嘻的笑声。

5. 书名号—— 《 》 和 〈 〉

用于书名、篇名、报纸名、刊物名等,如:

《红楼梦》的作者是曹雪芹。

课文里有一篇鲁迅的《从百草园到三味书屋》。

他的文章在《人民日报》上发表了。

桌上放着一本《中国语文》。

《〈中国工人〉发刊词》发表于1940年2月7日。

三、练一练

给下列句子加上合适的标点符号。

我们今天学习了 饮湖上初晴后雨 这首古诗

考试的时候 小明不小心把 美丽 写成了 美利

这次被评为 三好学生 的同学有 李明 陈小真 王莎莎和赵云

妈妈生气地说 难道你还没玩够吗

哎 他长叹一声 点了点头

他就是大家盼望已久的客人 张辅导员

四、标点符号与语气、意义的关系

1. 标点符号的重要性

说话的时候,句与句间必须有适量时间的间隔,语气也有不同,反映到文字上,就成了标点符号。

标点符号在中国是后来才有的。古代书籍里面是没有标点符号的。那个时代,读书人打开一本新书,阅读的时候就用笔把它一句句点断(大抵是用一个圆圈），或者用毛笔的笔套，蘸上朱砂印泥，逐句盖上。那时候，形容一个人读不懂文章，有一句话是："他点不断（句子）。"试想，文章里没有标点符号，人们读起来该多困难呀。不只这样，由于没有标点符号，文章还因此产生了许多歧义，人们可以这样加标点解释，也可以那样加标点解释，这就给我们理解古人的意思造成了困难。

　　比如《论语》中有这样一句话："子曰民可使由之不可使知之。"对于这个句子，有人"点"成这个样子："子曰：'民可使由之，不可使知之。'"认为它的意思是："孔子说：'对于老百姓，可以任由他们处于自在状态，不可以让他们知道国家的重要事情。'"也就是孔子说要愚弄老百姓，不要让老百姓懂得一些道理。有人"点"成这个样子："子曰：'民可，使由之；不可，使知之。'"认为它的意思是："孔子说：'老百姓表现得不错的话，就放手让他们去做；如果他们表现得不好，那就应该教育他们使他们明白道理。'"因为古书没有标点，所以，我们现在也无从知道孔子到底是怎么说的了。

　　可见，对于同样一句话，标点符号打在不同的位置，意思就完全不同。

　　2. 练一练

　　将左边的句子和右边相应的"言外之意"连起来。

　　我要跟你去。　　　　太糟糕了，我居然要跟你去！

　　我要跟你去！　　　　我要跟你去，那就去吧。

　　我要跟你去？　　　　我要跟你去，一定要去。

　　我……要……跟……你去。　　我想跟你去，可不可以让我跟你去？

五、结束语

读读下面的标点符号歌，以巩固对标点符号的认识：

一句话说完，画个小圆圈；中间要停顿，点下尾巴转。

并列语词间，点个瓜子点；并列句子间，圆点加逗点。

总结说话前，上下各一点；反问或疑问，耳下附一点。

命令或感叹，滴水下屋檐；引文特殊词，前点后也点。

补充或解释，前后加弯月；话没说完的，一共点六点。

两大又两小，书名刚刚好；解释或延长，两格画直线。

这节课到此就结束了，你们说，该打个什么号呢？

可以打句号："这节课结束了。"

可以打感叹号："我学到了很多东西！"

可以打问号:"这么快就结束了吗?"

可以打逗号,因为我们还有很多课要上。

……

【教案 7】

"开门见山"回眸笑 不醉不呆最宜人——围绕主题,首尾照应

作文的开头和结尾是作文非常重要的组成部分,但是,因为教师很少在这方面对学生进行专门的训练,所以,很多学生都不知道该如何写好这两部分。对于这一部分内容要尽量提早教学,最好是在三年级上学期期中考试前教学,可将命题作文压后。

教学目标

(1) 使学生了解写文章一定要围绕一个中心来进行,并且学会围绕主题、首尾照应地写开头和结尾。

(2) 进一步了解作文的格式。

教学重点

"开门见山"的开头方法和首尾照应的写法。

教学难点

如何不让结尾的照应变成简单地对开头的重复。

教学准备

与本课有关的故事和习题。

教学过程

一、导入新课

我们已经学会了模仿,但是,这并不代表我们已经学会了写作,我们模仿别人写作的目的是为了将来能够不模仿,学会用自己的话来写文章。

很多好的文章通常第一句话就会紧紧地抓住读者的眼球,也就是有一个精彩的开头;读完以后让人回味无穷,也就是有一个意味深长的结尾。

二、怎么写开头?

1. 开门见山

"开门见山"在词典里的意思是"比喻说话或写文章直截了当"。开门见山的写作方法就是直接进入主题,或者直接回答标题中的问题。如:

有人写《我最尊敬的一个人》,开头就写"我最尊敬的一个人是我的语文老师 × 老师。"有人写《快乐的一天》,开头就写"暑假里的一个星期六,是我最快乐的一天。"

像回答问题一样,把题目中要写的具体内容直接指出来,这种写作方法就是开门见山。

如果我们要写一篇标题叫做"我的课余爱好"的文章,可以怎么开门见山地来写开头呢?

题目要求写"我"的课余爱好,我们就可以开门见山,直接回答我们的课余爱好是什么,比如:

"我的课余爱好是唱歌。"

"我的课余爱好是弹钢琴。"

或者稍微变化一下:

"在课余时间,我最喜欢看书。"

"在课余时间,我最喜欢踢足球。"

2. 找一找

打开教科书,看看我们学过的课文中有没有用开门见山的方法写开头的,并读一读。

3. 练一练

你也为《我的课余爱好》写个开门见山的开头吧。

三、怎么写结尾?

1. 首尾照应

"回眸一笑百媚生",原指杨贵妃离去时忽然又回头一笑媚态横生的样子,我们在写作文的结尾时也可以照应开头,再一次回应主题,就会收到杨贵妃"回眸一笑"的效果了。

比如上面讲到的《我的课余爱好》,我们写完了开头,又具体介绍了"我"的课余爱好之后,就可以这样结尾:

"看书让我增长了很多知识,我喜欢看书。"

"我喜欢踢足球，它不仅让我的身体健康，还锻炼了我的意志。"

或者，你也可以提问：

"我喜欢踢足球，你也喜欢踢足球吗？"

"我喜欢跳舞，朋友，你也喜欢跳舞吗？"

当然，与开头照应，并不是简单地把开头重复一次，句子的形式与开头相比最好有点变化，不要开头是"我的课余爱好是唱歌"，结尾也还是"我的课余爱好是唱歌"。可以变成："我喜欢唱歌。"最好还能加上一点新的内容进去，比如讲讲唱歌对你的影响，或者问问你的读者是不是也喜欢唱歌等。

我们学过的很多课文的开头和结尾都是"围绕主题，首尾照应"的，比如：

《难忘的一件事》（人教版《小学语文》二年级上册）

开头：

1984年2月16日，是我最难忘的日子，我为邓小平爷爷做了电子计算机表演。

结尾：

离开展览馆，我兴奋地走在回家的路上。天，仿佛格外地蓝；阳光，仿佛更加灿烂。我忘不了这一天，忘不了肩上担负的责任。

开头和结尾都围绕"难忘"展开。

《北京》（人教版《小学语文》二年级上册）

开头：

北京是我国的首都，是一座美丽的城市。

结尾：

北京真美啊！我们爱北京，我们爱祖国的首都！

标题是"北京"，开头写"北京是我国的首都"，结尾是"我们爱北京，我们爱祖国的首都"。

《太空生活趣事多》（人教版《小学语文》二年级上册）

开头：

你知道宇航员在太空中怎样生活吗？说起来还挺有趣呢。

结尾：

你看，在太空中生活，是不是很有趣？

开头和结尾都紧扣"太空"和"有趣"。

《富饶的西沙群岛》（人教版《小学语文》三年级上册）

开头：

西沙群岛是南海上的一群岛屿，是我国的海防前哨。那里风景优美，物产丰富，是个可爱的地方。

结尾：

富饶的西沙群岛，我们祖祖辈辈生长的地方。随着祖国建设事业的发展，可爱的西沙群岛必将变得更加美丽，更加富饶。

开头和结尾都紧紧围绕"富饶的西沙群岛"展开。

《美丽的小兴安岭》（人教版《小学语文》三年级上册）

开头：

我国东北的小兴安岭，有数不清的红松、白桦、栎树……几百里连成一片，就像绿色的海洋。

结尾：

小兴安岭一年四季景色诱人，是一座美丽的大花园，也是一座巨大的宝库。

开头和结尾都围绕"美丽的小兴安岭"展开。

2．找一找

打开教科书，看看哪些课文在结尾时"回眸一笑"了，将开头和结尾都读一读，或者抄下来。

3．练一练

联系刚才写的开头，为你的《我的课余爱好》写个"回眸一笑"的结尾吧。

四、巩固训练

按照"开门见山，首尾照应"的写法，为下面几篇文章写一下开头和结尾。

（1）《我的妈妈》。

（2）《我的家乡》。

（3）《最难忘的一件事》。

五、结束语

很多时候，老师在上课与下课时所说的话就是采用的"开门见山，首尾照应"的形式，上课时，老师开门见山地说："我们今天要来学习……"下课时，老师又总结这节课的情况："这节课，我们学习了……"

好了，下面该是我们为这节课写一个结尾的时候了，下课！

【教案8】

兔子的尾巴不长了——作文修改常识

有些教师也许认为作文修改不是学生的事,如果这样想,就犯了一个大错误。因为,只有学生学会修改自己的作文,才算得上真正学会写作。而且,也只有学生学会修改自己的作文,才能真正掌握写作的技巧以及写作的方法。

在教学生修改自己的作文时,可以采取循序渐进的方法,先从"学生根据教师的批改进行修改"开始。具体做法是,教师将学生作文中的优点指出来,以肯定学生的进步,给学生以信心。同时把学生作文中比较明显的错误找出来,并用红色笔进行标记,但不要直接帮学生改正,让他自己想办法去修改。

另外,请尽量不要以书面形式指出学生作文的缺点,最好在私下以口头的形式指出,因为把学生的缺点写在作文本上,可能会被别的学生或其家长等人看到,对学生的自尊心造成伤害,影响学生的写作兴趣。所以,还是让我们的作文评语充满优点吧!那是学生写作的动力。

当然,学生能够根据教师的批语修改作文,首先要懂得教师所使用的修改符号的意思,并且懂得如何根据教师的批语进行修改,这样,他们才能逐渐学会修改自己的作文。

教学目标

(1)评价学生的作文,使学生了解自己作文的情况,教师尽量多鼓励,激发学生的写作兴趣。

(2)告诉学生教师所使用的批改符号的意义,使学生学会使用修改符号修改自己的作文。

(3)学生学会修改自己的作文,养成认真写作、认真修改和精益求精的习惯。

教学重点

了解教师所使用的批改符号的意义，使学生学会使用修改符号修改自己的作文。

教学难点

让学生学会修改自己的作文。

教学准备

写有各种修改符号的小黑板或课件。

课时安排

两课时。

教学过程

第一课时

一、故事导入

一节美术课上，老师拿出小明画的兔子，让大家和黑板上的示范做对比，请小明说说自己画的兔子哪个地方没有画好。小明说："我的尾巴太长了。"同学们都笑了，有个调皮的同学甚至说："小明有尾巴了！而且还是长尾巴呢！"

要是不小心说错了话，即使你马上意识到了，马上修改过来，别人也已经听到了，甚至还有些喜欢嘲笑别人的人会紧紧抓住你的"马脚"不放，没事就嘲笑你一番。但是，写作文出现了错误，我们就有修改的机会，如果我们发现自己写的是"我的尾巴太长了"，知道这是错误的之后，就可以将它修改过来，变成"我画的兔子的尾巴太长了"或者"我把兔子的尾巴画得太长了"。

而且，写作还可以提高我们说话的水平。作文写得多了，在说话时就自然知道哪句话该怎么说了，也会避免出现病句，就不会被人笑话了。

二、认识修改符号

了解教师批阅时使用的修改符号的意义，学会根据教师的批阅修改作文，是学会写作的重要一步。

1. 赞许号——"○"或"～～～"

教师在批阅文章时用于标示特别值得赞许的字、词、句。符号标在被赞许的文字的下面。如：

他垂头丧气地走进教室。

柳树的枝条就像是春姑娘的长发。

2. 删除号

删除号被用来删除作文中一些多余的字、词、句子或段落，分为：

大删除号：×××× ，用于删除大段文字，在删去的文字周围加方框，里面打上"×"。

中删除号：//// ，用于删除一行或一行内较多的文字，将删去的字加方框，里面加斜线。

小删除号：╱◯╲ ，用于删除一两个字或标点符号。

如果你在老师的批阅中发现了这样的符号，那就表示这些文字需要删掉。

3. 增补号

增补号用于补充文章中缺少的字、词、句子或段落，用"∨"或"∧"表示。增添的字可写在"∨"的上方或"∧"的下方。如：

我的尾巴太长了。

我的尾巴太长了。

如果增补的文字较多，可以用"⌢"标在行的下方，或用"⌣"标在行的上方。如：

柳树下面有很多浮萍。

是个池塘，池塘里

如果你在老师的批阅中发现了这样的符号，表示这里需要增加内容。

4. 改正号——" 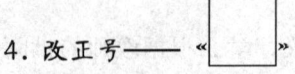 "

作文中常常会出现错字、别字，或者不恰当的词语等，这就需要我们把它们改正过来。

用改正号的情况一般有三种：

(1) 错字。就是写错了的字，这些错误往往表现在多笔画、少笔画或是位置错乱。这样的字，老师在评阅时一般还会在下面加个"×"，当你看到这样的修改符号时，请在查找字典或其他资料后将正确的字写在方框的上方，并且把那个字多抄写几遍，这样下次就不会再出错了。

(2) 别字。就是将一个字写成了另外一个字，一般会写成同音字、音近字或是形近字，如把"辨别"写成"辩别"，"程度"写成"沉度"，"再等一下"写成"在等一下"等。

对于这样的问题，老师一般会把正确的那个字写在上面，如果你在老师的批阅中发现了这样的问题，请认真区分这两个字，了解这两个字的异同，下次不要再写别字了！

但是，等你们熟练以后，老师就会帮你们指出来后让你们自己修改，修改的方法就是把别字框起来，在上方写上相应的字。

(3) 不恰当的词语。在我们考虑得不那么成熟时写的文章，有可能就会出现用词不当的情况，如：

广场上插了很多 鲜艳/鲜美 的彩旗。

如果你看到这样的批阅，就说明你原来用的那个词语不正确，最好用方框上方那个词语。同时自己最好认真想一想：为什么会用错？为什么应该用方框上的那个词语？这样，以后才不会再犯同样的错误。

5. 恢复号——"△"

加在要恢复的字、句或标点下面。如果要恢复已删去的大段文字，可在删除的方框两边各加两个"△"号。如：

如果你看到这样的批阅，说明老师经过考虑后又决定不删除那些文字了，所以，那部分文字还是要保留的。

6. 提行号——" | "

用于把一段文字提到前面另起一段的情况，箭头画在应提的位置上。如：

今天早晨，阳光明媚，我和小明走在上学的路上。←忽然，从路边冲出一条小狗……

如果你看到老师在"忽然"那里画了一个提行号，那就说明从"忽然"这里开始应该分段，提行另起一段。写成：

今天早晨，阳光明媚，我和小明走在上学的路上。

忽然，从路边冲出一条小狗……

7. 连接号——"⟵⟶"

表示上下文连接在一起，或者中间不分段。箭头两端分别指向应连接的两处。

爸爸开心地笑了起来。

他告诉我，其实他早就知道了。

如果你发现在"来。"和"他"之间有连接号的话，那就说明这个地方不需要分段，你需要将它这样改写：

爸爸开心地笑了起来。他告诉我，其实他早就知道了。

8. 空格号——"∨"

表示空格，标在应空出的格子的前方。有很多同学在分段时不记得在前面空两格，这时老师就会在你这段前面加上空格号。

∨∨这一次，我真的生气了。

9. 颠倒号——"⌐⌐"

用于文字的颠倒。

假如你不小心将"蜜蜂"写成了"蜂蜜"，就可以用颠倒号改正过来。

蜂 蜜

10. 质疑号——"？"

用于标示文字上的不当或错漏。横线标在质疑的字、词、句、段的下面，然后在横线上方或下方加上"？"。

我不小心把咖啡撒在了爷爷的裙子上。
　　　　　　　　　　？

这样的符号表示老师在提醒你考虑这个句子的正确性，如果你的爷爷不是流行男人穿裙子的民族的人，那爷爷的裙子是怎么回事呢？就要交代清楚。因为老师不知道是你爷爷真的穿了裙子？还是你把人物弄错了？

三、练一练

看看在自己的作文中，老师都用了哪些修改符号？和同学交流一下。该修改的地方请适当修改。

第二课时

一、导入新课

俗话说："亲身下河知深浅，亲口尝梨知酸甜。"今天，我们就来尝尝上次同学们自己种植并收获的"梨"是酸还是甜？请自己品味、修改一下自己的作文。

修改作文是写作过程中的最后一个环节，也是非常重要的一个环节。作文中的毛病，如果是老师帮你们修改了，印象就不会太深刻，但是，如果是你们自己把错误找出来并加以修改，就会永远记得它们。这样，你们的写作水平才能真正得到提高。好作文不是写出来的，而是改出来的。

二、作文修改四部曲

1. 回顾主要内容，看是否符合题目要求

有的同学也许认为，写之前就审过题了，写完了就没必要再去看是否符合题目要求了。但是，就像有的人一开始准备去邮局，后来在路边看到一个公园里特别好玩，就跑进公园玩去了，把去邮局的事给忘了一样，写作时也可能出现这样的情况，一开始还记得主题，但是写着写着，忽然就被"公园"吸引了，跑到"公园"去了……所以，在我们写完作文以后，还需要再看一看自己写的作文是否符合题目要求。如果不符合，就要想办法补救。

2. 浏览全文，看结构是否完整

写完作文以后，一定要记得将作文从头到尾浏览一次，看作文的结构是否完整。作文一般都要有开头、主体和结尾，写完后有目的地去检查，看看你的作文是不是具备了这三个部分，如果发现有残缺，及时补上。

3. 朗读或默读全文，看语句是否通顺

写作文时，需要考虑的东西太多，不一定能将文章写通顺，所以，写完作文后要检查一下。平时写作，最好朗读几遍，读的时候如果觉得句子不通顺，就要好好修改。考试时写作不能朗读，就可以默读，发现不通顺的地方及时改正。

4. 逐字逐句看全文，找出多字、少字、错字、别字并修改

写作文时，一般情况下要先把自己的构思迅速写下来，以免遗忘。因为赶时间，不能认真去研究字词的正确与否，这样写下来的文章常常会出现漏字、多字、错字、别字，或者是有毛病的句子，这就需要我们对其进行修改。同时，修改时，要使用统一的修改符号。

有很多同学自己很难发现自己的错误，所以，你们也可以和同学或伙伴交换看看，让别人帮你找出不对的地方，自己再认真修改。

作文修改完后，还要再仔细读几遍，检查一下有没有遗漏的地方，看看改过的作文上下文是否连得上，读得通。最后，再认真地把作文誊写在作文本上。

三、练一练

根据"作文修改四部曲"修改自己的作文，再誊写到作文本上。写完之后读一读，看是不是比原来的作文有进步。

四、结束语

刚才，同学们修改了自己的作文，现在，老师也要修改我的"作文"了。"这一段文字"（用双手指着学生），放在这里不合适，放到那里（指着教室外边）才能"更生动、更活泼"，是不是？那就到那儿去吧！下课！

【教案9】

让我轻轻地告诉你——如何互相批阅作文

很多语文教师都为批阅作文而烦恼，工作量大不说，很多学生对教师的批阅并不重视，让教师辛苦的付出付诸东流。

解决这个问题的方法之一就是让学生学会互相批阅作文，这样更有利于学生掌握带有普遍性的错误问题并逐渐学会修改自己的作文。

当然，因为学生的水平有限，批阅中存在问题肯定在所难免。所以，教师要在学生互阅的基础上再进行一下批阅，把仍存在的问题找出来并给予修改指导。

教学目标

使学生学会批阅他人的作文，同时提高修改作文的能力。

教学重点

如何批阅他人的作文。

教学难点

如何写总评语。

教学准备

教师事先要将作文本如何互换想清楚。考虑到批阅者与被批阅者需要交流，最好能以"就近"为原则，如采用同桌交换、前后交换，或是前后左右四人进行"A—B—C—D—A"的交换形式，这样，就可以保证学生不离开座位交流，课堂纪律也好维持一些。

教学过程

一、歌曲导入

"让我轻轻地告诉你，天上的星星在等待，分享你的寂寞你的欢乐，还有什么不能说。让我慢慢地靠近你，伸出双手你还有我，给你我的欢笑我的祝福，生命阳光最温暖。不要问我太阳有多高，我会告诉你我有多真，不要问我星星有几颗，我会告诉你很多，很多……"（歌曲《轻轻地告诉你》）

有的同学很怕自己写的作文被人看，其实，作文本就是写给别人看的。作文是倾诉自己心灵的一种方法，你可以把你的欢乐、你的烦恼都轻轻地告诉别人。也许，你的读者也会轻轻地告诉你很多，比如你的哪个词语用得很好，哪个句子写得很美等，让你感受到生命阳光的温暖。这节课，就让"我"轻轻地告诉你，你也轻轻地告诉"我"，大家交换看一看同学的作文。

二、讲述互相批阅的前提，激发学生的学习兴趣

互相批阅是件好事，可是，批阅并不是谁都能干的事，需要一定的基础，这个基础就是——知识。

有一次，苏东坡去王安石的书房乌斋去找王安石，王安石不在，只见乌斋台桌上摆着一首只有两句尚未写完的诗——"明月枝头叫，黄狗卧花心。"苏东坡瞧了又瞧，心生质疑，觉得明月怎能在枝头叫呢？黄狗又怎么会在花心上卧呢？以为不妥。于是提笔一改，将诗句改为"明月当空照，黄狗卧花荫。"王安石回来后，见苏轼改动了他的诗，没说什么，就将他贬到了合浦。

苏东坡到合浦后，一天，他出外去散步，见一群孩子围在一堆花丛

前猛喊:"黄狗罗罗,黑狗罗罗,快出来呀?罗罗罗,罗罗罗。"苏东坡出于好奇,走过去问孩子在喊什么,孩子说:"我们叫虫子快点出来,好捉它。"苏东坡凑近花前一看,见有几条黄色、黑色像芝麻大的小虫子在花蕊里蠕动。又问孩子这是什么虫?孩子说:"黄狗虫,黑狗虫。"苏东坡离开花丛后,来到一棵榕树下,正碰到树上一阵清脆的鸟叫声,问旁人,这是什么鸟在叫?旁人答道:"这叫明月鸟。"此刻苏东坡才恍然大悟,知道自己错改了王安石的诗:"'明月'是一种鸟,自然可以在枝头叫;'黄狗'是一种小虫,卧花心也不足为奇了。可自己不懂这些知识,擅自改动了王大人的诗,难怪大人要派我到这儿来了。"

还有一次,苏东坡去拜访王安石。当苏东坡来到相府时,王安石正在睡觉,他被管家徐伦引到王安石的东书房用茶。

徐伦走后,苏东坡见四壁书橱关闭有锁,书桌上只有笔砚,更无余物。他打开砚匣,看到是一方绿色端砚,甚有神采。砚池内余墨未干,方欲掩盖,忽见砚匣下露出个纸角儿。取出一看,原来是两句未完的诗,写的是:"西风昨夜过园林,吹落黄花满地金。"

苏东坡暗笑这两句诗是胡说,他认为菊花开于深秋,而且老来焦干枯烂,不会落下花瓣,怎么可能是"吹落黄花满地金"呢?于是,苏东坡拿起笔在下边写道:"秋花不比春花落,说与诗人仔细吟。"

续完以后,还不见王安石来,就又走了。

不多时,王安石走进东书房,看到诗稿,又问了仆人,知道是苏东坡续的。他想了想,不久就找了一个理由把苏东坡调到了黄州去当官。

苏东坡来到黄州。重阳节那天,天气晴朗,苏东坡和友人到后花园赏菊。走到菊花架下,只见地上铺满金色的菊花花瓣,枝上却无一朵。苏东坡惊得目瞪口呆,半响无语。友人问他为什么如此惊诧。苏东坡说:"我平常见菊花只是焦干枯烂,并不落瓣。去年我在王丞相府中,见他《咏菊》诗中写道:'西风昨夜过园林,吹落黄花满地金。'小弟只道老太师写错了,特地续两句:'秋花不比春花落,说与诗人仔细吟。'却不知黄州菊花果然落瓣!老丞相调我至黄州,原来是让我看看菊花!"

听了这两则故事,你们明白了什么道理呢?这说明在评价别人的文章时,自己先要有足够的知识,苏东坡是唐宋八大家之一,他尚且有不知道的知识,更何况我们呢?所以,我们在评价别人的文章时,要端正态度,遇上不懂的,最好先问明作者为什么这样写,这样才能防止把别人原本对的句子改错,避免闹出与故事中类似的笑话。

三、讲解互相批阅的要领，并带领学生一步步完成

1. 通读全文

这是非常重要的一步，我们首先要通读全文，不要先去管哪里有个错别字，哪里有个病句。通过通读全文，我们才能知道文章是否符合题目的要求，结构是否合理，是否有完整的"开头、主体、结尾"，"开头、主体、结尾"是否安排合理——"主体"部分应该比"开头"和"结尾"部分长。

2. 批阅开头

看看他的开头用的什么写法，是开门见山？还是点明事情发生的要素？是提出问题？还是引用了歌词、古诗、名言、俗语？然后将它写在旁边的眉批栏里。

3. 批阅结尾

看看他的结尾用的什么写法，是照应开头？还是点明事情发生的要素？是提出问题？还是引用了歌词、古诗、名言、俗语？然后将它写在旁边的眉批栏里。

4. 重点点评

将全文逐句看来，在用得非常准确、生动的词语下面画上小圈，并在旁边的批阅栏里给予表扬，如：

用词准确。

你真会用词语。

你的词汇真丰富。

这个词用的真好，你是怎么想出来的呢？

还要看看哪些句子写得好，判断作者用了什么样的修辞手法，用波浪线画出，并在旁边标明所用的方法，以示肯定。如：

那不知名的灌木上结的红色小果子，就像一颗颗红色的珍珠。

——比喻

风姑娘来了，花儿跳着舞欢迎她。——拟人

我啊，来了八百年了。——夸张

还可以写得具体一点：

我啊，来了八百年了。——通过夸张的手法，写出了来的时间长。

也可以根据具体情况写上：

你的想象真丰富。

你观察得真仔细。

5. 标示错别字

将全文逐句看来，找出文中的错字，在其下方打个小小的"×"，在其上方和右边的批阅栏里写上正确的字。如有些同学常常把"知道"的"知"字的左右两部分摆反了写成"呋"，这就是个错字。

找出文中的别字，打上改正号，并在其上方写上正确的字，再在右边的批阅栏里将两个字放在一起进行辩字组词，让他分清楚（如下图）。如果是不同音的别字，还可以在字上面加个括号，让他写上拼音，以区分两个字的读音。

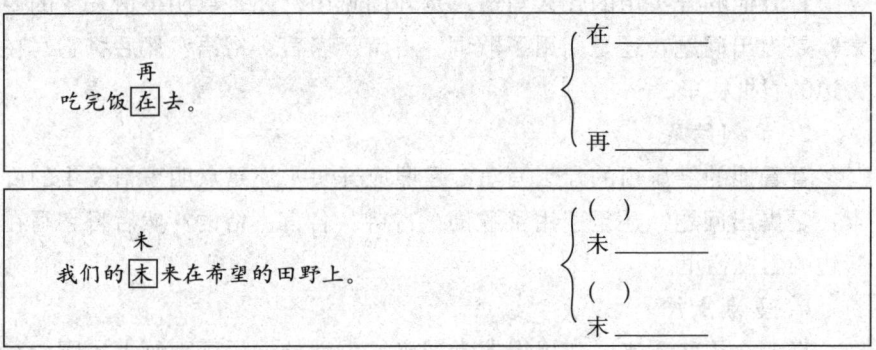

6. 运用各种修改符号，修改文中的病句
7. 写修改建议
8. 写评语

写评语时，我们可以按照下面的要求一项一项地来写：

①切题——作文内容符合题目要求。

②中心明确，思想健康。

③结构完整——有开头、"躯干"、结尾。

④布局合理——开头、"躯干"、结尾遵循了"中间肥来首尾瘦"的原则。

⑤语句通顺——没有病句。

⑥用词准确——没有用词不当，而且能用上合适的词语。

⑦没有错别字。

⑧标点符号使用正确。

⑨想象丰富——在描述的基础上能够展开想象，运用拟人、比喻、夸张等修辞手法。

然后将文章表现好的方面写进评语里，如：

这篇习作符合题目要求，中心明确，思想健康，结构完整，布局合理，语句通顺，是篇较好的习作。

（注意：一定要强调让学生写优点，因为写缺点的时候，学生不知道把握分寸，可能会写出一些影响学生积极性的话来。）

9.给作文打上等级

等级标准：

符合①—⑨项标准，可以打 A+ 等或者 95 分以上，甚至 100 分。

符合①—④项标准，又能符合⑤—⑨项中的 3—4 项的可打 A 等或 80 分以上。

符合①—④项标准，又能符合⑤—⑨项中的 1—2 项的可打 B 等或 70 分以上。

符合①—④项标准，可以打 C 等或者 60 分以上。

要注意的是，即使在第③—⑨项中写得再好，如果不符合①、②项，那也是不合格——D 等或是 60 分以下。

10.写上批阅人：×××和日期：×年×月×日

| | | | | | | 批 | 阅 | 人 | ： | × | × | × |

| | | | | | | | | × | 年 | × | 月 | × | 日 |

11.改正错别字、词

将作者写错或写别的字、词改过来后写在评语后面，让作者去抄写。有些直接写词语还不能达到效果的，可写那个句子。

| 知 | 道 | | | | | | | | | | |

| 未 | 来 | | | | | | | | | | |

| 吃 | 完 | 饭 | 再 | 去 | 。 | | | | | | |

12.送还作文本

批阅完后将作文本交给老师再审查一遍，没有问题的，由批阅人直接送还给作者，告诉作者存在哪些问题，你有哪些建议，并让作者更正、抄写、修改、美容。

13. 根据同学的修改建议，将作文重新誊写一遍
14. 写完之后通读并与原来的文章做对比，看是否有进步

四、结束语

当他轻轻地告诉你，你又轻轻地告诉他后，是不是发觉自己一下子又懂得了很多知识呢？让我们一起来唱一唱吧："让我轻轻地告诉你……"

【教案10】

为我所用才有用——如何收集资料写文章

写介绍、说明型作文时，常常需要收集、整理资料，比如写介绍民俗风情的文章，学生不可能尽知关于这方面的知识，要想把文章写全面，就需要收集资料。收集资料的方法一般包括：查找书籍、搜索网络、向别人请教、自己观察等。收集完资料后，还需要对资料进行整理，并且根据写作需要来决定取舍、详略等。收集、资料的方法不是学生自己能无师自通的，需要教师给予指导。

学生掌握了收集资料的方法后，不仅能很好地完成资料收集型作文的写作任务，还能因此养成收集、整理资料的好习惯，写作能力也会慢慢地提高。

教学建议

使用人教版教材的可把本节内容直接用于三年级上册"语文园地五"的教学；使用其他版本教材的可独立使用本节内容，也可结合教材中关于资料整理的习作教学进行。

教学目标

以"中华传统文化"为例，使学生了解如何收集资料，如何将复杂凌乱的资料整理成自己需要的文章。

教学重点

如何整理收集的资料。

教学难点

如何整理收集的资料。

教学准备

写有与本课相关的收集到的资料的小黑板或课件。若使用小黑板，请注意留空，以便在小黑板上直接进行相应修改。

教学过程

一、导入新课

生活中有很多我们不知道的知识，当我们想要了解某些知识时，就需要我们去收集相关的资料。所以，我们常常需要收集资料，收集资料的方法有很多，可以查找书籍，上网络搜索，或向别人请教……但是，收集到的资料并不会像我们想要的那样刚好是那么长的篇幅，或者，某个资料里有一些我们不需要的材料，或者，我们需要的内容是两篇甚至几篇材料中的内容……那么，该怎么办呢？这就需要我们整理收集到的资料，把它变成自己想要的形式。

现在，网络是最便利的收集资料的途径，我们可以从网络上找到很多想要的资料，但是，网络上的资料，并不一定是正确的，常常会有一些小错误，需要我们自己去判断和分析。

二、网络资料收集

1. 在网络搜索栏里直接输入关键词

假如你要写一篇关于中华传统文化的文章，可以直接在网络搜索栏中输入"中华传统文化"进行搜索，然后，就会跳出很多关于中华传统文化的网址，选择一个打开，就能找到你想要的内容，如果这个网址里的内容你不喜欢，你也可以退出来，进入另一个网址去看看。

除了这种方法，你还可以输入想查找的某个具体的传统文化的名称进行查找，使用这种方法，首先需要我们了解哪些是中华传统文化。

传统的节日：春节、元宵节、端午节、中元节、中秋节、重阳节等，注意不能写愚人节、圣诞节、万圣节等，那是西方人的节日；也不要写

"六·一"儿童节、"五·一"劳动节，那是国际性的节日，不是中国的传统节日。

传统的食物：元宵节的汤圆、端午节的粽子、中秋节的月饼等。

民间工艺：剪纸、陶瓷等。

民族艺术：戏剧、国画等。

风俗习惯：春节贴春联、放鞭炮，端午节赛龙舟，元宵节闹花灯，中秋节赏月等。

传统的体育项目：跳皮筋、踢毽子、打太极等。

还有我们常用的筷子、毛笔、宣纸等。

然后，选择一个你感兴趣的，比如"压岁钱"，在网络搜索栏中输入"压岁钱"进行搜索，你就可以找到很多相关的网址，然后进入某个网址，你就可以看到很多和"压岁钱"有关的内容，找到以后，你可以把相关资料放到收藏夹里，也可以把它们复制下来粘贴到一个文档里备用。

2．单个资料的处理

这是我从网上下载的一篇关于压岁钱的文章：

压 岁 钱

春节拜年时，长辈要将事先准备好的压岁钱分给晚辈，据说压岁钱可以压住邪祟，因为"岁"与"祟"谐音，晚辈得到压岁钱就可以平平安安度过一岁。

压岁钱有两种：一种是以彩绳穿线编作龙形，置于床脚，此记载见于《燕京岁时记》；另一种是最常见的，即由家长用红纸包裹分给孩子的钱。压岁钱可在晚辈拜年后当众赏给，亦可在除夕夜孩子睡着时，由家长偷偷地放在孩子的枕头底下。

民间认为分压岁钱给孩子，当恶鬼妖魔或"年"去伤害孩子时，孩子可以用这些钱贿赂它们而化凶为吉。清人吴曼云在《压岁钱》一诗中云："百十钱穿彩线长，分来再枕自收藏，商量爆竹谈箫价，添得娇儿一夜忙。"由此看来，压岁钱牵系着一颗颗童心，而孩子的压岁钱主要用来买鞭炮、玩具和糖果等节日所需的东西。

现在长辈为晚辈分送压岁钱的习俗仍然盛行，压岁钱的数额从几十到几百不等，这些压岁钱多被孩子用来购买图书和学习用品，新的时尚为压岁钱赋予了新的内容。

看完后，你们应该发现了几个问题：

（1）压岁钱是因为"岁""祟"谐音，那什么是"祟"？为什么要压"祟"？这是文中没有交代的，我们可以通过查字典的方式进行补充。

下面大家来查一查字典，看看"祟"是什么意思。

"祟"原指鬼怪或鬼怪害人（借指不正当的行动）。

那么，压"祟"就是压住鬼怪的意思。

我们就要把这个资料补充进去，读者才能更明白。

（2）两处加波浪线的地方，"愉偷地"应该是"偷偷地"才对；"压岁钱"应该是"压岁钱"。所以，从网络上下载的资料我们不能不加分析地接受，要学会辨认它们的正误，在写作时，把错误的资料更正过来。

（3）"清人吴曼云在《压岁钱》一诗中云：'百十钱穿彩线长，分来再枕自收藏，商量爆竹谈箫价，添得娇儿一夜忙。'"中，对于这首诗，你能理解吗？你的同学能理解吗？如果不能，就不要写进去，因为我们现在的作文暂时都是写给自己和同学看的，如果自己和同学都不懂，写了就没有意义了。

所以，收集完资料后，我们还要对资料进行一定的处理，这样才能真正为我们所用。

3. 变成自己的材料

收集完资料后，我们还要把它变成自己的语言：

（1）给文章取个标题，可以就是"压岁钱"。

（2）给文章写个开头："过年的时候，我们经常拿到大人给的压岁钱。但是，你知道过年为什么要给压岁钱吗？"

（3）改写主体部分：把整理过的资料用你平时说话的语气进行改写。

（4）给文章加一个合适的结尾。

例如：

压 岁 钱

我们过年的时候都拿过压岁钱，有时候，我也推辞不要，可是，长辈们说压岁钱不可以不要，为什么呢？

原来呀，春节拜年时，长辈给晚辈压岁钱，是有来历的——"压岁钱"中的"岁"与"祟"谐音，"祟"原指鬼怪或鬼怪害人（借指不正当的行动），压"祟"就是压住鬼怪的意思。古人认为，分压岁钱给孩子，当恶鬼妖魔或"年"去伤害孩子时，孩子可以用这些钱贿赂它们而逢凶化吉。而晚辈们呢，得到压岁钱就可以平平安安度过一岁。所以啊，长辈们给的压岁钱就是希望我们平安，所以，我们就接受平安吧！

以前，压岁钱有两种：一种是以彩绳穿线编作龙形，置于床脚；另一种是最常见的，就是由家长用红纸将钱包裹然后分给孩子。压岁钱可在晚辈拜年后当众赏给，亦可在除夕夜孩子睡着时，由家长偷偷地放在孩子的枕头底下。

现在，长辈为晚辈分送压岁钱的习俗仍然盛行，压岁钱的数额从几十到几百不等，这些压岁钱多被孩子用来购买图书和学习用品，新的时尚为压岁钱赋予了新的内容。

怎么样？拿了这么多年压岁钱，今天才明白压岁钱的学问吧？

4. 选择材料

不需要把收集到的所有内容都介绍给大家，可以只选你感兴趣的内容写。比如你要写一个传统的体育项目如踢毽子，搜索时会搜索到很多资料，但你最感兴趣的是踢毽子时念的口诀："里和，外拐，飘洋，过海，初一十五，点灯挂彩。""一锅底，二锅盖，三酒盅，四牙筷，五钉锤，六烧卖，七兰花，八把抓，九上脸，十打花。"……你就可以多写写这个，但是有些知识是必须告诉大家的，比如：古时候的人们是从哪个时期开始踢毽子的，那个时期的毽子是用什么做的？踢毽子需要什么场地？现在的人们踢的毽子一般是什么样子？有哪几个组成部分？怎么做的？踢毽子有哪些形式？至于其他一些踢毽子的知识，比如踢毽子比赛之类的，就不必写了。

5. 练一练

试一试，从下面三个资料中任选一个改写成一篇作文。

注意：

（1）把资料中不懂的地方找出来，如果没必要说的可以删掉，如果必需要说明的，看用什么方法能让大家明白。

（2）资料中如果有错别字，记得及时改正过来。

（3）资料比较长的，可以只选自己感兴趣的写，或者是概括地写，但是，要让大家把有关知识弄明白！

资料1：

放　爆　竹

中国民间有"开门爆竹"一说。即在新的一年到来之际，家家户户开门的第一件事就是燃放爆竹，以噼噼啪啪的爆竹声除旧迎新。

爆竹为中国特产，亦称"爆仗"、"炮仗"、"鞭炮"。其起源很早，至今已有两千多年的历史。

现在我们一般都认为放爆竹可以创造一种喜庆气氛,是节日的一种娱乐活动,它可以给人们带来欢愉和吉利。然而,如果我们追溯爆竹的起源,就会了解古代人燃放爆竹的本意及其衍变的历史。

《荆楚岁时记》载:"正月一日,鸡鸣而起,先于庭前爆竹,以避山臊恶鬼。"这段记载说明爆竹在古代是一种驱瘟逐邪的音响工具,这就使得燃放爆竹的习俗从一开始就带有一定的迷信色彩。其实,这完全是由古人的误解所致。

据《神异经》说,古时候,人们途经深山露宿,晚上要点篝火,一为煮食取暖,二为防止野兽侵袭。然山中有一种动物既不怕人又不怕火,经常趁人不备偷食东西。

人们为了对付这种动物,就想起在火中燃爆竹,用竹子的爆裂声使其远遁的办法。这里所说的动物,名叫"山臊"。古人说其可令人寒热,是使人得寒热病的鬼魅,吓跑山臊,即驱逐瘟邪,才可得吉利平安。到了唐初,瘟疫四起,有个叫李田的人,把硝石装在竹筒里,点燃后使其发出更大的声响和更浓烈的烟雾,结果驱散了山岚瘴气,制止了疫病流行。这便是装硝爆竹的最早雏形。

以后火药出现,人们将硝石、硫黄和木炭等填充在竹筒内燃烧,产生了"爆仗"。到了宋代,民间开始普遍用纸筒和麻茎裹火药编成串做成"编炮"(即鞭炮)。

关于爆竹的演变过程,《通俗编排优》记载道:"古时爆竹皆以真竹着火爆之,故唐人诗亦称爆竿。后人卷纸为之,称曰'爆竹'。"

随着时间的推移,爆竹的应用越来越广泛,品种花色也日见繁多。湖南浏阳、广东佛山和东尧、江西的宜春和萍乡以及浙江温州等地是我国著名的"花炮之乡",其生产的爆竹不仅畅销全国,而且还远销世界其他国家和地区。

燃放爆竹已成为具有民族特色的娱乐活动。人们除了辞旧迎新在春节燃放爆竹外,每逢重大节日及喜事庆典,诸如元宵节、端午节、中秋节及婚嫁、建房、开业等,亦要燃放爆竹以示庆贺。

资料2:

舞 龙 灯

舞龙灯也叫"舞龙"、"龙灯舞",是我国独具特色的民间娱乐活动。

从春节到元宵节，我国城乡广大地区都有舞龙灯的习俗。经过千百年的沿袭、发展，舞龙灯已成为一种形式活泼、表演优美、带有浪漫色彩的民间舞蹈。舞龙灯起源于人们对龙的迷信，距今已有两千多年的历史。在古代人们用舞龙祈祷龙的保佑，以求得风调雨顺、五谷丰登。

舞龙灯的主要道具是"龙"。龙用草、竹、木纸、布等扎制而成，龙的节数以单数为吉利，多见九节龙、十一节龙、十三节龙，多者可达二十九节。十五节以上的龙就比较笨重，不宜舞动，主要是用来观赏，这种龙特别讲究装潢，具有很高的工艺价值。还有一种"火龙"，用竹篾编成圆筒，形成笼子，糊上透明、漂亮的龙衣，内燃蜡烛或油灯，夜间表演十分壮观。

龙灯的舞法有多种，九节以内的侧重于花样技巧，较常见的动作有：蛟龙漫游、龙头钻档子、头尾齐钻、龙摆尾和蛇蜕皮等。十一节、十三节的龙，侧重于动作表演，金龙追逐宝珠，飞腾跳跃，时而飞冲云端，时而入海破浪，非常好看。

舞龙的习俗在海外华人那里得到了发扬和光大。每逢中国人的传统节日和重大庆典活动，他们就会舞起狮子，耍起龙灯，呈现出一片浓浓的东方气息。

资料3：

倒贴"福"字

每逢新春佳节，家家户户都要在屋门上、墙壁上、门楣上贴上大大小小的"福"字。春节贴"福"字，是我国民间由来已久的风俗。据《梦梁录》记载："岁旦在迩，席铺百货，画门神桃符，迎春牌儿……"；"士庶家不论大小，俱洒扫门间，去尘秽，净庭户，换门神，挂钟馗，钉桃符，贴春牌，祭祀祖宗"。文中的"贴春牌"即是写在红纸上的"福"字。

"福"字现在的解释是"幸福"，而在过去则指"福气"、"福运"。春节贴"福"字，无论是现在还是过去，都寄托了人们对幸福生活的向往，也是对美好未来的祝愿。民间为了更充分地体现这种向往和祝愿，干脆将"福"字倒过来贴，表示"幸福已到"、"福气已到"。

"福"字倒贴在民间还有一则传说。明太祖朱元璋当年用"福"字作暗记准备杀人，好心的马皇后为消除这场灾祸，令全城大小人家必须在天明之前在自家门上贴上一个"福"字。马皇后的旨意自然没人敢违抗，于是家家门上都贴了"福"字，其中有户人家不识字，竟把"福"字贴倒了。

第二天，皇帝派人上街查看，发现家家都贴了"福"字，还有一家把"福"字贴倒了。皇帝听了禀报大怒，立即命令御林军把那家满门抄斩。马皇后一看事情不好，忙对朱元璋说："那家人知道您今日来访，故意把福字贴倒了，这不是'福到'的意思吗？"皇帝一听有道理，便下令放人，一场大祸终于消除了。从此人们便将福字倒贴起来，一求吉利，二为纪念马皇后。

民间还有将"福"字精描细做成各种图案的，图案有寿星、寿桃、鲤鱼跳龙门、五谷丰登、龙凤呈祥等。过去民间有"腊月二十四，家家写大字"的说法，"福"字以前多为手写，现在市场、商店中均有印制的"福"字出售。

参考答案：

资料1：

放　爆　竹

在古代，爆竹是一种驱瘟逐邪的音响工具——那时，人们途经深山露宿，晚上要点篝火，一为煮食取暖，二为防止野兽侵袭。但是，山中有一种动物叫"山臊"，它可以使人发寒发热，是使人得寒热病的鬼魅，但是它既不怕人又不怕火，经常趁人不备偷食东西。人们为了对付这种动物，就想起在火中燃烧竹子，用竹节巨大的爆裂声吓跑"山臊"。

唐代初期，瘟疫四起，有个叫李田的人，把硝石装在竹筒里，点燃后使其发出更大的声响和更浓烈的烟雾，结果驱散了山岚瘴气，制止了疫病流行。

后来火药出现，人们将硝石、硫磺和木炭等填充在竹筒内燃烧，产生了"爆仗"。到了宋代，民间开始普遍用纸筒和麻茎裹火药编成串，做成"编炮"（即鞭炮）。所以，爆竹又叫"爆仗"、"炮仗"、"鞭炮"。

现在，燃放爆竹已成为具有民族特色的娱乐活动。人们除了辞旧迎新在春节燃放爆竹外，每逢重大节日及喜事庆典，诸如元宵节、端午节、中秋节及婚嫁、建房、开业等，亦要燃放爆竹以示庆贺。

资料2：

舞　龙　灯

舞龙灯也叫"舞龙"、"龙灯舞"，是我国独具特色的民间娱乐活动。从春节到元宵节，我国城乡广大地区都有舞龙灯的习俗。舞龙灯，起源于人们对龙的迷信，距今已有两千多年的历史。在古代，人们用舞龙来祈祷龙的保佑，以求得风调雨顺、五谷丰登。经过千百年的沿袭、发展，如今，舞龙灯已成为一种形式活泼、表演优美、带有浪漫色彩的民间舞蹈。

舞龙灯的主要道具是"龙"。"龙"一般用草、竹、木纸、布等扎制而成。还有一种"火龙"，用竹篾编成圆筒，形成笼子，糊上透明、漂亮的龙衣，内燃蜡烛或油灯，夜间表演十分壮观。龙的节数以单数为吉利，多见九节龙、十一节龙、十三节龙，多者可达二十九节。十五节以上的龙就比较笨重，不宜舞动，主要是用来观赏，这种龙特别讲究装潢，具有很高的工艺价值。

现在，不光是新年，一些重大的庆典活动也会舞龙灯，舞龙灯已成为人们喜闻乐见的民族娱乐形式。

资料3：

倒贴"福"字

春节贴"福"字，无论是现在还是过去，都寄托了人们对幸福生活的向往，也是对美好未来的祝愿。民间为了更充分地体现这种向往和祝愿，干脆将"福"字倒过来贴，表示"幸福已到"、"福气已到"。

"福"字倒贴在民间还有一则传说。

明太祖朱元璋当年用"福"字作暗记准备杀人。好心的马皇后为消除这场灾祸，令全城大小人家必须在天明之前在自家门上贴上一个"福"字。可有户人家不识字，竟把"福"字贴倒了。第二天，皇帝派人上街查看，发现家家都贴了"福"字，还有一家把"福"字贴倒了。皇帝听了禀报大怒，立即命令御林军把那家满门抄斩。马皇后一看事态不好，忙对朱元璋说："那家人知道您今日来访，故意把'福'字贴倒了，这不是'福到'的意思吗？"皇帝一听有道理，便下令放人，一场大祸终于消除了。从此人们便将"福"字倒贴起来，一求吉利，二为纪念马皇后。

民间还有将"福"字精描细做成各种图案的，图案有寿星、寿桃、鲤鱼跳龙门、五谷丰登、龙凤呈祥等。"福"字以前多为手写，过去民间有"腊月二十四，家家写大字"的说法，现在市场、商店中均有印制的"福"字出售。

6. 鼓励创新

除了收集的资料，我们还可以写自己听到的、看到的、问来的，以及亲身经历的东西，整理后写下来。像下面的《讨蜡烛》和《腊月扫尘》一样：

讨 蜡 烛

元宵节晚饭过后,家家张灯结彩,笑语喧哗,讨蜡烛的孩子就开始上门了。他们有的三个一群,有的五个一伙,还有十几、二十个一群的,一进门,哎呀,那一个热闹啊!那么多孩子,七嘴八舌地就念起了那讨蜡烛时必念的经典词儿:

狮子口ā ā ā,(长沙话,张大嘴巴的意思——念"ā"时不是要张大嘴巴吗?)

进屋讨粑粑,

粑粑冇熟,("冇"读mǎo,是"没有"的意思。)

进屋讨蜡烛,

蜡烛冇买,

恭喜老板生个胖子崽,

胖子崽,会赚钱,

恭喜老板发财万万年!

主人则忙不迭地拿出早就准备好的蜡烛开始分发……

等一些孩子讨蜡烛的"业绩"达到一定程度以后,外面可就热闹了。他们将讨到的一大把蜡烛都点燃插在泥土里,有的插成一个圆圈,有的插成一个长方形,有的插成一个正方形,有的插成一个心形,还有些孩子会别出心裁地插出一只小鸡、一只小鸭、一棵小树……有时候,大人还会过来帮忙。然后,大人和孩子会站在旁边,得意地看着自己的杰作。那些明亮的蜡烛火焰一闪一闪,映着大人、孩子欢笑的脸,孩子讨蜡烛的辛劳、大人们买蜡烛的"浪费",在这时候算是得到了最大的回报。

腊 月 扫 尘

农历十二月二十五日,吃罢早饭,妈妈说:"腊月二十五,家家扫尘土。今天是腊月二十五,正是家家扫尘土的日子,咱家也来个大扫除吧!"

吃完饭,我们就开始劳动起来了。

爸爸负责天花板、墙壁上和那些高高的柜顶。一年下来,也确实该打扫打扫了。天花板、墙壁的旮旯里挂满了蜘蛛网,还蒙了一层厚厚的灰,柜顶上更不用说了,随着爸爸手中的绑在长竹竿上的鸡毛掸子的挥动,蜘蛛网不见了,灰尘从墙壁上飞了下来,弄得一屋子的灰。幸亏我们早就戴上了草帽,不然,全部都成"灰姑娘"、"灰王子"了。

妈妈负责洗和抹。那些平时不用的碗啊、盆啊、漏勺啊，都变得看不见原来的颜色了，被妈妈一洗，总算是重见天日了；洗衣机、冰箱、电视机、影碟机、家具上面的灰尘，"逍遥法外"一年了，总算是被平时忙于工作现在终于闲下来的妈妈"抓捕"了。

我呢，负责扫地，每一个角落都不能放过，没想到还有意外收获呢！从书桌底下，发现了我找了好久都没找到的圆珠笔；在床铺旁边的缝里，发现了妈妈找不到的发夹；在沙发的缝隙里，"逮"着了爸爸的打火机……我笑着说："我发现宝藏了！"

经过一天的劳动，家里总算是又干净又整齐了，腊月扫尘的习俗真好！要不然，我们一家人，忙工作的忙工作，忙学习的忙学习，忙应酬的忙应酬，忙玩耍的忙玩耍，家里不变成"古堡"才怪呢！

三、结束语

下面，该是你大显身手的时候了，你想写些什么呢？是把自己收集到的资料整理起来？还是把自己的所见所闻写下来呢？开始行动吧！

【教案 11】

精写随笔三百篇　不会作文也会编——随笔，材料的仓库

很多教师都要求学生写日记，但我以为这种方法并不可取。人们常说："日记日记，天天要记。一天不记，不算日记。"这就对学生造成了很大的压力。而且，在人的一生中，平淡如水的日子很多，对于小学生尤其如此，你要求他们"日记"，他们很可能会胡乱应付、记记流水帐或者干脆不记。这样的"日记"要求反而消融了学生的写作兴趣。但是，材料总需要积累，相对于日记来说，我们还有一个比较受欢迎的积累材料的形式，那就是——随笔。

教学目标

使学生学会写随笔，学会用写随笔的方式积累素材，提高写作的自觉性和写作水平。

教学重点

如何选择资料写随笔。

教学难点

日记和随笔的区别。

教学准备

每个学生准备一个笔记本。

教学过程

一、导入新课

同学们大都看过电视剧《还珠格格》，那里面有很多有趣的关于写作的故事。小燕子不擅写作，只能写出："走进一间房，四面都是墙。抬头见老鼠，低头见蟑螂。"和"门前一只狗，在啃肉骨头。又来一只狗，双双打破头。"而擅写作的紫薇呢？就连小燕子苦于作诗的情形也能在她笔下成为一首诗："昨日作诗无一首，今日作诗泪两行。天天作诗天天瘦，提起笔来唤爹娘。"同学们也许也想成为出口成章的人，可是却不知道怎样才能成为这样的人，那么，现在老师就来告诉你们一个好方法，那就是坚持写随笔。

二、日记与随笔的区别

什么是随笔？随笔和日记的内容类似，与日记的区别在于：

日记，是对每天所遇到的和所做的事情的记录，有的兼记对这些事情的感受。日记是对自己每天生活的真实记录，对发生的事、处理的事或观察到的东西的记录，尤指对个人活动、思考或感觉的每日记录。

随笔，和日记的内容类似，但比日记的表现形式更灵活自由，写随笔就像聊天般轻松，没有任何负担，不需华丽的词藻，也不需严密的结构。随笔的形式不受体裁的限制，灵活多样，不拘一格，可以写景、抒情；可以谈看法；可以谈读书感想；可以就一件事发表议论，也可以对同一类事进行综合议论。有文就录，有感就发，有事就记，有理就说，率性而为，毫无拘泥。写随笔最重要的是要表达出写作的意图：或者是一种快乐的心情，或者是一点小感悟，或者是一个新观点等。

而且，随笔比日记的"任务"要轻，可以想写就写，"随便写写"，没有"天天要记"的要求，也没有内容上、字数上的过多限制，短则几十字，长则几百字，篇幅长短皆由内容而定。

三、为什么要写随笔？

第一，为写作积累材料。

生活中的事情何止千千万，但我们在写作时不一定能清晰地记起来。"好记性不如烂笔头"，把它们在随笔中记下来了，写作的时候从随笔中找找合适的材料并加工一下即可，这样就会使写作变得很轻松。而且，写作水平不是天生的，是练出来的，"熟读唐诗三百首，不会吟诗也会吟"，因此，只要我们"精写随笔三百篇"，到时候就会"不会作文也会编"了。

第二，为了让我们更快乐。

写随笔是我们倾诉感情的一种最好方式，是心灵放松的殿堂——当我们有了心事，想找人述说的时候，不能保证一定会有一个听众在那里等着我们，所以，学会用文字来倾诉自己的感情，是一种让自己快乐的好方法。

写随笔，可以让我们发现小事中的快乐——人生中虽然偶尔也有惊天动地、可歌可泣的大事，但它主要还是由许许多多细小的琐事组成的，平平凡凡，寻寻常常，才是生活的常态。所以，只有那些留意寻常琐事、并能从中感受到无尽趣味的人，他的心境才不至于枯涩，他的心泉才不至于干涸。因此，我们要学会从这些生活的"点点滴滴、琐琐碎碎"中发现生活的真谛和乐趣。而用随笔的形式，就可以捕捉住那些"点点滴滴、琐琐碎碎"的快乐。

同时，也可以把我们的忧伤写下来。因为文字可以帮我们慢慢沉淀忧伤，写下忧伤，自然就要用一种表达方法，在寻找表达方法的过程中，注意力就会被转移，写完后，我们会发现，忧伤不知在什么时候就已经消失不见了。

写随笔，可以让我们拥有一颗善良的心。我在前面讲过，写文章需要立意，立意就是褒扬好的，批评坏的。经常在文章中保持正确的观点，自己自然慢慢就会受到熏陶，也就会慢慢地拥有一颗善良的心。而善良的人才是最快乐的。所以，写随笔会让我们变得善良，变得快乐。

四、如何写随笔？

1. 写写当天或近几天发生的有趣的事情

上 学 迟 到

3月15日　　　　星期二　　　　晴

今天早晨，我迷迷糊糊地睁开眼，看见一片强烈的阳光。不好！昨天忘记设闹钟了！

我连忙穿衣服，裤子却不见了，心急火燎地找了好半天，最后才发现它"躲"在了床单下面。一切从简，脸也没洗，牙也没刷就往外跑。跑到半路，忽然想起：背上怎么这么轻呢？一摸，竟然忘记带书包了。于是，我极不甘心地飞速赶回家拿书包……

站在教室门口，我气喘吁吁地喊了声"报……告……"，教室里忽然安静了，接着，却是一阵哄堂大笑。同学们有的笑得前俯后仰；有的笑得捂住了肚子；有的笑得捂住了嘴巴；有的笑得伏在了课桌上……连老师也带着那明显忍住了的笑。

怎么了？我莫名其妙地低头一看，才发现我上衣的扣子没有对齐，衣服成了"不等式"；衣领也一部分朝里一部分朝外；鞋子呢？居然一只是白色的，一只是浅黄色的。顿时，我觉得脸上火辣辣的，恨不得找个洞钻进去。

这下我才明白，早做准备，到时方能从容上路。

上学不是什么新鲜事，为什么小作者要把它写到随笔里呢？看完后你就知道，原来上学是如此刺激而难忘的事情。所以，事情无绝对，只要是有独特感受的，就可以写到随笔中。如果你把这些事情都记下来了，那么在写作文的时候，不就能从这些事情中随便选一篇加工了吗？

而且，小作者还能从这样的小事中悟到"早做准备方能从容上路"的道理，你呢，是不是也从一些小事中悟出了什么道理，那就快快写下来吧。

买到"头晕"

8月12日　　　　星期五　　　　晴

今天，我和妈妈去一个地下商场买衣服，我们逛了一个多小时也没买到合适的衣服，出来的时候头昏脑胀的。

坐在公交车上的时候，妈妈不禁埋怨道："早知道逛了这么久什么东西也没买到,我们就不进去了。"

我听了,安慰妈妈说:"我们不是'什么东西也没买到'啊,我们买到了一样东西啊!"

妈妈奇怪地问:"买了什么东西?"

我非常认真地说:"头晕呀!"

妈妈笑了,说:"你这个'开心果'!妈妈现在不觉得头晕了。"

我心里好开心呀,我还要多学怎么说话,做更多人的"开心果"。

这位同学多可爱啊,小小年纪就学会幽默了,可以做妈妈的"开心果"。其实,我们很多人都是爸爸妈妈的"开心果",你的一句童稚的话,会让他们开心好半天的。但是,你记下来了吗?

2. 写写自己对生活的一些感想或者对某个人的情感

班主任调走了

8月27日　　　星期三　　　晴

马上就要开学了,却听隔壁的李老师说我们班的班主任文老师调走了。

文老师走了吗?我简直不相信自己的耳朵。我真希望这不是真的,可李老师说得那么肯定。文老师,你是那么和蔼可亲,不管我们犯了什么错误,你总是和颜悦色地给我们讲道理,从不发脾气,更不会体罚我们。文老师,你是那么知识渊博,在课堂上你总是旁征博引,有无数有趣的故事,无数幽默的句子,无数诙谐的歇后语、俗语、名言、谚语……都是从您那学来的;文老师,你是那么多才多艺,遇到引用的歌曲,你就会给我们唱一段;说到舞蹈,你就会给我们跳一段;要是有些难理解的词语、句子,如果能表演的话,你就会给我们表演一段……

文老师,你真的要走了吗?我真舍不得你啊!

这篇随笔写的是听到班主任被调走时自己对老师的依恋之情,什么时候你需要写一个让你怀念的人时,这不就是现成的材料吗?

珍 惜 生 命

5月12日　　星期三　　　晴

云南干旱了,玉树地震了,重庆下暴雨了……

地球的心情似乎不太好呀!为什么呢?是因为对人们肆意摧残地球不满了吗?或是太阳黑子的运动又频繁了吗?或是上帝看到自杀、滥杀等轻视生命的行为不断上演,想让这些悲剧唤醒人们对生命的尊重吗?

这些深奥的东西我不太明白,但有一点我明白,那就是人生无常,世事难料,我们永远不知道明天会发生什么!这让我更加懂得了生命的珍贵,让我懂得珍惜活着的每一分每一秒,懂得珍惜每一个风和日丽的日子,懂得珍惜每一个亲人对我的关爱,懂得珍惜同学与朋友的友情……

我希望失去了亲人的灾区的那些人们不要太悲哀,灾难来临,谁都无法抗拒。你们活了下来,该更加懂得生命的珍贵,替逝去的人们好好活下去。振作起来,珍惜生命中的每一天,好好生活吧!

这个小作者,写了自己对越来越多的自然灾害的感想——珍惜生命;也表达了对灾区人们的美好愿望——振作起来,好好生活!你对周围的事情有什么看法呢?也来说说吧!

3. 写写自己听到的有趣的、有意义的歌曲、故事、顺口溜等

4月16日　　　星期六　　　晴

今天,在一部电视剧里看到这样一段顺口溜:"人生本该happy,何必辛苦study。不如找个lady,早早生个baby。"好有趣啊!下次要是写一个不爱学习的调皮鬼,我就可以让他念这段顺口溜,这样的语言描写一定会比我直接介绍他不爱学习生动得多。

9月27日　　　星期三　　　雨

今天,听到有人将一首《年轻的朋友来相会》改成了这样:

"再过几十年,我们来相会,姑娘小伙子,已经白发飞,眼也花,耳也聋,满脸皱纹堆,一个个地全都驼了背。啊,亲爱的朋友们,美好的时光最珍贵,要努力,要奋斗,不要等到老了才去后悔。"

"然后没多久,大家都伸腿,送到火葬场,转眼化成灰,你一堆,我一堆,谁也不认识谁,全部送到农村做化肥。啊,亲爱的朋友们,让我们此刻举起杯,今朝酒,今朝醉,工作娱乐我们都不浪费。"

笑得我肚子都痛了。不过,我挺喜欢这个,它把时间飞逝诠释得那么生动,比"光阴似箭"形象、有趣多了;它将恐怖的死亡说得那么轻松,比"人生苦短"有趣多了。它还告诉我们"工作娱乐我们都不浪费",是啊,工作、学习等正事固然是要做的,但是,偶尔的娱乐也是非常必要的,"一张一弛"是文武之道嘛!

生活中,有许多这种诙谐的高人,如果我们能把这些有趣的内容恰当地安插到我们作文中去,那一定能让我们的作文魅力倍增。要是什么

时候让你写一篇《一个有趣的人》，就不愁没材料了。

五、布置任务

所以，我们一定要养成写随笔的习惯，发生了什么有趣的事，有什么样的感想，看到什么有趣的东西，见识了什么有趣的人物……就将它们写下来。一个月内我们总会有那么几次难忘的记忆，那么就一个月写三四篇随笔吧，这样积累下来，慢慢地，你就会越来越喜欢写随笔了，到那时也许就不止写三四篇了！

为了方便以后自己在随笔中找材料，我们可以给每一篇随笔加个标题，标题最好紧扣主题，也可以列出几个关键词，然后在笔记本的最前面留一两页写上"目录"，并标上页码，以便查找。

例如：

目 录

上学迟到……………………………………………………………… 1
买到"头晕"………………………………………………………… 2
班主任调走了………………………………………………………… 3
珍惜生命……………………………………………………………… 4

六、结束语

只要你经常写随笔，那将来写作文的时候就可以"随便""动笔"了。

【教案12】

一滴水可以见大海——如何用"小"素材写大主题

我们经常会遇到一些大范围的主题，比如热爱祖国、学习雷锋、保护环境等。对于这些主题，可写的内容非常多，包括的范围非常大，如果让学生写面面俱到的作文，不仅学生写不好，也很难写出自己的特色。所以，我们有必要教给学生写好这类作文的方法。

一滴水也可以折射出太阳的光辉，因此，我们完全可以教会学生从小处着手，只选取与主题有关的一个方面来进行写作。这样，不仅学生能够按要求完成习作，而且，创新的机会也会大得多。

教学建议

使用人教版教材的可直接将本节内容用于三年级下册"语文园地二"的作文教学；使用其他版本教材的可把本节内容作为一次单项训练，也可与相应教材中关于环保的习作训练相结合。

教学目标

使学生学会通过一个小故事写关于环境保护的大主题，学会如何以小写大。

教学重点

以点代面的写作方法。

教学难点

如何选择合适的"点"。

教学准备

写有几篇范文的小黑板或课件。

教学过程

一、歌曲片段导入

（唱）"清凌凌的水来，蓝莹莹的天"，过去，地球上到处是"清凌凌的水，蓝莹莹的天"，而现在，水也不那么清了，天也不那么蓝了，环境保护成了一个重要的话题。环境保护人人有责，今天，我们也来为环境保护呐喊助威吧！

二、口语交际：我们能做点什么？

通过调查、访问和查找资料，我们对家乡的环境有了更多的了解。这次口语交际课，先在活动小组里交流了解到的情况，讨论如何在班上汇报，然后推举代表汇报。可以汇报环境受到了哪些污染，为了改善环境，人们做了哪些工作等。再讨论一下，我们能为保护家乡的环境做点什么。

三、如何以小写大？

1. 习作要求

通过讨论，你一定对保护环境有了进一步的认识。这次习作，就请你写一写这方面的内容。可以把调查、了解到的情况写成一篇短文；可以展开想象，写一写几年后家乡的环境；也可以写发生在这次综合性学习中的有趣的事。写完以后，多读几遍，修改自己不满意的地方。

2．如何用"小"素材来演绎大主题

环境保护是一个大话题，我们的知识有限，很难写面面俱到的文章。但是，一滴水可以见大海，我们可以选取一个方面，写与环保相关的一件事，通过一个"小"素材来演绎环保这个大主题。可以通过某个地方环境的变化来提出问题，可以写自己对某种环保产品的幻想，可以写自己通过什么活动了解了环境保护的重要性，也可以像《一个小村庄的故事》一样，通过写一个地方的人们不重视环境保护而造成的悲剧告诉人们要重视环境保护的道理……同时，作文题目也必须根据自己写作的内容来确定。

3．学一学

是谁偷走了美丽的小河？

以前，我的家乡有一条美丽的小河。

那时候，小河清澈而美丽，河边有许多五颜六色的小石子，河中有很多碧绿的水草，鱼儿欢快地游来游去。鱼儿吹着泡泡，唱着歌；小虾小蟹你来我往，非常热闹。夏天，孩子们在河里快活地游泳、玩耍。

可是，现在，那条清澈美丽的小河不见了，只剩下一条里面流着黑色的液体、人们似乎不想称它为"河"的东西，里面漂着很多塑料袋、泡沫、塑料瓶……甚至动物的尸体，再也看不到小鱼了，再也看不到碧绿的水草，更加看不到在河中玩闹的孩子了，因为不仅河水脏，河底还有很多碎玻璃瓶等……小河成了人们敬而远之的东西。

是谁偷走了那条清澈美丽的小河？是谁呢？

这篇文章，小作者通过写小河前后的变化，说明了保护环境的重要性，你也可以学一学。你的身边哪些地方的环境发生了变化？小池塘的水还像以前那么清澈吗？路边的草地还像以前那么干净吗？山上的植物还是那么郁郁葱葱吗？家乡的空气还是那么清新宜人吗？家乡的夜晚还是那么静谧和谐吗？那些曾经美好的东西是谁偷走了呢？选择其中的一样写下来，注意写下它以前的美好和现在被破坏后的样子。

基 础 篇

我要当厂长

我想当厂长,造纸厂的厂长。

我的工厂生产纸张,但生产原料只用秋天树上掉下来的落叶。因为这样就可以少砍好多大树,保护地球的绿衣裳。而且,我的工厂把落叶都收走了,就不需要清洁工人清扫落叶了,那样又该节约多少扫帚——也就是节约多少木材呀!

我要当厂长,当一个用落叶造纸的厂长,为环保事业做一点点贡献。

这篇文章的小作者写了自己为保护环境而萌生的一个愿望——想当造纸厂的厂长,你呢?如果给你选择的权利,你想当一个什么样的人来为保护环境服务呢?厂长?市长?国家主席?还是联合国秘书长?……发挥自己的想象,给自己一个职位,为环境保护提一个建议吧!

谁救了小蝌蚪?

那天,我在池塘里看见很多小蝌蚪,一个个黑黑的,像许多小逗号。我非常喜欢,就捉了一些蝌蚪带回家,放在一个小盆子里养着。

昨天,老师告诉我们很多关于环境保护的知识,告诉我们要保护青蛙。保护青蛙,青蛙就可以帮我们捉很多虫子,农作物就可以少打一些农药,那样我们就可以少吃一些被打过农药的食品了,也就可以少生一些病了。呀!原来保护青蛙有这么大的好处啊!

回到家,我赶紧把小蝌蚪放回到了池塘里,看着小蝌蚪快活地在池塘里游来游去,我自言自语地说:"小蝌蚪,你知道是谁救了你吗?我现在把你放回去,你可要好好帮我们捉虫子呀!"

这篇文章的小作者写了自己捉蝌蚪和放蝌蚪的故事,其中渗透了环境保护的知识,由原来不懂得保护环境而做错了事,到懂得知识后改正了错误,思路清晰,感情真挚,具有说服力。你原来不懂得环境保护的知识时是怎么做的?现在,当你懂得了之后,你又是怎么做的?把这些内容写下来,就是一篇好作文!

四、结束语

大主题往往抽象难写,而小故事却具体生动,学会以小写大不仅会让作文写作变得容易起来,也会让作文更具吸引力。再读读上面三位小作者的文章,然后你也试着写一篇关于环境保护的文章吧! Let's go !

【教案 13】

唱的比说的好听——歌曲和作文的亲密接触

在各种艺术形式中,唱歌应该是最普及的艺术形式了。既然大家都喜欢唱歌,那就让我们的文章中也充满美妙的歌声吧。

当然,让歌声和作文亲密接触,也是有学问的。我们需要多跟学生交代交代,不然的话,就可能会出现不和谐的音符。

教学目标

学会直接引用和间接引用歌词,让歌曲为写作服务。

教学重点

学会直接引用和间接引用歌词。

教学难点

间接使用歌词。

教学准备

供展示的范例和习题。

教学过程

一、导入新课

我们在很小的时候就会唱歌了,唱歌可以使我们心情愉悦。不仅如此,歌曲还可以帮助我们写作呢!

二、直接引用歌词

1. 将部分歌词直接用于作文开头

(1) 歌词开头。

我们可以将部分歌词直接置于作文的开头,用于引出主题,注意一般只选取与中心有关的一小节。如:

"小时候,我以为你很美丽,领着一群小鸟飞来飞去;小时候,我以为你很神奇,说上一句话也惊天动地……"每当听到这首《长大后我就成了你》,我就想起了我的语文老师。(作文《我尊敬的老师》开头)

"妈妈,我想对您说,话到嘴边又咽下。妈妈,我想对您笑,眼里却点点泪花……"(作文《妈妈,我想对您说》开头)

"左三圈,右三圈,脖子扭扭,屁股扭扭,早睡早起,咱们来做运动,抖抖手啊抖抖脚啊,勤做深呼吸,学爷爷唱唱跳跳我也不会老……"每次听到这首《健康歌》,我就想起了我的爷爷……

(作文《我的爷爷》开头)

"我有一个美丽的愿望,长大以后能播种太阳……"可是,我的愿望却不是种太阳,而是种树——让在沙漠里种树和在土壤里种树一样容易。

(作文《我的愿望》开头)

"遥远的夜空,有一个弯弯的月亮,弯弯的月亮下面,是那弯弯的小桥,小桥的旁边,有一个弯弯的小船,弯弯的小船悠悠,是那童年的阿娇……"听到这首歌,我的记忆总是会回到家乡的小桥边,回到和妮妮快乐玩耍的时光。(作文《我的小伙伴》开头)

正如一首歌唱的:"长大以后为了理想而努力,渐渐地忽略了父亲母亲和故乡的消息。"故乡,久别之后,今天我终于回来了。

(作文《故乡,我回来了》开头)

"一座座青山紧相连,一朵朵白云绕山间,一片片梯田一层层绿,一阵阵歌声随风传……"这就是我的家乡。(作文《我的家乡》开头)

"太阳当空照,花儿对我笑,小鸟说:'早早早,你为什么背上小书包?'"我说:"我要去上学了啊!"(作文《上学路上》开头)

(2) 为下面的文章寻找合适的开头。

①作文《春天》,你可以引用哪首歌的歌词作为开头:(　　)

A.《七色光》　　　B.《春天在哪里》　　C.《小兔子乖乖》

②小军要写一篇关于爸爸的文章,想选一首歌曲的歌词作为作文的开头,你可以帮他选一选吗?(　　)

A.《劳动最光荣》　B.《春天在哪里》　C.《好爸爸坏爸爸》

(3) 为下面的歌词寻找适合的文章安插。

①"春天在哪里呀?春天在哪里?春天在那青翠的山林里。这里有红花呀,这里有绿草,还有那会唱歌的小黄鹂。"

A.《我爱爸爸》　　B.《我的同桌》　　C.《美丽的春天》

②"妈妈，我想对您说，话到嘴边又咽下。妈妈，我想对您笑，眼里却点点泪花……"

A.《美丽的春天》　　B.《妈妈，我想对您说》　　C.《校园趣事》

2. 将部分歌词直接用于作文结尾

我们除了可以用歌词来引出作文以外，也可以用歌词作为作文的结尾，给文章来个美丽的结尾，注意一般只选用与主题有关的一部分。

"亲不够的家乡土，恋不够的家乡水，我要用真情和汗水，把你变得地也肥呀水也美！"（作文《我爱我的家乡》结尾）

这就是我的梦想，我会朝着这方面去努力的，我相信："有梦想谁都了不起，有勇气就会有奇迹。"（作文《我的梦想》结尾）

"雨季奉献给大地，岁月奉献给季节，我拿什么奉献给你，我的爹娘……"（作文《给爸爸妈妈的一封信》结尾）

"有过多少往事，仿佛就在昨天。"尤其是这件往事，经常萦绕在我的脑海里，挥之不去，激励我前进。（作文《难忘的一件往事》结尾）

3. 让歌词首尾照应

例：我的老师

开头：

"老师窗前有一盆米兰，小小的黄花开在绿叶间……"每当我听到这首《我爱米兰》，我就想起了我的班主任黄老师。

结尾：

"啊，米兰，啊，米兰，你就像我们敬爱的老师！"

(1) 模仿上面的例子，写一写《我最尊敬的老师》的开头和结尾，用上《每当我走过老师窗前》的歌词。

开头：

_____

_____

结尾：

_____

_____

_____

附：《每当我走过老师窗前》歌词

　　　　静静的深夜群星在闪耀，
　　　　老师的房间彻夜明亮。

每当我轻轻走过您窗前,
明亮的灯光照耀我心房。
啊,每当想起您,
　敬爱的好老师,
一阵阵暖流心中激荡。

培育新一代辛勤的园丁,
今天深夜啊灯光仍在亮。
呕心沥血您在写教材,
高大的身影映在您窗上。
啊,每当想起您,
　敬爱的好老师,
一阵阵暖流心中激荡。

新长征路上老师立功,
一群群接班人茁壮成长。
肩负祖国希望奔向四方,
您总是含泪深情凝望。
啊,每当想起您,
　敬爱的好老师,
一阵阵暖流心中激荡。

(2)为《妈妈,我想对您说》写一个开头和结尾,用上《烛光里的妈妈》的歌词。

开头:

_____

_____

结尾:

_____

_____

附:《烛光里的妈妈》歌词

妈妈,我想对您说,

话到嘴边又咽下。
妈妈，我想对您笑，
眼里却点点泪花。

哦妈妈，烛光里的妈妈，
您的黑发泛起了霜花。
哦妈妈，烛光里的妈妈，
您的脸颊印着这多牵挂。

哦妈妈，烛光里的妈妈。
您的腰身倦得不再挺拔。
哦妈妈，烛光里的妈妈，
您的眼睛为何失去了光华。

妈妈呀，女儿已长大，
不愿意牵着您的衣襟走过春秋冬夏。

妈妈，我想对您说，
话到嘴边又咽下。
妈妈，我想对您笑，
眼里却点点泪花。

哦妈妈，烛光里的妈妈，
您的脸颊印着这多牵挂。
哦妈妈，烛光里的妈妈，
您的腰身倦得不再挺拔。
哦妈妈，烛光里的妈妈，
您的眼睛为何失去了光华。

妈妈呀，女儿已长大，
不愿意牵着您的衣襟走过春秋冬夏。
哦妈妈，相信我，
女儿自有女儿的报答。

参考答案：

(1) 开头：

"静静的深夜群星在闪耀，老师的房间彻夜明亮。每当我轻轻走过您窗前，明亮的灯光照耀我心房。啊，每当想起您，敬爱的好老师，一阵阵暖流心中激荡。"

结尾：

"啊，每当想起您，敬爱的好老师，一阵阵暖流心中激荡。"

(2) 开头：

"妈妈，我想对您说，话到嘴边又咽下。妈妈，我想对您笑，眼里却点点泪花……"

结尾：

"妈妈呀，女儿已长大，不愿意牵着您的衣襟走过春秋冬夏。哦妈妈，相信我，女儿自有女儿的报答。"

4. "贴"在作文中间

除了作为作文的开头和结尾，我们还可以将歌词在适当的时候"贴"在作文中间。

在迎春花的旁边，在柳树的下边，在小路的旁边，在小山的脚下，到处都是绿油油的小草，它们一丛丛，一簇簇，长得那么热闹，那么团结，我的耳边似乎响起来那首歌："没有花香，没有树高，我是一棵无人知道的小草，从不寂寞，从不烦恼，你看我的伙伴遍及天涯海角……"

（作文《家乡的春天》）

不是有首歌这样唱吗？"不经历风雨，怎么见彩虹？没有人能随随便便成功。"于是，我没有放弃，开始了第二次挑战。（作文《我学会了滑冰》）

"黑板上老师的粉笔还在叽叽喳喳地写个不停"，而我的思绪却早已飞到了妈妈身边。（作文《老师，我想对您说》）

"人生可比是海上的波浪，有时起有时落……"有一首歌这么唱道。是啊，人生不可能永远是平坦的大道，不可能永远都处于高峰，我终于展开了笑颜，虽然"闽音不全"，但我也哼了起来："三分天注定，七分靠打拼，爱拼才会赢……"（作文《落选之后》）

"阿门阿前一棵葡萄树，阿嫩阿嫩绿地刚发芽，蜗牛背着那重重的壳呀，一步一步地往上爬……"阿勇他们那怪声怪气的嘲笑的歌声又响起来了，我强忍住心中的愤怒，暗暗发誓："总有一天，我这蜗牛也会跑到你们前面的，一定！"（作文《一件难忘的事》）

她得的大奖、小奖，那可真是"多得像那星星数不清"。

(作文《我的表妹》)

三、间接引用歌词

间接引用是指只引用歌词的意思，而不照抄原歌词的引用方法。

1．摘歌词

(1) 如何摘歌词？

我们可以只摘取歌词的意思，把它们变成我们需要的形式。比如：你看到水池里有鱼，可是除了"池塘里停着几条小鱼"，或者"小鱼儿在水中快活地游来游去"，就想不出别的词儿了，那么，如果你知道《让我们荡起双桨》这首歌中有这么一句歌词："水中鱼儿望着我们，悄悄听我们愉快地歌唱。"你就可以写出：

"小鱼儿静静地停在那儿，好像在悄悄听我们愉快地歌唱。"

"小鱼儿静静地停在那儿，好像在偷听我们的谈话。"

"小鱼儿在水中快活地游来游去，它们优美地摆动着尾巴，好像在随着我们的歌声跳舞呢。"

(2) 练一练：

①照例子，改写歌词。

例：

歌词："贝壳爬上沙滩看一看世界有多么大。"(《蝴蝶飞呀》)

改写：河蚌爬到了河边的石头上，大概是想看一看世界有多大吧？

歌词："小雨吵醒梦中的睡荷展开微笑的脸庞。"(《蝴蝶飞呀》)

改写：_____

歌词："蓝蓝的天上白云朵朵，美丽河水泛清波，雄鹰在这里展翅飞过，留下一段动人的歌。"(《蝴蝶飞呀》)

改写：_____

歌词："池塘边的榕树上，知了在声声叫着夏天，操场边的秋千上，只有那蝴蝶停在上面。"(《童年》)

改写：_____

参考答案：

梦中的荷花被淅淅沥沥的小雨吵醒了，可是她一点也不生气，还展开了微笑的脸庞。

蓝蓝的天上飘着一朵朵白云，美丽的河水泛着闪耀的清波，几只雄鹰在这里展翅飞过，留下了一段动人的歌。

池塘边的榕树上,"吱——吱——"知了在一声一声地叫着,好像唯恐别人不知道夏天已经来临,操场边的秋千上,一只美丽的蝴蝶正停在上面,好像在说:"刚才那个穿裙子的小女孩在秋千上荡着的时候,好美啊!"

②把下面的歌词变成一段描写柳条的话。

柳条儿青,柳条儿长,从早到晚荡啊荡,柳条柳条你荡啥?柳条姑娘把话讲,摇起绿色小船儿,我去迎接春姑娘。

_____

_____

参考答案:

柳条儿青青的,柳条儿长长的,从早到晚荡啊荡啊。我好奇地问:"柳条柳条,你荡啊荡的,是在干什么呢?"柳条姑娘笑着说:"小朋友,我要摇着绿色的小船儿,去迎接春姑娘啊!"

2．改编歌词

(1) 如何改编歌词?

我们还可以根据需要对歌词进行改编,让歌词为写作服务。

有一个学生在作文《我爱我家》中写下了这样一段话:

"我的家是一个并不华丽的地方,但在我疲倦的时候,我总会想到它。我的家是一个并不很大的地方,但在我受惊吓的时候,我会因为有了它而不再害怕。"

这段话就是根据潘美辰的歌曲《我想有个家》改编成的,歌词本来是这样的:"我想有个家,一个不需要华丽的地方,在我疲倦的时候,我会想到它。我想有个家,一个不需要多大的地方,在我受惊吓的时候,我才不会害怕。"

所以,只要我们需要,我们就可以对歌词进行加工,把它们变成自己的语言,这种方法比直接表达自己的思想更受读者的欢迎,因为读者在读你的文章时,还能感受到音乐的魅力。

假如你想写你的好朋友变了,你感觉有点遗憾,你当然可以这样写:

"朋友,你怎么变了呢?变得我都不能确信我曾经认识你了。"

但是,也许你会更喜欢这样写:

"星星还是那个星星,月亮还是那个月亮,山也还是那座山哟,梁也还是那道梁,但是,朋友,为什么你不再是从前的那个你呢?你变得让我都不能确信我曾经认识过你了。"

你可以去问问周围的同学，看有没有人更喜欢第二种写法，如果有，那一定是他也熟悉并喜欢那首歌《篱笆墙的影子》："星星还是那个星星，月亮还是那个月亮，山也还是那座山哟，梁也还是那道梁……"

(2) 练一练：

根据《我多想唱》的歌词，写一段劝妈妈不要一味地只抓学习，也要让"我"有自己的娱乐时间的话。

我 多 想 唱

我想唱歌可不敢唱，小声哼哼还得东张西望，高三啦还有闲情唱，妈妈听了准会这么讲。高三成天地闷声不响，难道这样才是考大学的模样，可这压抑的心情多悲伤，凭这怎么能把大学考上。生活需要七色阳光，年轻人就该放声歌唱，妈妈妈妈呀你可知道，锁上链子的嗓子多么痒。

我想唱歌可不能唱，还有许多复习题还没做，努力吧准备考重点，老师听了准会这么讲，时时刻刻地光啃书本，这样下去就像书呆子一样，这种烦闷的生活多枯燥，凭这怎么能把大学考上。生活需要七色阳光，年轻人就该放声歌唱，老师呀你要想想，难道你过去就这么样。

我想唱歌呀我就唱，唱起歌来心情多么舒畅，歌唱吧青年朋友们，因为生活应该是这样。一张一弛是文武之道，莫把自己总是弄得那么紧张。只要心情快活精力充沛，学的知识就会永远不忘。该学就学该唱就唱，年轻人就该开朗奔放，老师妈妈呀不要生气，生活本来它就是这么样。

参考答案：

妈妈，你总是不停地叫我"学习！学习！"，我偶尔唱唱歌，你都阻止我。可是，妈妈，你知道吗？时时刻刻地光啃书本，那不就是一个书呆子吗？那样烦闷的生活，只会让我心情抑郁，又怎么能考出好的成绩呢？要知道，一张一弛是文武之道，会休息的人才会学习嘛。只有心情快活、精力充沛，学的知识才会永远不忘。生活需要七彩阳光，我们需要放声歌唱。妈妈呀请你不要生气，生活它本来就是这个样子的。

四、结束语

是啊，生活需要七彩阳光，我们的生活不能只被学习填满，我们也要放声歌唱，那我们就跟着音乐一起来唱吧——

播放歌曲《我多想唱》。

【教案 14】

千万次的问——如何让问句为作文服务

很多时候，问句能给我们的文章以很大的帮助。

问句是一个很好的"前奏"：当你想说一个问题，又不知道如何开头的时候，当你想说一句非常重要的话，却苦于前面没有铺垫的时候，问句就可以派上用场了。

比如你想向人介绍压岁钱的来历，你就可以这样开头："你知道压岁钱是怎么来的吗？"这种文章开头方式很容易勾起读者的好奇心理和浓厚的阅读兴趣。当然，问句也可以作为尾声，让文章的结尾余味无穷。如艾尔玛·邦贝克的《父亲的爱》中，作者先是讲了很多"父亲不知道怎么表达爱"，在结尾处却又问道："会不会是他已经表达了而却未能察觉？"以这样一个问句启发读者去思考。其实，作者所写的"不知道怎么表达爱"恰恰就是"父亲的爱"，只是"父亲的爱"的表达方式有点特别。

问句还可以呆在正文中，在必要时"出马"，收到一般的陈述句起不到的效果。如朱自清的《匆匆》中："在逝去如飞的日子里，在千门万户的世界里的我能做些什么呢？只有徘徊罢了，只有匆匆罢了；在八千多日的匆匆里，除徘徊外，又剩些什么呢？过去的日子如轻烟，被微风吹散了，如薄雾，被初阳蒸融了；我留着些什么痕迹呢？我何曾留着像游丝样的痕迹呢？我赤裸裸来到这世界，转眼间也将赤裸裸地回去罢？但不能平的，为什么偏要白白走这一遭啊？"

可见，问句的用途非常广泛，所以，教会学生在作文中恰当地使用问句，是非常有用的。

而且，既然问，就有问的对象，而问的对象大都是读者，这就能让读者感觉到你是在和他交谈，而不是你一个人自顾自地在说话，这样，作者和读者之间的距离也就自然拉近了。所以，问句还能让我们的文章更有亲和力。

教学目标

使学生了解问句在作文中的作用，学会恰当使用问句来写作。

教学重点

了解如何在作文中恰当地使用问句。

教学难点

如何在作文中恰当地使用问句。

教学准备

供展示的范例和习题。

教学过程

一、导入新课

有一首歌叫做《千万次地问》，我们虽然不必那么夸张，但是，在写作中偶尔问一问，却会收到非常奇特的功效！

二、小问号将军

小问号当将军啦！

小问号怎么可以当将军呢？

我说的小问号当将军，是指将小问号放在文章的开头，让它统领后边千军万马的文字，这样，小问号不就当将军了吗？

1. 学一学

"好的开头等于成功的一半"，写好文章开头是非常重要的。

"燕子去了，有再来的时候；杨柳枯了，有再青的时候；桃花谢了，有再开的时候。但是，聪明的，你告诉我，我们的日子为什么一去不复返呢？——是有人偷了他们罢：那是谁？又藏在何处呢？是他们自己逃走了罢：现在又到了哪里呢？"

——朱自清《匆匆》

如果你独自驾舟环绕世界旅行，如果你只能带一样东西供自己娱乐，你会选择哪一样？一幅美丽的图画，一本有趣的书，一盒扑克牌，一个百音盒，还是一只口琴……

——〖英〗尤安·艾肯《走遍天下书为侣》

这些开头，充满悬念，启人思考，是不是很美？等你们学会了，相信也能写出一样美的文章。

2. 找一找

在学过的课文中找一找,看有哪些课文是以提问开头的,将文章名和开头抄写下来,然后让老师或同学帮你看看是不是找对了。

3. 查一查

下面和老师一起检查一下,看看自己做得怎么样吧?

《太空生活趣事多》(人教版《小学语文》二年级上册):

你知道宇航员在太空中怎样生活吗?说起来还挺有趣呢。

《活化石》(人教版《小学语文》二年级上册):

在博物馆里,我们观看一块块化石,就能看到亿万年前的动物、植物。那么,你看过活的化石吗?

《恐龙的灭绝》(人教版《小学语文》二年级下册):

我们人类只有三四百万年的历史,恐龙却在地球上生活了大约两亿年。人类的历史与恐龙的历史相比,可就短多了。但是,庞大的恐龙为什么会消失了呢?

《乌鸦喝水》(人教版《小学语文》一年级下册):

一只乌鸦口渴了,到处找水喝,乌鸦看见一个瓶子,瓶子里有水。可是,瓶子里水不多,瓶口又小,乌鸦喝不着水。怎么办呢?

《春雨的色彩》(人教版《小学语文》一年级下册):

春雨,像春姑娘纺出的线,轻轻地落到地上,沙沙沙,沙沙沙……

田野里,一群小鸟正在争论一个有趣的问题:春雨到底是什么颜色的?

4. 练一练

一个学生的作文《我是小辣椒》是这样开头的:

我叫李娇娇,今年9岁,现在上小学三年级,大家都叫我"小辣椒",你们想知道大家为什么这么叫我吗?

这个学生,在开头既介绍了自己的姓名、年龄、就读的年级,还写了自己的绰号,李娇娇同学为什么会被大家称为"小辣椒"呢?你是不是也很感兴趣?如果你也有一个有趣的绰号,也可以学习"小辣椒"的写法,为介绍自己的文章写一个提问型开头:

_____

三、问句结尾

1. 学一学

白居易的《忆江南》是这样写的:"忆江南,风景旧曾谙。日出江花红胜火，春来江水绿如蓝。能不忆江南？"结尾一句就是个问句："能不忆江南？"

《太空生活趣事多》的结尾是这样写的："你看，在太空中生活，是不是很有趣？"

一些同学的作文结尾用的也是问句的形式：

这就是我的家乡，你想来这儿玩玩吗？（作文《家乡的春天》结尾）

是谁偷走了那条清澈美丽的小河呢？是谁呢？

（作文《是谁偷走了美丽的小河》结尾）

我和香香捡起那些垃圾，扔进了垃圾桶。可是，我们今天捡了这袋垃圾，明天还是会有一些不讲公德的人继续扔垃圾，那又该怎么办呢？

（作文《从天而降的垃圾》结尾）

2．练一练

一位同学写的一篇介绍自己的作文的结尾是这样的：

"这就是我，一个活泼开朗、喜欢看书的女孩，你愿意和我做朋友吗？"

你呢？如果你也要写一篇介绍自己的文章，在结尾，你想问大家什么呢？或者是："你喜欢我这样的人吗？"或者是"你愿意和我一块儿玩吗？"或者……

写一写吧：

_____

_____

四、结束语

我们可以用问句作为作文的开头和结尾，现在我也要用一个问句作为这节课的结尾：

下课的时间到了，你们想出去玩吗？

【教案15】

灵活，是最好的老师——考场作文支招

虽然不提倡应试教育，但学生终究要参加各种各样的考试，所以，掌握考试的技巧是非常有必要的，更何况他们平时写作文的方式和考场作文大不一样。平时写作文，两节作文课，还有老师的指导，可以参考

书籍、笔记、字典等，写不完可以在课下时间继续写；考试时却是"一穷二白"，没有任何辅助材料，而且还有时间限制，如果不经过训练，学生肯定适应不了。所以，对学生进行考场写作训练是非常有必要的。

教学建议

本节内容可安排在三年级上学期学生第一次进考场之前，考试的作文题目最好是本学期已经写过的，或者是学生已经写过的作文的"变身"。

教学目标

使学生学会写考场作文，用同一个素材写不同的考场作文，了解考场作文的特点，学会灵活应对考场作文。

教学重点

学会灵活应对考场作文。

教学难点

如何具体地进行"灵活运用"。

教学准备

故事一则，供展示的口诀。

教学过程

一、导入新课

同学们，很快你们就要进入考场写作文了，在考场上写作文可和平时写作文不一样，除了看图作文，考场作文是不可以边观察边写的，更没有范文让你们模仿。而且，考试是有时间限制的，这就需要你们写得又快又好。

二、考场作文的特点

1. 有时间限制

高秀才落榜

古时候有个姓高的秀才，十年寒窗苦用功，念过的书能装一大车，写过的纸有几箱子，上知天文，下通地理，真是出口成章，满腹文才。

一时名气很大,同窗好友都十分羡慕,高秀才自己也非常得意。

有一年,高秀才收拾行李到省府去赶考。亲戚朋友都纷纷前来送行,临行前大伙齐声说:"高秀才,这回你一定能高中金榜,我们就专等你的好消息了!"

高秀才表面上说了几句客套话,心里却说:"凭我的本领,考个举人是十拿九稳的事!"

到了省府,入了考场,等拿到考题一看,高秀才不由得笑出声来,因为题目实在太容易了。

高秀才心想:"这些题,对我来说真是易如反掌,闭着眼睛也能做好,捞上个头名举人是十拿九稳的了!"

他眯缝起眼睛计算开了:这次考中头名举人,再进京赶考;进京考中头名,再到金銮殿上大考,朝廷亲笔点了头名状元。然后披红挂绿,游览三宫六院,皇上招了东床驸马。于是坐上八台大轿,鸣锣开道,前呼后拥,好不威风。到了本县,县官出城迎接,那时全村男女老少也来迎接,口称"驸马大老爷!"回到家里,起高楼,建花园,朱漆大门前安上守门狮子、上马石,修上旗杆,搭起状元桥。每天陪着像天仙一样的公主,整日游山玩水,真是其乐无穷……他越想越美,忽然"当"的一声锣响,原来是考试时间已经到了。高秀才低头一看,自己面前还是一张空白卷,刚才只是想,还没动笔呢!他顿时急得满头大汗,这时,考官过来立即把空白卷收走了。

结果,高秀才交了白卷,落了榜,真是"好梦虚想一场空,名落孙山回家中"。

当然,我们看到容易的题目,不会想到金銮殿或者公主,但是,有的同学,见到很容易的题目,也许会想"我这次考了100分,爸爸会带我去游乐场,然后我坐在过山车上,啊,好刺激啊……"那可就糟了,所以,大家要记住高秀才的教训,不管多容易的题目,哪怕是你写过很多次的题目,你都能背下来的题目,你也得先好好地把它写下来再说。因为考试是有时间限制的,不能等做完了白日梦再去做题目、写作文!

2. 无任何辅助

除了看图作文,考场作文不可以边观察边写作,更没有范文可以模仿,不会写的字也不能查字典,不能问老师、同学,只能靠自己把平时脑袋里积累的素材记下来。

三、考场作文的写作步骤

第一步：看作文题目或习作要求

命题老师常常采用直接出题的方式出题，比如"难忘的一件事"、"秋天的图画"等，有时候，命题老师给出的题目是不完整的，需要你去补充完整，如"妈妈的＿＿＿＿"、"可爱的＿＿＿＿"、"＿＿＿＿笑了"……这就需要你们根据想写的内容先将题目补充完整。

还有一种形式就是命题老师没有给出一个具体的题目，只有习作的范围和要求，比如：

我们已经读过不少童话故事。这次习作就来编童话故事。请你任选几种动物作为主人公，编一个故事。先想象一下它们之间可能会发生什么事，然后写下来。写好后读给大家听，看谁编的故事最有趣。

这个习作，只要求写几种动物之间的童话故事，只要是童话就可以。但是，对于这种形式的作文题，你首先需要按照前面我们学过的拟题的方法把作文的题目写好。想好题目后，一定要把它写在作文格第一行的正中间。

第二步：立意和选材

写好标题以后，认真立意和选材。因为时间关系，不能像平时写作那样先打草稿，但是，可以先打腹稿，再拟个提纲，然后开头、主体、结尾一一道来。

第三步：检查和修改

写完之后如有时间，则认真检查一遍，细细修改一下。

有兴趣的同学可记下这个口诀，考试时如果不知道该干什么了，就可以回忆一下这个口诀。

　　审题拟题和选材，
　　提纲挈领巧安排。
　　中间肥来首尾瘦，
　　精修细改文采来。

四、助考锦囊

1. 一材多用

"一材多用"是指一个写作材料，可以用到多种题目的作文中。

比如："一个同学呕吐，大家都露出各种各样厌恶的表情，小明却主动把地面弄干净了"这样一件事，作文《发生在我身边的一件事》可以用，《发生在我们班的一件事》可以用，《难忘的一件事》可以用，《我印象最深的一件事》可以用，《令我感动的一件事》可以用，《我的好伙伴》描写伙伴的品质时可以用，《我的同桌》、《我的同学》、《我最喜欢的一个人》、《我最欣赏的一个人》、《我的好朋友》等其他写人的文章也可以用，这就是"一材多用"。

2．大实小虚

比如：题目是"我的同桌"，而"我"坐的却是单人座位，那"我"是不是就不能写这篇作文了呢？或者是只写上一句"我没有同桌"呢？这当然不行，那么，你就可以把你最喜欢的一个同学"变成"你的同桌，然后来写作文，这就是"大实小虚"。

比如：题目是写参观某个地方，而你没有参观过某个地方，那你就可以把自己看过的写参观的文章的内容修改一下，变成自己的参观文章，这就是"大实小虚"。

比如：题目是"童年趣事"，而你当时实在是记不起自己童年的一些趣事了，怎么办呢？如果你对《金色的草地》中"吹蒲公英"的情节记忆深刻，那就不妨把那个故事变成"我"的童年趣事，这也是"大实小虚"。

比如：题目是"一个助人为乐的人"，要求写这个人助人为乐的二三件事，而你只记得这个人一件助人为乐的事，但是，还记得另外一个人一件助人为乐的事，在考试的时候，你就可以把另外一个人助人为乐的事情"转移"到你写的这个人的身上，不就变成"二三件事"了吗？这仍是"大实小虚"。

3．学一学

"一材多用"是有方法的，就像一个演员不可能一辈子只演一个角色，但是，当这个演员演另外一个角色时，却不能让他穿着与上个角色同样的衣服、念着同样的台词、有着同样的心思。所以，当我们启用演过别的角色的演员来演另一个角色时，必须让这个演员脱离原来的角色，"洗心革面重新做人"。

比如：如果考试作文题是"一件难忘的事"，而你以前写过一篇《珍贵的东西长得慢》，你觉得这件事就是一件难忘的事，那么，你就可以给它换上《一件难忘的事》的衣裳。

原文：

珍贵的东西长得慢

今天，我刚从上面领完作文竞赛一等奖的奖状下来，几个男生在旁边说话。一个说："有什么了不起，矮子矮。"另一个还念起了顺口溜："矮子矮,钓麻拐(方言,青蛙),麻拐蹦,钓蚱蜢,蚱蜢飞,钓乌龟,乌龟爬,我是你爷(音yá,爸爸的意思)。"我一气,眼泪就流出来了,而这一幕恰巧被黄老师看见了。

  散会后,黄老师问明了情况,然后把那几个男生叫到办公室,问道:"你们知道银杏树和杏树哪种长得快一些吗?"他们说是:"杏树。"老师又问:"那你知道银杏树和杏树,哪一种更珍贵吗?""银杏树。""这不就对了,银杏树长得慢,是因为它比别的树珍贵。再说,一个人个子高固然是优点,但是,如果光是长个子,不长知识,不长修养,又有什么用呢?"

  后来,那几个男生再没有说我是矮子了。我很感激黄老师,我决定要做一棵名副其实的银杏树,做一棵真正珍贵的树。

  换了"衣裳"后的文章1:

一件难忘的事

  在我的记忆中,有一件令我难忘的事,它发生在这学期作文竞赛颁奖的那天。

  那天,我刚从上面领完作文竞赛一等奖的奖状下来,几个男生在旁边说话。一个说:"有什么了不起,矮子矮。"另一个还念起了顺口溜:"矮子矮,钓麻拐(方言,青蛙),麻拐蹦,钓蚱蜢,蚱蜢飞,钓乌龟,乌龟爬,我是你爷(音yá,爸爸的意思)。"我一气,眼泪就流出来了,而这一幕恰巧被黄老师看见了。

  散会后,黄老师问明了情况,然后把那几个男生叫到办公室,问道:"你们知道银杏树和杏树哪种长得快一些吗?"他们说是:"杏树。"老师又问:"那你知道银杏树和杏树,哪一种更珍贵吗?""银杏树。""这不就对了,银杏树长得慢,是因为它比别的树珍贵。再说,一个人个子高固然是优点,但是,如果光是长个子,不长知识,不长修养,又有什么用呢?"

  后来,那几个男生再没有说我是矮子了。我很感激黄老师。

  从那以后,这件事就深深刻在我的记忆里,让我永远难忘,它激励着我做一棵名副其实的银杏树,做一棵真正珍贵的树。

  如果考试作文题是"我最尊敬的老师",你也可以写"珍贵的东西长得慢"那件事,当然,这件事也是要"更衣"的,怎么"更"呢?

  换了"衣裳"后的文章2:

我最尊敬的老师

我最尊敬的老师是黄老师，不仅因为她知识渊博、讲课有趣、关心学生，还因为一件事——

那天，我刚从上面领完作文竞赛一等奖的奖状下来，几个男生在旁边说话。一个说："有什么了不起，矮子矮。"另一个还念起了顺口溜："矮子矮，钓麻拐（方言，青蛙），麻拐蹦，钓蚱蜢，蚱蜢飞，钓乌龟，乌龟爬，我是你爷（音yá，爸爸的意思）。"我一气，眼泪就流出来了，而这一幕恰巧被黄老师看见了。

散会后，黄老师问明了情况，然后把那几个男生叫到办公室，问道："你们知道银杏树和杏树哪种长得快一些吗？"他们说是："杏树。"老师又问："那你知道银杏树和杏树，哪一种更珍贵吗？""银杏树。""这不就对了，银杏树长得慢，是因为它比别的树珍贵。再说，一个人个子高固然是优点，但是，如果光是长个子，不长知识，不长修养，又有什么用呢？"

后来，那几个男生再没有说我是矮子了。

从那以后，我就更加尊敬黄老师了，因为她不仅教会我怎么学习，还教会我怎么做人。

除了一整件事的"更衣"，在必要的时候，我们还可以只截取我们需要的一部分来"更衣"。

比如：考试作文题目是"我的烦恼"，我们还是可以选取"珍贵的东西长得慢"这件事，但是，只取前面一部分就够了。

"更衣"并"截肢"后的文章：

我 的 烦 恼

我是一个发展比较全面的学生，"三好学生"、"优秀干部"还有各种竞赛的奖状贴满了墙壁，但是，我也有烦恼。

今天，我刚从上面领完作文竞赛一等奖的奖状下来，几个男生在旁边说话。一个说："有什么了不起，矮子矮。"另一个还念起了顺口溜："矮子矮，钓麻拐（方言，青蛙），麻拐蹦，钓蚱蜢，蚱蜢飞，钓乌龟，乌龟爬，我是你爷（音yá，爸爸的意思）。"我一气，伤心的眼泪就流出来了。

回到家里，我独自一人生闷气：为什么我会长得这么矮呢？人们说只要多吃饭、多锻炼、多睡觉就能长得高一些，我也按照这些去做了，可是，我为什么就总比别人长得慢呢？为什么有些人总是要嘲笑矮子呢？

为什么有人编一些那样伤人的顺口溜呢？为什么？

神奇吧？一篇文章"换了衣服"就变成了另外一篇文章，就像孙悟空七十二变一样。你也来学学吧，这样，考试时就不愁没材料了。

不只是写事的文章可以这样，写景的文章也可以这样。比如考试时要求写《游××》，而你却没有游过什么地方，或者是游览过也印象不深刻，很难生动地写下来，但你对自己家乡或学校的景色却不可能"印象不深"，所以，我们就可以巧妙地让你熟悉的景物"改头换面"，将家乡或学校的景色"调动"到某个公园或某个风景区去。

原文：

美丽的校园

我们的校园很美丽，就像公园一样。

一进校门，一眼就看到高大的教学楼前面那个圆形的喷泉池。几十股喷泉围成一个圆圈向上喷洒着，飞花碎玉般，美丽极了。透过这层美丽的"珠帘"，我们可以看到喷泉池正中间的假山，假山奇形怪状的，山上有用木板条做成的小桥和木头小亭子，有或坐或走的"游人"，还有一些绿绿的植物。最妙的是池里面那些红色的小鱼，它们在清清的水里追逐着，嬉戏着，像一朵朵移动的花儿；它们时而簇成一团，时而排成一排，时而四处散开，像一群正在舞蹈的孩子。喷泉池边围着尺来高的水泥沿儿，水泥沿儿靠外边竖着尺多高的铁栏杆，铁栏杆的上端形成美丽的波浪形。下课的时候，很多同学都围在喷泉池周围，看那些游动的美丽精灵。

喷泉池的周围是几个美丽的花坛，开着各色鲜艳的花，你不让我，我不让你的。花坛旁边有一个六角的亭子，闪亮的黄色琉璃瓦，红色的亭柱，亭柱之间用石板连起来，可以坐人，亭子的中间有一张圆圆的石桌和四张圆圆的石凳。这个亭子是同学们休息的好地方。亭子右边靠围墙的地方，有一溜绿竹，郁郁葱葱的，它们是爱好美术的同学的好"模特"。

这就是我们美丽的校园，它不仅美丽，还充满了勃勃生机。

上面这篇写校园的文章，如果我们把关于校园的内容剔去，再挂上公园的"招牌"，不就是一篇非常好的《游×××公园》吗？

先想想：哪些地方需要改动？

改动标题：先给你要去的公园取一个名字："南郊公园"、"人民公园"等。

改动开头：开头就不再是"我们的学校"，而是"××公园"。同时可以增加合适的游览时间，比如："暑假的一天，我和爸爸妈妈一起去游了南郊公园。"

改动"学校"相关字眼：凡是"学校"、"校园"等的相关字眼一律要改成"公园"。另外，"下课的时候……"这句话也是会"露马脚"的，我们要把它删掉。还要把与"学生"相关的内容去掉或者改成与"游客"相关的内容。

改动结尾：把赞美校园的语句改成赞美公园的语句。

改后的文章：

游南郊公园

暑假的一天，我和爸爸妈妈一起去游了南郊公园。

一进公园大门，一眼就看到那个圆形的喷泉池。几十股喷泉围成一个圆圈向上喷洒着，飞花碎玉般，美丽极了。透过这层美丽的"珠帘"，我们可以看到喷泉池正中间的假山，假山奇形怪状的，山上有用木板条做成的小桥和木头小亭子，有或坐或走的"游人"，还有一些绿绿的植物。最妙的是池里面那些红色的小鱼，它们在清清的水里追逐着，嬉戏着，像一朵朵移动的花儿；它们时而簇成一团，时而排成一排，时而四处散开，像一群正在舞蹈的孩子。喷泉池边围着尺来高的水泥沿儿，水泥沿儿靠外边竖着尺多高的铁栏杆，铁栏杆的上端形成美丽的波浪形。很多游人正围在喷泉池周围，看那些游动的美丽精灵呢。

喷泉池的周围是很多美丽的花坛，开着各色鲜艳的花，你不让我，我不让你的。花坛旁边有一个六角的亭子，闪亮的黄色琉璃瓦，红色的亭柱，亭柱之间用石板连起来，可以坐人，亭子的中间有一张圆圆的石桌和四张圆圆的石凳。这个亭子是游客们休息的好地方。亭子右边靠围墙的地方，有一溜绿竹，郁郁葱葱的，它们是爱好美术的游客的好"模特"。

南郊公园不仅美丽，还充满了勃勃生机。

五、结束语

老师今天讲的作文写作方法主要适合考试的时候，因为考试的时候我们没时间去查找资料、收集资料；也没有太多的时间去思索、去调查，所以，为了暂时把考试作文的任务完成好，我们才出此"下策"。平时写作时最好还是说真话，实事求是，知道了吗？

下节课我们就来一次模拟考试，同学们要在一节课的时间里写一篇作文，不准查找任何参考资料，不准问任何人，请同学们在下课时间先准备好纸、笔等。下课！

写 事 篇

　　写事，是写作中非常重要的一部分，甚至可以说，不会写事就无法写作，因为很多类型的写作都离不开写事。写事的文章要写事；写人的文章也常常离不开写事；议论的文章常常要举一些事例作为论据；甚至一些抒情的文章、表达观点的文章，如果我们的抒情水平和议论水平有限，也可以请"写事"来帮忙。所以，如果你学会了写事，写起文章来就容易多了。

　　既然要写事，就要把事情写清楚，而把事情写清楚，最好的方法就是按照事情的发展顺序有条不紊地展开叙述。所以，按照事情的发展顺序来写事，是作文训练中必不可少的一个环节。

　　但是，课堂上是很少有有趣而简单的事情可供学生练习记录的，所以，我们需要想办法提供一些有趣的事情让学生来练习记录。

　　我曾播放《喜羊羊与灰太狼》中的片段让学生把它的经过记录下来，学生非常感兴趣，记录的效果也不错。所以，有条件的，可选一集或一个片段的动画片，如《猫和老鼠》、《喜羊羊与灰太狼》、《小和尚》等，让学生根据动画中的情节把它记录下来，学生一定会非常感兴趣。

　　我们可以举行一次活动，让学生根据活动表格作记录，然后，在作文课上，根据表格内容把活动的经过写下来（详见教案16）。

　　我们可以自己或让学生进行表演，然后，让学生按照表演的顺序把表演过程记录下来（详见教案17）。

很多儿歌中，都有一些简单的故事情节，如《蜗牛与黄鹂鸟》、《路边的小娃娃》、《数鸭子》等，我们可以利用儿歌来帮助学生理清事情发展的顺序，让学生根据歌曲的顺序把事情经过变成一篇写事的记叙文。而且，歌曲深受学生的欢迎，学生边听歌边写作，兴趣一定会很高。不仅如此，还顺便进行了改写的训练（详见教案18）。

我们可以直接讲故事，让学生把故事记下来，训练学生边听边记故事的能力，这样，学生理清事情发展顺序的能力也就自然提高了（详见教案19）。

当学生基本掌握了关于写事的单项训练后，我们可以让学生尝试写一篇完整的记事文章。这牵涉到记事文章的开头和结尾的写法，即"交代要素开头"和"自然收尾"，需要对学生进行专项训练（详见教案20）。

要真正把事情的主题部分叙述清楚，学生最好能将事情的起因、经过和结果都弄清楚，这当然也需要专门的训练（详见教案21）。

学会了按照事情的发展顺序记事，是不是就可以把写事的文章写好了呢？不是。因为生活中很多事情的发生，不会像表演或歌曲那样把事情经过都梳理好了再呈现出来，而且常常很多事情交叉甚至混乱地同时发生，这样，学生就可能不分轻重地全部记下来，再加上很多学生不懂得根据主题需要进行详写和略写的处理，就可能让写事的作文变成一团混乱、事无巨细的流水帐。所以，我们还要告诉学生如何处理同时发生的事情：哪些是与主题有关的，需要写下来，哪些是与主题无关的，不需要写下来；哪些事情很重要，需要详细写，哪些事情只需要略微交代一下即可（详见教案22）。

掌握了以上内容，学生对于写事的技巧也就掌握得差不多了，然后就是多练习，在实践中不断巩固、进步。但是，除了教材中的写事作文，我们自己命题让学生进行写作训练时，最好选一些学生感兴趣的题目，如"童年趣事"、"一件让人开心的事"、"想起这件事，我忍俊不禁"、"我的成长故事"等。这样，不仅能提高学生的写作兴趣，还能让学生养成乐观开朗的性格，对学生的心理健康大有帮助。我以"成长的故事"为例写了教案23，供大家参考。

还有一种特殊的写事，就是童话。为了遵循由易到难的原则，我设计了两个教案：教案24（根据歌曲编写童话）和教案25（自力更生写童话），供大家参考。

【教案16】

再现活动的精彩——如何记录活动经过

教学目标

使学生了解如何做活动记录,并通过活动记录来梳理活动的顺序,学会写记一次活动的文章。

教学重点

通过活动记录梳理活动的顺序,学会记一次活动。

教学难点

将活动记录中的哪些内容作为开头,如何写结尾。

教学准备

(1)一次班队活动或语文活动,教师事先印好活动记录表格,学生人手一份。

_____活动记录(表格形式仅供参考)

时间	年 月 日
地点	
出席	
主持	
主题	
程序	

(2)教师在一张打印纸的一面印上活动记录表格,另一面印上一次活动的记录范例。

教学过程

一、导入新课

　　几天前，我们举行了一次××活动，大家都做了活动记录。今天，活动记录可就要派上大用场了——我们可以用它来变魔术，变什么呢？变成一篇作文。不信？我来表演给你们看——

　　这是一张活动记录，没错吧？看清楚了！"嘛咪嘛咪轰……变！"（教师迅速转过身并将打印纸的另一面展示出来）这不就变成一篇作文了吗？

二、将活动记录转化为作文

　　其实，这个"魔术"大家也可以变，我们先来看一下刚才这个魔术是怎么变的，一个活动记录怎么就变成了一篇作文呢？

　　1. 认真比照活动记录和范文，说说自己的发现

　　活动记录：

三年级班队活动记录

时间	2009年9月30日
地点	三年级教室
出席	全体队员
主持	李利利　王杰
主题	祖国万岁
程序	(1) 大合唱《祝你生日快乐》。 (2) 观看《开国大典》片段。 (3) 节目表演：

表演者	节目类型	节目名称
李红　张小云	歌舞	《国旗国旗我爱你》
崔小虎	武术表演	《中国功夫》
曹小明	独唱	《我的中国心》
戴佳　曾蕾　马茹等	舞蹈	《长城长》
陈小真　柳丝丝	诗朗诵	《十一的乐章》
袁明明	独唱	《爱我中华》
许献　李静　陈敏　肖武　董洁　宋青等……	小组唱	《五星红旗》
全班同学	大合唱	《祝妈妈长寿》

(4) 辅导员讲话。

　　刚才，我不仅看到了你们对祖国妈妈滚烫的祝福，还看到了祖国妈妈美好的未来——看着多才多艺的你们，看着那么认真、那么投入的你们，我相信，你们都能成为建设祖国的栋梁，把我们的祖国妈妈打扮得更加美丽！

(5) 在音乐《歌唱祖国》中，主持人宣告活动结束。

范文：

记一次班队活动

2009年9月30日，我们三年级在自己的教室里举行了一次以"祖国万岁"为主题的中队活动。

活动在大合唱《祝你生日快乐》中拉开了序幕。然后，我们观看了《开国大典》的片段，同学们看得很认真，了解了1949年新中国成立时举国欢庆的壮观场面。接着，就是精彩的节目表演了：有李红、张小云表演的歌舞《国旗国旗我爱你》；有曹小明表演的独唱《我的中国心》；有戴佳、曾蔷、马茹等人表演的舞蹈《长城长》；有许献、李静、陈敏、肖武、董洁、宋青等表演的小组唱《五星红旗》；还有全班同学合唱的《祝妈妈长寿》……每一个"演员"都那么投入，每一个节目都那么精彩。然后是我们的辅导员黄老师讲话，她高兴地说："刚才，我不仅看到了你们对祖国妈妈滚烫的祝福，还看到了祖国妈妈美好的未来——看着多才多艺的你们，看着那么认真、那么投入的你们，我相信，你们都能成为建设祖国的栋梁，把我们的祖国妈妈打扮得更加美丽！"

在悠扬的音乐《歌唱祖国》中，主持人宣告活动结束。

2．回答下面的问题

(1) 范文的开头写的是活动记录中的哪几项？

（时间、地点、出席人员和活动主题。）

(2) 范文在叙述活动的经过时是按照什么顺序写的？

（活动进行的程序。）

(3) 范文中重点写的是活动记录中的哪一个程序？

（节目表演和辅导员讲话。）

(4) 范文中有没有将活动记录中的每一个节目都写下来？

（没有，只是从每类节目中选了一个精彩的节目。）

(5) 范文的结尾写了什么？

（写了活动的结束。）

三、学生写作文

学生拿出自己的活动记录，对照范文，设计自己文章的思路：

(1) 开头写活动记录中的哪几项？

(2) 叙述活动的经过时按照什么顺序写？

(3) 重点写活动记录中的哪一个程序？

(4) 要不要将活动记录中的每一个节目都写下来？你准备重点写哪些？
(5) 结尾写什么？

四、指导与点拨

学生开始习作，教师巡视，对有困难的学生进行个别指导，帮助他们开拓思路；及时发现学生存在的问题，并随机点拨。

【教案 17】

活动：最佳"摄像机"——事情的发展顺序片段练习

活动建议

在三年级上学期教学，尽量提早（可将教材上的命题作文压后）。

活动目标

(1) 了解什么是事情发展的顺序，学会根据事情的发展顺序写作小片段。
(2) 学会观察人物的动作变化，并努力用语言表达出来。

活动准备

(1) 教师设计各种连贯动作表演几组，或者是放映某个影片片段。
(2) 制作"摄像机质量统计表"一个，"摄像机名优品牌榜"一个。
(3) 小奖品若干。

活动过程

一、导入新课

问你们一个经常遇到的问题：早晨起床以后，你们是先穿袜子还是先穿鞋子呢？

当然是先穿袜子再穿鞋子，如果谁先把鞋子穿在里面再把袜子穿在外面，那是会闹笑话的。所以，先穿袜子再穿鞋子，按照事情的发展顺序做事，这是任何人都明白的道理。但是，我却在某个同学的作文中看到过这样的描写：写一个人已经在河里游泳了，忽然又插进来一句他脱掉衣服跳进河里的话，这不就和先穿鞋子再穿袜子一样可笑吗？因此，我们一定要把事情的发展顺序搞清楚,以避免闹笑话。

这节课,我就用游戏来考考同学们对事情发展顺序的掌握程度,等一下老师(或同学)会表演(或放映)一些动作,请你们像摄像机一样把事情发展的顺序记下来,最后老师要看看哪架摄像机的质量最好,那么就评他为最佳摄像机。

二、活动规则介绍

(1)教师演示系列动作或放映影片片段三遍。

(2)每个学生根据记忆把教师的动作或影片中的动作写出来。

(3)评价标准:记住一个动作记10分;全部动作都记住加30分;用上一定的描述语加10分,也就是说用上一定的描述语描述一个动作,可得20分;用上一定的描述语,且适当延伸的,可得30分。

游戏举例:

由教师表演这样的情景——教师匆匆走进教室,端起讲台上的茶杯准备喝水,然后皱了皱眉头,放下了茶杯。

A同学写的是:

老师匆匆走进教室,端起茶杯,忽然又放下了。

得分情况:

"老师匆匆走进教室",得20分;

"端起茶杯",得10分;

"忽然又放下了",得10分。

总分:40分。

B同学写的是:

老师急急地走进教室,端起讲台上的茶杯就喝,看样子很渴。可是,她忽然皱了皱眉头,遗憾地放下了茶杯。难道是在茶杯里发现了脏东西?

得分情况:

"老师急急地走进教室",得20分;

"端起讲台上的茶杯就喝,看样子很渴",得30分;

"可是,她忽然皱了皱眉头",得20分;

"遗憾地放下了茶杯",得20分;

"难道是在茶杯里发现了脏东西?"得10分。

总分:100分。

三、活动进行

动作设计参考：

（1）教师打开书要看书，忽然从书页中掉出一张纸，教师捡起来看了看，摇摇头，叹了口气，把纸折了两折，放进了上衣口袋里。

（2）教师正在"吃饭"，忽然手机响了，放下筷子接电话，接电话时又拿起笔记电话号码，记下电话号码后将笔放在了筷子旁边。挂断电话后，拿起一根筷子和一支笔继续"吃饭"……

（3）清晨，大街上一个时髦小伙子一边哼着流行歌曲"跟我走吧，天亮就出发……"一边步履轻快地走来，忽然，抬起的一只脚停在了空中，歌声也戛然而止，原来地上有一张百元钞票，他看了看周围无人，赶紧捡起钞票，还放在嘴边做了个飞吻，又唱着歌走了，"是谁制造了钞票，它在世上称霸道……"

四、活动结束

将个人成绩填在"摄像机质量统计表"中，然后，根据得分选出"摄像机名优品牌榜"，并对活动情况进行总结和表扬。有条件的还可颁发一些小奖品。

【教案 18】

歌声与故事——听歌写故事

教学建议

尽量安排在写事的习作练习之前进行训练。

教学说明

在本节课的教案中，我选择了四首歌曲让学生进行改写，教师使用时可根据具体情况决定歌曲数量。如果学生一节课只能改写一首歌曲，那就改写一首；如果学生水平较高，改写两首也可以；如果觉得这些歌曲都想让学生进行改写，多利用几个课时也可以。

写事篇

教学目标

（1）通过将歌词等改变成记叙文，让学生进一步巩固按照事情的发展顺序进行写作的能力。

（2）用新颖的形式，提高学生的写作兴趣。

教学重点

按照事情的发展顺序写作。

教学难点

按照事情的发展顺序写作。

教学准备

与本课有关的歌曲和歌词。

教学过程

一、导入新课

（唱）"请把我的歌，带回你的家，请把我的故事留下"，其实，在一些歌曲、诗歌里面也有精彩的故事，不过，它们不是像记叙文一样写出来的，下面我们就来试试给歌曲、诗歌"改头换面"，还原事情的"真相"，如何？

二、听歌曲写故事

1．听一听——听歌曲2～4遍

数 鸭 子

门前大桥下，游过一群鸭，快来快来数一数，2、4、6、7、8，嘎嘎嘎嘎，真呀真多呀，数不清到底多少鸭，数不清到底多少鸭。

赶鸭老爷爷，胡子白花花，唱呀唱着家乡戏，还会说笑话。小孩小孩快快上学校，别考个鸭蛋抱回家，别考个鸭蛋抱回家！

2．说一说——口头回忆故事内容

（1）用提问的形式：

门前的大桥下，游过来一群什么？

"我"看到后做了什么？

"鸭子"的叫声是怎样的？

"鸭子"多不多？"我"数得清吗？

这时，"我"看见了一个什么人？

他长什么样子？

他一边看鸭子一边做了什么？

他说了一个什么样的笑话？

(2)用教师说一部分、学生说一部分的形式，让学生补充括号里的内容：

我家门前的（大桥）下，游过来一群（鸭子），这么多鸭子，有多少只呢？我好奇地数起来："（2、4、6、7、8……）"鸭子"嘎嘎"、"嘎嘎"地叫着，到处游着，我数不清（到底有多少鸭子）。

旁边那个赶鸭的（老爷爷），白花花的（胡子），一边看鸭子，一边还唱着（家乡戏）。见我在那儿数鸭子，还跟我开起了玩笑："小孩，还不快点（上学校）！就要考试了，可别（考个鸭蛋抱回家）噢！哈哈哈……"

3．写一写——将回忆的内容写下来

我家门前的大桥下，游过来一群鸭子，这么多鸭子，有多少只呢？我好奇地数起来："2、4、6、7、8……"鸭子"嘎嘎"、"嘎嘎"地叫着，到处游着，我数不清到底有多少鸭子。

旁边那个赶鸭的老爷爷，白花花的胡子，一边看鸭子，一边还唱着家乡戏。见我在那儿数鸭子，还跟我开起了玩笑："小孩，还不快点上学校！就要考试了，可别考个鸭蛋抱回家噢！哈哈哈……"

4．学一学——听歌曲写故事

听歌曲：

蜗牛与黄鹂鸟

阿门阿前一棵葡萄树，

阿嫩阿嫩绿地刚发芽，

蜗牛背着那重重的壳呀，

　一步一步地往上爬。

阿树阿上两只黄鹂鸟，

阿嘻阿嘻哈哈在笑它，

葡萄成熟还早得很哪，

现在爬上来干什么？

　　　　阿黄阿黄鹂儿不要笑，
　　　　等我爬上它就成熟了。

　　改写时，要注意以下几点：

　　(1) 歌曲为了节奏等原因，常常会把一些无意义的词语夹在歌词里面，或者把某些词语重复，改写时，要注意把这些词语去掉，比如这首歌里面的"阿"、"阿黄"等。

　　(2) 歌曲里常常不像记叙文一样，会有"某某说"的字样，歌曲里面的话是哪个人物说的只能由我们自己根据故事情节去判断。

　　比如，这首歌中的最后两句："阿黄阿黄鹂儿不要笑，等我爬上它就成熟了。"前面没有说明说这句话的人是谁，我们怎么去判断这句话是谁说的呢？——这首歌中只有两种动物，一只蜗牛，两只黄鹂鸟，不可能是一只黄鹂鸟对另一只黄鹂鸟说："黄鹂鸟，你别笑我！"所以，那就只能是蜗牛说的了，这样，我们就可以在这句话前面加上"蜗牛说"。

　　改写：

蜗牛与黄鹂鸟

　　门前有一棵葡萄树，嫩绿嫩绿的，刚刚才发芽。有一只蜗牛，背着重重的壳，正在一步一步地往上爬。

　　树上的两只黄鹂鸟看见了，嘻嘻哈哈地在笑它："葡萄成熟还早得很哪，你现在爬上来干什么？"

　　蜗牛听了，笑着说："黄鹂鸟，你们不要笑我，我爬得慢，等我爬上去的时候，它不就成熟了吗？"

三、练一练

　　1. 试着把下面这首《路边的小娃娃》改写成一篇记叙文

　　注意：

　　(1) 把人物说的话用引号引起来。

　　(2) 展开合理的想象，比如，小娃娃被我抱起来，还会不会哭？如果你觉得不会，你就可以加上一句："这时，小娃娃停止了哭泣。"

路边的小娃娃

　　　　路边有个小娃娃跌倒了，
　　　　哇哇哇哇哭着喊妈妈，
　　　　我快快地跑过去，抱起小娃娃呀，

高高兴兴送他回了家。

参考答案：
那天，我看见路边有一个小娃娃跌倒了，他"哇哇"地哭着，不停地喊"妈妈，妈妈！"我连忙跑过去，把他抱了起来，这时，小娃娃停止了哭泣。然后，我高高兴兴地送他回了家。

2. 试着把下面这首《我的好妈妈》改写成一篇记叙文
注意：
(1) 把人物说的话用引号引起来。
(2) 歌曲里重复的词语，在记叙文中不必再重复。

我的好妈妈

我的好妈妈，下班回到家，
劳动了一天，多么辛苦呀。
妈妈，妈妈，快坐下！
妈妈，妈妈，快坐下！
请喝一杯茶！
让我亲亲你吧！
让我亲亲你吧！
我的好妈妈！

参考答案：
那天，我的妈妈下班回到家里，我想：妈妈工作了一天，一定很辛苦。于是，我对妈妈说："妈妈，累了吧？快点坐下休息吧！"我还泡了一杯茶，端给妈妈："妈妈，请喝茶。"妈妈喝完了茶，我又亲了亲妈妈——我的好妈妈！

【教案19】

耳听为虚　笔记为实——听、记故事

教学目标

通过听、记故事，使学生进一步了解事情的发展顺序，并能按照事情的发展顺序把故事记下来。

教学重点

进一步了解事情的发展顺序，并能按照事情的发展顺序把故事记下来。

教学难点

按照事情的发展顺序把故事记下来。

教学准备

几则短小、有趣的故事。

教学过程

一、导入新课

这节课，我们来放松一下——听故事。不过，有一个小小的要求，你们要负责把听到的故事传递出去，就像老师从别人那里听了故事后告诉你们一样，你们也要把听到的故事讲给别人听，或者写下来拿给别人看。

二、听、记故事

让学生听完故事后把故事复述一遍，再把它写下来，是训练学生边听边想、边听边记和组织语言能力的一种好方法，为以后要求学生把听到的事情记下来奠定了基础。

要让学生对这种作文训练方法感兴趣，当然得从有趣而短小的故事开始：

朴素的爱因斯坦

爱因斯坦从不摆世界名人的架子，他的穿着非常朴素。

初到纽约时，他身穿一件破旧的大衣，一位熟人劝他换件新的，他坦然地说："这又何必呢？在纽约，反正还没一个人认识我。"

过了几年之后，这位熟人又遇到了爱因斯坦，发现他身上穿的还是那件旧大衣，便又劝说他换件新的，谁知爱因斯坦却说："这又何必呢？在纽约，反正大家都认识我。"

把听到的上面这则故事复述给同学听，再试着把它写下来，可以用与原故事一模一样的语言，也可以自己组织语言复述，只要意思不变就行，同时要注意写作的格式。

三、查一查

与同桌交换作文，听老师再说一次故事，并检查同桌的写作情况。然后拿回自己的作文，看看自己哪些地方记得好？哪些地方遗漏了？哪些地方记错了？如果你都记好了，那么，请对自己微笑一下以示鼓励。

四、乘胜追击

秀 才 过 河

一个秀才整天埋头读书，很少出门。

有一天，他出去办事，忽然前面有条大河挡住了他的去路，秀才不知道怎么办才好。这时，他看见有几只鸭子在水里。秀才心想：鸭子腿那么短，还能够从河里过去，水一定很浅，我的腿比鸭子的腿长多了，一定能过去。于是他就脱了鞋袜朝河里一跳，谁知河水很深，差点把他淹死。幸亏有一个农民看见了，把他救了上来。

秀才对农民说："我们那里的鸭子，腿是短的，这里的鸭子腿真长，这么深的水，还能过去。"

(1) 教师讲故事一遍。
(2) 学生复述故事。
(3) 其他学生给予评价，对错误和遗漏的内容，给予补充。
(4) 其他学生复述故事。

五、更上一层楼

1. 听、记下面这则故事

不 奉 承

小李很穷，但他从来不肯奉承富人，而有个富翁偏偏就喜欢听别人的奉承。

有一天，富翁问他："我家财万贯，你为什么不奉承我？"

小李回答说："家产是你的，你又不分点给我，我为什么要奉承你呢？"

富翁说："我把家产的两成分给你，你可以奉承我了吧？"

小李说："两成？这种分法太不公平了，我不会奉承你！"

富翁说："好吧，我分一半家产给你，你总该奉承我了吧？"

小李笑着说："一半？那我和你平起平坐，我为什么还要去奉承你？"

富翁把心一横,说:"那我把所有的家产都给你,怎样?"

"哈哈哈!"小李大声笑道,"到那时,你穷我富,别说奉承你,我连理都懒得理你了!"

2.听、记故事的诀窍

听、记故事有一个诀窍,就是要学会记要点,这个故事的内容虽然比较多,但是,是一次次递进的,从"两成"到"一半"再到"全部",只要按照这个顺序去记富翁的话就可以了,而小李的话与富翁的话是一一对应的:

"分两成"——"不公平";

"分一半"——"平起平坐";

"全部给你"——"你穷我富"。

其结果都是"我不奉承你",记住了这些,要复述这个故事也就不难了。试一试,看谁记得好?

【教案20】

天生丽质难自弃 写事功到自然成——要素开头,自然收尾

教学建议

使用人教版教材的可直接把本节内容用做三年级上册"语文园地二"的作文教案,使用其他版本教材的可把本节内容作为单项训练直接使用,也可与一篇写事的习作训练结合使用。

教学目标

(1)使学生了解并学会"交代要素开头,自然收尾"的写作方法。

(2)结合前面按照事情的发展顺序记事的写作方法和审题、拟题、开头、结尾等知识,学写一篇完整的记事文。

教学重点

结合前面按照事情的发展顺序记事的写作方法和审题、拟题、开头、结尾等知识,学写一篇完整的记事文。

教学难点

结合前面按照事情的发展顺序记事的写作方法和审题、拟题、开头、结尾等知识，学写一篇完整的记事文。

教学准备

可要求学生带上自己前几学期的语文教科书，以便学生在课上查找合适的开头和结尾。

教学过程

一、导入新课

作文一般都有开头和结尾，可是，我们如何为写事的作文写开头和结尾呢？今天，我们来学习一种最简单的写好写事作文的开头和结尾的方法：交代要素开头，自然收尾。

这种写法，虽然没有华丽的装饰，但是，只要你把事情交代清楚了，只要你写的事情足够吸引人，就能有一种自然美，让人难以忘怀，这样你的写事文章自然也就成功了。

二、什么是"要素开头"？

1. 文章四要素

时间、地点、人物、事件是记事文章的四个要素，缺一不可。有些文章会在开头就直接把事情发生的时间、地点、人物等要素交代出来，然后进入正题。

2. 举例说明

我们已经学过的下面这些课文就是用这种方法开头的。

《爬天都峰》（人教版《小学语文》三年级上册）：

假日里，爸爸带我去黄山，爬天都峰。

在开头交代了时间、地点、人物和事情。

《灰雀》（人教版《小学语文》三年级上册）：

有一年冬天，列宁在郊外养病。他每天到公园散步。公园里有一棵高大的白桦树，树上有三只灰雀：两只胸脯是粉红的，一只胸脯是深红的。它们在树枝间来回跳动，婉转地歌唱，非常惹人喜爱。列宁每次走到白桦树下，都要停下来，仰望这三只欢快的灰雀，还经常给它们带来面包渣和谷粒。

在开头交代了事情发生的时间、地点、人物和事情的起因——灰雀可爱，列宁非常喜欢，所以，才有了下面的故事。

《小摄影师》（人教版《小学语文》三年级上册）：

1928年夏天，高尔基住在列宁格勒。他经常坐在窗子旁边工作。一个阳光明媚的早晨，高尔基正在读书，突然，一个小纸团从窗外飞到桌子上。高尔基打开纸团，上面写着：

亲爱的高尔基同志：

我是一名少先队员。我想给您照张相，贴在我们的墙报上。请您让他们放我进去。我照完相，立刻就走。

这个开头不仅交代了事情发生的时间、地点、人物和起因，而且一开始就会让人产生好奇：名人高尔基会愿意接见这位普通的少先队员吗？

《奇怪的大石头》（人教版《小学语文》三年级上册）：

李四光是我国著名的地质学家。

这个开头首先交代了文中主要人物的身份。

你也可以在学过的课文中找一找，看有哪些课文是以"交代要素"开头的，找到后读一读，体会一下作者这样开头的好处。

三、什么是自然收尾？

1．自然收尾

自然收尾，是指事情发展到一定的阶段结束了，文章也就此结束。

2．举例说明

我们已经学过的下面这些课文就是用这种方法结尾的。

《司马光》（人教版《小学语文》一年级下册）：

缸里的水流出来了，掉进缸里的小朋友得救了。

《纸船和风筝》（人教版《小学语文》二年级上册）：

傍晚，松鼠看见一只美丽的风筝朝他飞来，高兴得哭了。他连忙爬上屋顶，取下纸船，把一只只小船放到了小溪里。

《从现在开始》（人教版《小学语文》二年级上册）：

狮子见了，笑眯眯地说："不用再往下轮了。我郑重宣布，从现在开始，小猴子就是'万兽之王'了！"

《窗前的气球》（人教版《小学语文》二年级上册）：

窗前的气球，代表同学们来问候科利亚。科利亚望着窗外那张动人的"小脸"，高兴地笑了。

《我不能失信》（人教版《小学语文》三年级上册）：

宋庆龄点点头，甜甜地笑了。

《陶罐和铁罐》（人教版《小学语文》三年级上册）：

人们立即动手，翻来覆去，把土都掘遍了，但是，连铁罐的影子也没见到。

你也可以在学过的课文中找一找，看有哪些课文是自然结尾的，找到后读一读，体会作者这样结尾的好处。

四、范例：如何写"我"熟悉的人的一件事？

1. 出示习作要求

我们身边有许多熟悉的人，他们身上有许多值得写的事。这次习作就来写一写熟悉的人的一件事。先想一想打算写谁，写他的哪件事，把这件事想清楚，再动笔写。写完以后，可以读给你写的那个人听，请他评评写得怎么样？

2. 审题、拟题

(1) 写人还是写事？

它既需要写人又需要写事，也就是写"人的事"，所以，我们就不能写"小壁虎断了尾巴，它去借尾巴，大家都不借给它，它哭着回家找妈妈，妈妈笑它是个大傻瓜。"虽然这也是一件事，但这不是人的事，而是动物的事，所以不行。

(2) 这件事有什么特点？

这个人必须是"我们身边熟悉的人"，我们不能把我们看到的一些名人故事写下来，比如："华盛顿砍了樱桃树主动向爸爸承认错误"，"周总理的睡衣很旧了舍不得扔，补好了再穿"，"诸葛亮巧使空城计"，这些虽然也是一件事，但不是我们熟悉的人的一件事。哪些是我们熟悉的人呢？我们的亲戚、邻居、同学、伙伴、朋友、老师等，这都是我们身边熟悉的人。要求写发生在他们身上的事。

需要注意的是，这件事最好具有一定的教育意义，使人能够看出一个人的品格，或者说明一个道理。

(3) 几件这样的事？

一件。

我们将习作要求浓缩一下，就是"熟悉的人的一件事"，但是，我们一般不直接将"熟悉的人的一件事"作为作文的题目，最好再把这个"熟悉的人"的身份指出来，如果写爸爸的一件事，标题就是"爸爸的一件事"；如果写"张老师的一件事"，标题就是"张老师的一件事"；如果写伙伴小文的一件事,标题就是"小文的一件事";如果写你的同桌的一件事,标题就是"同桌的一件事"等。

3. 写开头

我们已经知道写事的文章可以直接以交代要素开头,那么,等你选择好你要写的那件事情之后,就可以先在开头交代事情发生的时间、地点和人物等。比如:

去年暑假的一天,早晨,阳光明媚,哥哥和我走在去外婆家的路上。

一个星期一的早晨,小明背着书包去上学。

那天,爷爷去池塘边钓鱼。

4. 写结尾

我们已经学习了一种"自然收尾"的结尾方法,就是事情结束了,文章也随着结束了。我们也可以用这样的方法来写结尾。比如:

车子开走了,大家也各自散了。

爸爸笑了,没有再说什么。

奶奶表扬了我,我心里真高兴。

我高兴地笑了,心里说:"下次,我一定能做得更好。"

5. 范例

范例1:

爷爷的一件事

一个星期天,我和爷爷、奶奶、爸爸、妈妈等人一起去长沙的表叔家喝喜酒,大家都穿戴一新,高高兴兴地上了一辆中巴车。

车子开动了,大家开心地说笑着,讨论着关于表叔的一些事。忽然,车子猛一摇晃,大家坐不稳,一个小伙子手中的牛奶洒了出来,正好溅在爷爷崭新的蓝色衬衣上。小伙子紧张得连声说:"对不起!"爷爷微笑着说:"小伙子,别这么客气嘛,我们又不认识,你还把牛奶给我吃,那你自己岂不是吃不饱了?"小伙子很抱歉:"伯伯,实在对不起!我刚才听说您还要去喝喜酒呢,把您的衣服弄成这个样子,这可如何是好?"爷爷又说:"没关系,那首歌怎么唱的来,'蓝蓝的天上白云飘',这不正好就是吗?"小伙子说:"您老真幽默!"

车厢里其他人也夸爷爷很幽默,我为有这样的爷爷而高兴。

这篇文章写了爷爷的一件事,开头用的就是"交代要素"的写作方法,直接交代了事情发生的时间、地点、人物以及事情的起因。结尾用的"自然收尾"的写作方法："车厢里其他人也夸爷爷很幽默，我为有这样的爷爷高兴。"事情到这里就结束了，文章也就此结束。车厢里其他人的反应和我的想法，又表明了人们对这种幽默的肯定与赞美，深化了主题。

范例2：

既然是写"人的事"，我们就可以在开头先介绍一下主人公的身份，然后再写一写他的一件事，在结尾可以写一写这件事表现的主人公的性格特点、思想境界等。这样写出来的文章就会显得很紧凑。

吴星的一件事

今天下课的时候，我不小心撞了同桌吴星一下，将他左手中的铅笔插向了右手拇指的指甲缝里，那尖尖的笔尖断在了紧挨指甲的肉里面。

我连忙说："对不起！"他说："没关系！"老师知道后，急忙带着我们到了学校附近的一家医院。医生试了一些办法都没能把那断了的笔尖从他手指里弄出来，最后只好用刀把指甲切去一些，那是连着肉的一部分指甲，我能看得出那是多么的痛，但是，他却没有哭，更没有埋怨我一句。

我在心里说："吴星真是一个又宽容又坚强的男孩，我要永远和他做朋友。"

你和你的好朋友经常在一起，也难免会发生像这样的意外，当然，不一定会像范文中的事例那样"惊险"，但是，像"我不小心踩了他的脚"、"我不小心弄脏了他的衣服"、"我不小心摔坏了他的文具盒"等事情还是有的，那么，发生这些意外的时候，你的好朋友的表现是怎样的呢？你也来试试照着范文把它写下来吧！

【教案21】

起因—经过—结果——学会把事情写完整

教学建议

使用人教版教材的可直接把本节内容用于三年级下册"语文园地四"的作文教学；使用其他版本教材的可把本节内容作为单项训练，也可与相应教材中关于写"学会了××"的习作训练结合使用。

教学目标

使学生学会把事情的起因、经过和结果写清楚,并学会写"我学会了××"的作文。

教学重点

把事情的起因、经过、结果写清楚。

教学难点

如何把事情的经过写具体。

教学准备

供展示的范例(小黑板或课件)。

教学过程

一、导入新课

一个婴儿在那儿"哇哇"地哭着,张先生奇怪地问道:"他为什么哭个不停呢?"李先生回答说:"要是你既不能自己吃饭,又不能自己走路,还不会说话,想要什么又说不出来,而且大小便也不能自理,你不也会急得大哭吗?"

婴儿本就是"既不能自己吃饭,又不能自己走路,还不会说话,想要什么又说不出来,而且大小便也不能自理"的,但这与他哭泣的原因无关,婴儿并不是因为这个才哭泣的。但我们从这个故事中可以发现:在我们刚出生的时候,我们是什么也不会的,吃饭、走路、说话、甚至自己上厕所,但是,这些我们现在都学会了,这说明人都要经历很多学习的过程,学习写字、学习画画、学习游泳、学习做饭、学习跳舞……学习,总是由不会到会,由不熟练到熟练的,学习的过程有艰辛,也有乐趣。下面试着把你学会一种本领的过程写下来,让大家了解一下吧。

二、学写"我学会了××"

1. 习作要求

如果问到大家都会做些什么,你们可能会不假思索地回答:会画画、会游泳、会滑冰、会照相、会做饭、会干农活等。回忆一下,这些本领是怎么学会的,在学习本领的过程中,有哪些趣事,有什么体会。选一样写下来。写的时候，要把由不会到会的过程写具体，表达出自己的真情实感。

2. 审题、选材、拟题

这篇作文要求我们写自己学会一种本领的过程。所以，我们先要想好自己准备写学习什么的过程才好拟题，可以是"我学会了××"，或者是"学××"，比如：如果你准备写自己学习游泳的经历，你就可以拟题为"我学会了游泳"，或者是"学游泳"，当然，如果你有更好的标题，只要符合要求，也可以。

3. 明确事情的起因、经过和结果

很多事情，一般都有它的起因、经过和结果。所以，我们在写事情时，一般都要把事情的起因、经过和结果写清楚。

（1）起因：比如写"我学会了做饭"，这件事情的起因是什么？是因为看到别人做出好吃的饭菜，自己很羡慕，想学一学？是因为爸爸、妈妈不在家，没有人给我做饭，我不得不自己做？是因为觉得自己应该学会做饭，增强自己的独立能力？还是因为看到爸爸妈妈很辛苦，想让爸爸妈妈轻松一点？

我们可以把事情的起因直接作为一篇作文的开头，比如：

一年比一年大了，我决定多锻炼自己的独立能力。那天，妈妈不在家，我决定自己做饭。

看到别人溜冰很好玩，我也想学溜冰，于是就缠着表哥教我。

（2）经过：要按照事情的发展顺序把事情的经过说清楚。学做饭的时候，先做什么，再做什么，然后又做什么……另外，还可以写写做这些事情时发生了什么意外，或者什么其他有趣的事情等。而且，学习的过程总是充满挫折的，很多时候不可能一学就会，所以，一定要写写自己"不会"时的情形：学游泳时有没有被水呛着？学滑板时有没有摔跤？学炒菜时有没有手忙脚乱，甚至忘了怎么炒？再写写自己"会了"后的情形，这样学会的过程就变得具体了。

（3）结果：饭做好了吗？是香喷喷的，是味道不怎么样但是毕竟熟了，还是压根就不能吃？这里要注意，因为题目是"我学会了做饭"，事情的结果就不能是"我做的饭压根就不能吃"，如果做的饭根本就不能吃，那就不能算"学会"了。所以，这件事情的结果，只能是你学会了做饭，虽然不一定很好吃，但是至少要能吃。

4. 合理安排事情的起因、经过和结果

一般来说，我们可以把事情的起因、经过和结果，各作为一个段落。如果事情的经过比较复杂，我们可以根据需要多写几段。

(1) 开头：写写事情的起因，比如写《我学会了游泳》，那么，学习游泳的原因是什么呢？自己喜欢游泳的感觉？自己想成为一名游泳运动员？自己怕被水淹所以想学？还是爸爸妈妈让你学的？把事情的起因写下来，就是文章的开头了。

(2) "躯干"：躯干部分写事情的经过，事情的经过一般分为两个小部分，可以先写写"不会"时的情形：游泳时被水呛了，学滑板时摔跤了，学炒菜时忘记放盐了等；还要写写自己"会了"后的情形：学会后自己的感觉和爸爸妈妈的反应等。

(3) 结尾：可以总结一下："我学会了××。"可以写写自己的体会："通过学习××，我懂得了学什么都要不怕困难、坚持不懈。"可以写写这种本领给自己带来的乐趣："××，给我的生活带来了很多乐趣。"

5. 范例

我学会了滑滑板

以前，我不会玩滑板，看到邻居家的哥哥、姐姐都会玩滑板，滑起来就像跳舞一样，那个样子好优美、好神气，我非常羡慕。可爸爸妈妈担心我的安全，不给我买。后来，经不住我软磨硬缠，爸爸妈妈终于帮我买了。

我非常认真地学习怎么滑滑板，在一位姐姐的帮助下，我终于掌握了方法：右脚踩在滑板上，左脚蹬地，让滑板立起来，然后把左脚放上去。上去以后，要尽量保持身体的平衡。还要学会转弯，让滑板向左边倾斜就是往左转，让滑板向右边倾斜就是往右转。

现在，我也会玩滑板了，而且，也能像邻居家的哥哥、姐姐那样姿势优美，很神气的样子，有时候，我还会一边滑着一边做体操，或者是跳舞，让旁边的弟弟妹妹也羡慕得不得了。看着我那高兴的样子，爸爸妈妈开心地笑了，当然，还是不忘提醒我："小心点，别摔着。"这时，我就会得意地说："放心，我还没摔过呢！"

其实呀，告诉你们一个小秘密，在学习滑板的时候，我也摔过那么一两次，不过，为了不让爸爸妈妈担心，我没有告诉他们。有什么关系呢？我记得大人们常常说："细伢子绊大的。"——是呀，谁在成长过程中没有摔过跤呢？

我学会了玩滑板，它不仅带给了我很多乐趣，还让我懂得了很多道理。

我学会了画画

表哥特别会画画，三下两下，一幅漂亮的图画就出来了，我看到他画得那么好，心里很羡慕，于是也想学画画。

开始的时候，我不会画画，只会拿着彩笔画一些乱七八糟的点啊、线啊、一些奇形怪状的圆圈啊，还常常把自己当画纸，弄得自己五颜六色的。

但是，我相信，只要我认真学习，一定能画得跟表哥一样好，于是，在美术课上，我认真地听老师讲课，认真地进行练习，终于也学会了一些画画的知识。

现在，我也能画出可爱的小鸭子、美丽的荷花、调皮的小鱼，和正在做运动的人们……大家都夸我画得像，将来会成为又一个齐白石。我知道我离齐白石还差得很远，但是，只要努力，一切都有可能。

我学会了画画，它不仅带给我很多乐趣，还让我懂得了很多道理。

【教案22】

给作文打造完美身形——材料的取舍和详略

教学目标

学会选择和处理材料。

教学重点

如何选择和处理材料。

教学难点

如何处理材料。

教学准备

供展示的范例（小黑板或课件，注意适当留空，以便修改）。

教学过程

一、歌曲导入

（唱）歌曲《选择》片段："你选择了我，我选择了你，这是我们的选择。"在写作的时候，我们也需要选择。

二、材料的选择

有个同学写《参观毛主席故居》的作文时，是这样写的：

参观毛主席故居

这天，阳光明媚，因为今天要去韶山参观，我早早地起床了，然后刷牙、洗脸。

因为怕来不及，我没在家里吃早饭，就在路边商店买了两个面包，我给店主十块钱，他找了我六块。

走着走着，我发现路边有两位老爷爷在吵架。

我到学校的时候，旅游车已经停在门口了，我连忙往车上跑，可是一想，又先往厕所跑去。

上完厕所，我就上了车。不一会儿，老师开始清点人数，见到大家都到了，车子开动了。在车上，导游姐姐要我们唱歌助兴，我们唱了《洋娃娃和小熊跳舞》、《卖报歌》、《小燕子》、《春天在哪里》、《我爱北京天安门》等歌曲，导游姐姐夸我们唱得很好。

下车了，我们排着队开始参观，我们首先来到铜像广场。毛主席的铜像好高，好雄伟啊。

接着，我们怀着崇敬的心情参观了毛主席的故居，里面有好多我们没见过的家具和劳动用具。

参观了一会儿，导游姐姐带一些需要上厕所的同学上了趟厕所。

后来，我们又参观了毛主席纪念馆，在那里，我们了解了毛主席的很多故事。

下午三点多的时候，我们又上了车，唱着歌回家了。

回到家，我将我在韶山买的纪念品给爸爸妈妈看，爸爸妈妈高兴地夸我会砍价了。

这篇作文读来繁琐乏味，原因就在于这位同学像台录像机一样把当天发生的事情差不多都记录下来了，没有进行材料的选择。一天中会发生很多事情，我们不可能把它们全部都写下来，而且，读者也没有兴趣了解。

下面我们就来对照课文《难忘的一天》，想想上面这位同学作文中的哪些材料不需要写？

1984年2月16日，是我最难忘的日子，我为邓小平爷爷做了电子计算机表演。

那天早晨，我冒着严寒，快步走到工业展览馆。想到马上就要见到邓爷爷，我又紧张又激动，心怦怦地跳个不停。

邓爷爷来啦！他带着慈祥的微笑向我走来。我连忙敬了个队礼，说："邓爷爷，您好！"邓爷爷高兴地点点头，紧紧地握住了我的手。看着邓爷爷和蔼可亲的样子，我紧张的心情一下子就平静了下来。

开始表演了。我沉着地操纵着计算机，顺利地打出各种各样的图形来。邓爷爷仔细地看了我的表演，脸上露出了满意的笑容。

表演过后，邓爷爷还亲切地问了我的年龄。我说刚满十岁。邓爷爷听了，赞许地再一次和我握手，并对身边的人说："计算机的普及要从娃娃抓起。"

离开展览馆，我兴奋地走在回家的路上。天，仿佛格外的蓝；阳光，仿佛更加灿烂。我忘不了这一天，忘不了肩上担负的责任。

(1) 在《难忘的一天》中，作者有没有写自己刷牙、洗脸、上厕所之类的内容？

<u>没有。</u>

(2) 为什么不写这些内容？难道他这一天就没有"刷牙"、"洗脸"、"上厕所"吗？

<u>因为与中心思想无关。</u>

同样的道理，因为"看见两位老爷爷在吵架"也与这篇作文的中心没有关系，所以也不必写。

(3) 再找一找，看有哪些内容是不必写的：

<u>买面包。</u>

<u>清点人数。</u>

<u>爸爸妈妈夸我会砍价。</u>

现在我们把不必写的内容都删掉，重新组织这篇作文：

参 观 韶 山

这天，阳光明媚，因为今天要去韶山参观，我早早地起床了。

我到学校的时候，旅游车已经停在门口了，我连忙往车上跑。

我上了车。车子开动了。在车上，导游姐姐要我们唱歌助兴，我们唱了《洋娃娃和小熊跳舞》、《卖报歌》、《小燕子》、《春天在哪里》、《我爱北京天安门》等歌曲，导游姐姐夸我们唱得很好。

下车了，我们排着队开始参观。我们首先来到铜像广场。毛主席的铜像好高，好雄伟啊。

接着，我们怀着崇敬的心情参观了毛主席的故居，里面有好多我们没见过的家具和劳动用具。

后来，我们又参观了毛主席纪念馆，在那里，我们了解了毛主席的很多故事。

下午三点多的时候，我们又上了车，唱着歌回家了。

三、材料的详略处理

1. 材料详略处理的必要性

读者在看一篇文章时只想了解与这篇文章主题有关的内容，因此，在选择好材料后，我们一般也不宜像记流水帐一样，花一样的笔墨去写一篇作文的每一个部分，而是要有详有略，有的地方详细写，有的地方简略写；与中心思想有关的地方详细写，与中心思想关系不大、但必须交代一下事情才连贯的地方简略写。

2. 明确作文中哪些部分需要做详略处理

除了去掉不必写的内容，我们还要在可以写的内容中做详略处理，给文章打造完美的身材。一般来说，作文的开头和结尾要短小精练，主体部分则要丰满圆润，而不能将开头或结尾写得很长，主体部分却非常简单。对比课文《难忘的一天》，想想哪些材料可以写，但只能略写？

（1）开头：《参观韶山》这篇文章的开头是这样的：

这天，阳光明媚，因为今天要去韶山参观，我早早地起床了。

我到学校的时候，旅游车已经停在门口了，我连忙往车上跑。

我上了车。车子开动了。在车上，导游姐姐要我们唱歌助兴，我们唱了《洋娃娃和小熊跳舞》、《卖报歌》、《小燕子》、《春天在哪里》、《我爱北京天安门》等歌曲，导游姐姐夸我们唱得很好。

这个开头就不够简洁，所以，我们要给它"减减肥"。尤其是在车上唱歌的那一部分我们不需要写得那么详细，用一句话："一路上，欢歌笑语不断"代替就可以了，至于唱了什么歌，导游姐姐认为唱得好不好，都不需要写。那么，文章的开头就可以变成这样：

到韶山参观的那天，阳光明媚。我们做好一切准备，就高高兴兴地上了旅游车。一路上，欢歌笑语不断。

（2）主体：主体中有些该详写的地方，应该尽量写得具体生动。

比如写毛主席铜像那一段，导游姐姐有没有介绍铜像的具体高度和象征意义呢？你站在铜像下面，有没有什么想法呢？如果有，就写下来。

下车了，我们排着队开始参观。我们首先来到铜像广场。毛主席的铜像好高，好雄伟啊。导游姐姐说铜像高7.1米，因为七月一日是党的生日。我们站在铜像下面仰望着敬爱的毛主席，敬佩之情油然而生。

比如写参观故居那一段，既然"里面有好多我们没有见过的家具和劳动用具"，那么，你们这些好奇的小家伙会无动于衷吗？肯定会叽叽喳喳地问这问那，对不对？所以，也可以把这些内容写下来。既然这么多人问，导游姐姐会怎样做呢？导游姐姐回答完之后，你们又有什么收获呢？把这些内容都写下来后，事情就具体了。

接着，我们怀着崇敬的心情参观了毛主席的故居，里面有好多我们没见过的家具和劳动用具，同学们都好奇地问这问那，害得导游姐姐应接不暇。在导游姐姐的介绍下，我们认识了很多之前没见过的物品。

参观毛主席纪念馆时，你看到了些什么，选几样写下来。

后来，我们又参观了毛主席纪念馆，在那里我们了解了毛主席的很多故事，看到了毛主席一穿20多年打了73个补丁的睡衣、毛主席用过的笔墨纸砚、毛主席外出考察时使用的水箱、毛主席使用过的理发箱等珍贵文物。

（3）结尾：和开头一样，结尾要短小，干净利索。这篇文章的结尾开始不太利索，但在删掉与主题无关的事情之后，还是比较干净利索的，保留原文即可。

下午三点多的时候，我们又上了车，唱着歌回家了。

3. 修饰、润色

经过删改后，原来连贯的语句可能会变得不连贯，所以，最后一定要记得把文章从头至尾检查一遍，把不连贯的地方修改过来。

比如《参观韶山》的第二自然段的结尾是"我连忙往车上跑"，而第三自然段的开头是"我上了车"，显得重复。所以，我们可以把这两句话合并为一句："我连忙上了车"。经过修改、润色后，文章变为：

参 观 韶 山

到韶山参观的那天,阳光明媚。我们做好一切准备,就高高兴兴地上了旅游车。一路上,欢歌笑语不断。

下车了,我们排着队开始参观。我们首先来到铜像广场。毛主席的铜像好高,好雄伟啊。导游姐姐说铜像高7.1米,因为七月一日是党的生日。我们站在铜像下面仰望着敬爱的毛主席,敬佩之情油然而生。

接着,我们怀着崇敬的心情参观了毛主席的故居,里面有好多我们没见过的家具和劳动用具,同学们都好奇地问这问那,害得导游姐姐应接不暇。在导游姐姐的介绍下,我们认识了很多之前没见过的物品。

后来,我们又参观了毛主席纪念馆,在那里我们了解了毛主席的很多故事,看到了毛主席一穿20多年打了73个补丁的睡衣、毛主席用过的笔墨纸砚、毛主席外出考察时使用的水箱、毛主席使用过的理发箱等珍贵文物。

下午三点多的时候,我们又上了车,唱着歌回家了。

【教案23】

小小少年　渐渐长大——成长的故事

教学目标

用自己的语言记录下在自己或别人成长的过程中发生的有趣的故事,体验成长的快乐,思考在成长中遇到的问题。

教学重点

选择自己感兴趣的成长故事记录下来,巩固记事文章的写法。

教学难点

如何在事情中突出自己的"成长"——注意写一写自己当时或现在的思想认识。

教学准备

供展示的范例（小黑板或课件）。

教学过程

一、导入新课

（唱）"小小少年，很少烦恼，眼望四周阳光照，小小少年，很少烦恼，但愿永远这样好。一年一年时间飞跑，小小少年渐渐长高，随着岁月由小变大，他的烦恼增加了。"（歌曲《小小少年》）

其实，随着岁月的流逝，我们由小变大，不仅烦恼增加了，而且知识也增加了，这就是成长。在你的成长过程中，有没有有趣的或值得纪念的故事呢？

二、习作要求

我们了解了许多人的成长故事，也回顾了自己成长的经历，请写一写自己或别人的故事，要写得清楚具体。

三、学写成长故事

在成长的过程中，总会发生一些由于无知而做的傻事，比如：你拆了家里的某样物品却不能让它"复原"了；你把小鸡、小鸭"折腾"死了；你看见一样什么东西忍不住当了"小偷"等，这些事情你还记得吗？把它写下来吧，这既是有趣的回忆，又是对无知的忏悔。同时，最好写一写自己当时或现在的思想认识，体现自己的"成长"。

在成长的过程中，你是否做过一些渴望长大的事情呢？比如：学爸爸刮胡子；学妈妈化妆；学着送"人情"等。这些闹剧一样的事情，你还记得吗？把它写下来吧，相信一定会别有一番味道的。

在成长的过程中，你总会遇到一些困难，正是通过克服这些困难你才真正成长起来。比如：你学会了一个人坐公共汽车；你终于敢一个人睡觉了；你学会了主动和别人交朋友等。把它写下来吧！给自己的成长立一个纪念碑！

写随笔的同学的优势又来了，你可以翻开你的随笔，看看有没有合适的内容，稍微修改一下，再加上一个合适的题目，你的作文就写成了。所以，再说一遍，开始写随笔吧！

四、范例

对不起，小鸭！

　　那是我3岁的时候，那天爸爸妈妈都不在家，我一个人在家不知道该干些什么，就到处寻找"玩机"。

　　忽然，我被那群嫩黄的小鸭吸引住了，那些嫩黄的小家伙，毛茸茸的，好可爱呀！我想起了鸭子在水面上游泳的样子和钻到水里的样子，那样该有多好玩啊！可是，怎么才能让小鸭子游水呢？我想了一个"好办法"——找了一个最大的洗衣盆，用小桶提了很多水倒在里面，这不就是一个小小池塘了吗？

　　然后，我一只只地追逐那些小家伙，把它们捉住后放在"小池塘"里。可是，小家伙却不懂得我的心思，一只只地逃了出来。于是，我又把它们抓住，一只只地摁在"小池塘"里，让它们游泳……

　　这样折腾的结果，就是那些可爱的小家伙一只只软绵绵地倒下了。我不知道会是这样的结果，我以为小鸭子会游泳。我把小鸭子一只只地摆成一队，伤心地哭着……

　　现在，每次看到《猫和老鼠》里小鸭子说"我不会游泳"的时候，别人会笑，而我，却有要流泪的感觉。小鸭子，对不起！请原谅我的年少无知吧！

四元钱"人情"

　　外婆生日，爸爸妈妈去拜寿。

　　吃完午饭，我看到妈妈、姨妈、舅妈等人都拿着钱塞给外婆，祝外婆生日快乐，健康长寿。我想："我是外婆的外孙，我也要送'人情'。"于是，我把自己口袋里的零花钱一共四元拿了出来，也学妈妈他们的样子，恭恭敬敬地送给外婆，还用上了妈妈以前教我的祝寿的吉祥语："外婆，祝您福如东海长流水，寿比南山不老松！"

　　大家开始都愣住了，然后都笑了起来。外婆高兴地抱起我，说："这是外婆今天收到的最大、最好的'人情'。我的乖孙子！"

　　姨妈开玩笑地说："早知道，我也送四元钱算了。"

　　外婆笑着说："你送四元钱，我打烂你的屁股！但是我外孙送的，莫说四元钱，就是四分钱，都比你们的四百要值钱得多！"

　　这件事情过去四年了，但我现在想起来还是忍不住想笑。

可怜的"小偷"

5岁的时候,妈妈带我去曾祖母家。

在曾祖母家,我发现了一个很小很小的铁锤。不知道为什么,那时候的我特别喜欢那些非常小巧的东西,看见这个小铁锤,我如获至宝,就琢磨着怎么把它据为己有,于是,我偷偷地把它放在了我的裤子口袋里。

回家的路上,因为有个重物在里面,我的裤子一直往下掉,我就不停地提裤子。妈妈还帮我提了几次,她以为我裤子的橡皮筋有问题,还说要帮我换一根,我也不敢做声。

后来不记得什么时候这件事情露馅了,我向曾祖母承认了错误并归还了小铁锤,曾祖母又将那个小铁锤送给了我——原来那个小铁锤是曾祖母以前做鞋子时用的,怪不得那么小巧呢!

现在,每次说起我做"小偷"时滑稽的样子,大家都会捧腹大笑。

第一次独自睡觉

那天,爸爸妈妈对我说:"依依,你该独自一人睡觉了!"

"不要!不要!"我赶紧撒娇,希望可以让爸爸妈妈收回"圣旨",可这次爸爸妈妈很坚决。

要睡觉了,爸爸妈妈把我送到我自己的房间后,我找各种借口挽留爸爸妈妈在我房间多留一会儿,一会儿要喝茶,一会儿要撒尿,一会儿说背上很痒,让他们帮我抓痒……名目多了,爸爸妈妈发现了我的"阴谋",开始板起脸训我。我委屈地说我怕。妈妈问我怕什么。我说:"怕鬼!"妈妈说:"不是早就告诉过你,这世界上没有鬼吗?"我又说我怕坏人,妈妈说:"这房间的门窗都关得紧紧的,坏人进不来。"到最后我终于无计可施,只好投降。

当爸爸妈妈把房门关上,房间里只剩下我一个人的时候,我不知道该怎样才好,这边翻翻,那边滚滚,似乎睡什么姿势都不对。最后,只好瞪大眼睛看着那盏小夜灯,似乎它就是我的保护神。

我不知道我是什么时候睡着的,第二天早上,爸爸妈妈表扬我长大了。

【教案 24】

音乐美　童话美——如何根据歌曲编写动物童话

教学目标

(1) 根据歌曲情节编写童话故事。

(2) 了解编写童话故事要符合动植物的特点和生活习性。

教学重点

根据歌曲内容编写童话故事。

教学难点

如何把歌词变成童话语言。

教学准备

歌曲《猴子蒸糕》、《看谁懂礼貌》、《小猪胖胖》flash 或 "录音＋歌词"。

教学过程

一、导入新课

　　我们都看过《白雪公主》、《丑小鸭》、《喜羊羊与灰太狼》等有趣的故事和影片，这些都是童话故事。这些童话故事很有趣，可是，你们知道这些童话故事是怎么来的吗？是童话作家们想象并编写出来的。同学们都冰雪聪明，我相信你们也能写出有趣的童话故事来，大家要不要试一试？

二、听歌曲编童话

　　1. 欣赏儿歌《猴子蒸糕》

猴　子　蒸　糕

猴子得到一袋米，
去请小狗来磨米，

请了几趟请不到，
唉，只好自己去磨米。

猴子就要蒸粉糕，
去请小狗来蒸糕，
请了几趟请不到，
唉，只好自己来蒸糕。

猴子把糕刚蒸好，
小狗来向猴子讨，
"猴哥哥，可怜我！
我的肚子饿极了。
给我吃个饱。"

猴子听了笑一笑，
一边又把小狗叫，
"请你做工你不到，
嗨嗨，不做工的吃不到，吃不到！"

2. 童话即"人话"

歌曲中讲的是猴子和小狗的故事，其实代表了两类人：勤快人和懒人。生活中就有一些这样的人，请他做事不来，别人有吃的不用请就来了。这种动物之间的童话，讲的其实就是人与人之间的故事和道理，因此，我们也可以把人与人之间发生的事"变成"几个动物之间发生的事。

所以，编写童话故事时，把动物当成人来写就可以了，人与人之间会发生什么事，动物之间也可能发生什么事。把动物之间发生的事当成是人与人之间发生的事，然后再加上合适的语言、动作，就OK了。

3. 想象是翅膀，生活是基础

我们要根据动物的特点来编写故事、安排角色，比如在《猴子蒸糕》的故事中，小狗的角色我们就不能用老黄牛来代替，因为老黄牛是勤劳的象征。就如在《喜羊羊与灰太狼》的故事中，我们可以写灰太狼时时刻刻惦记着捉羊，却不能写灰太狼时刻刻惦记着捉老虎，也不能写喜羊羊时时刻刻惦记着吃狼。

4. 想象的中心思想要正确、健康

在《猴子蒸糕》中,我们不能赞扬"小狗很聪明,知道如何偷懒不做事,想吃东西的时候又装出一副可怜的样子"。

5. 将《猴子蒸糕》改写成一篇童话故事

猴 子 蒸 糕

有一天,猴子得到一袋米,他就去请小狗来和他一起磨米,请了几趟也请不到,猴子叹了口气,只好自己去磨米。

米磨好了,猴子就要开始蒸粉糕了,他又去请小狗来帮忙蒸糕,请了几趟也请不到,猴子叹了一口气,只好自己来蒸糕。

谁料到,猴子把糕刚蒸好,小狗就来向猴子讨:"猴哥哥,可怜我!我的肚子饿极了。给我吃个饱。"

猴子听了笑一笑,说道:"小狗啊小狗,我开始请你做工,三请四请请你不到,现在吃东西你就来了,嗨嗨,不做工的吃不到,吃不到!"

如果你觉得就这样结尾不好,还可以发挥自己的想象适当延伸一下,比如:

小狗听了,惭愧地低下了头:"猴哥哥,我错了。以后,我们一起做工。"

猴子听了,也说:"知道错了就好,来,我们一起吃糕吧!这么多糕,包你吃个饱!"

6. 练一练

(1) 根据下面的歌词,写一篇童话故事。

看谁懂礼貌

山羊公公年纪老,
雪白的胡子飘呀飘,
走一步,摇三摇,
拄着拐棍想过桥。

有只小黑兔,看呀看见了。
不理不睬向前跑。
哎呀,山羊公公摔倒了,
他在一旁拍手笑。

不好！不好！哎呀！真不好！
小河气得哗哗叫，
小树把头摇。
小黑兔呀小黑兔呀，真糟糕，
你怎么这样没礼貌？
这样没礼貌！

山羊公公年纪老，
雪白的胡子飘呀飘，
走一步，摇三摇，
拄着拐棍想过桥。

有只小白兔，看呀看见了。
"山羊公公，您好。"
向前问声好，
扶着山羊慢慢走，
一步一步过了桥。
真好！真正好！真正好！
小树点头把他夸，
小河哈哈笑。
小白兔呀小白兔真是好，
从小就懂礼貌懂礼貌，
从小懂礼貌。

参考答案：

看谁懂礼貌

　　有一位山羊公公，年纪老了，雪白的胡子在风中飘呀飘呀，走一步，还摇三摇。这天，他拄着拐棍想过桥。

　　有一只小黑兔，看见了山羊公公，可他不理不睬向前跑。"哎呀！"山羊公公忽然摔倒了。小黑兔看见了，在一旁拍手笑："哈哈，哈哈……"

　　小黑兔的表现真不好！小河气得哗哗直叫，小树也气得把头直摇。小黑兔呀小黑兔呀，你可真糟糕！你怎么可以这样没礼貌？

　　山羊公公爬起来继续走，这时，来了一只小白兔，他见到山羊公公，连忙就打招呼:"山羊公公,您好。"并且走上前,扶着山羊公公,慢慢地,慢慢地,一步一步地走过了桥。山羊公公高兴地说:"谢谢你,小白兔。"

小白兔的表现真正好!小树点点头把他夸,小河也乐得哈哈笑。小白兔呀小白兔,你真是好,从小就懂礼貌,懂礼貌!

(2)把歌曲《小猪胖胖》改写成一篇童话故事。

小 猪 胖 胖

小猪胖胖,
盖座新房,
不要屋顶,
明亮又宽敞。

躺在床上数星星
唱着小曲儿赏月亮。
住着新房真高兴,
感觉就是不一样。

晚上大雨哗哗下,
新房变成大澡堂。
胖胖洗个冷水澡,
呼噜呼噜进梦乡。

冬天北风呼呼响。
新房变成大冰箱,
胖胖冻得转圈圈,
一头撞在南墙上。
咚叭咚叭,
哎哟哟,哎哟哟,
遭了秧的猪胖胖。

参考答案:

小 猪 胖 胖

有个小猪,名叫胖胖,他盖了一座新房,可是却没有屋顶,为什么呢？因为他觉得这样的房子更明亮、更宽敞。

没有屋顶的新房真好！胖胖每天晚上躺在床上，唱着小曲儿，数星星，赏月亮，感觉还真是不一样。

晚上，忽然下起了大雨，"哗哗"，"哗哗"……新房变成了大澡堂。胖胖顺便洗了个冷水澡，然后"呼噜呼噜"进入了梦乡。

冬天，北风"呼呼"地刮着，胖胖的新房变成了一个大冰箱，胖胖冻得直转圈圈，一不小心，就一头撞在了南墙上。

哎呀！遭了殃的小猪胖胖呀！谁叫你当初不多为以后想想呢？

【教案25】

让童话代替我们说话——自力更生写童话

教学目标

使学生进一步了解如何编写童话，感受童话给我们带来的快乐，并进行真、善、美的教育。

教学重点

如何为一个"思想"设计合适的人物和情节，并写成一篇童话。

教学难点

如何为一个"思想"设计合适的人物和情节。

教学准备

歌曲《喜羊羊与灰太狼》及相关范文几篇。

教学过程

一、导入新课

"喜羊羊，美羊羊，懒羊羊，沸羊羊，慢羊羊，软绵绵，红太狼，灰太狼。别看我只是一只羊，绿草因为我变得更香，天空因为我变得更蓝，白云因为我变得柔软。别看我只是一只羊，羊儿的聪明难以想象，天再高心情一样奔放，每天都追赶太阳……"

　　《喜羊羊与灰太狼》是大家最喜欢的童话故事了，童话使我们的生活变得更美好。今天我们也来学学如何写童话，说不定我们也能写出像《喜羊羊与灰太狼》一样精彩的童话故事呢？即使现在写不了那么好，总有一天也会写得很好的。

二、习作要求

　　自己选择几种动物，或者几件物品，以他们为主人公，想象一下，他们之间可能会发生一些什么事，编成一个故事写下来。

三、如何写童话？

1. 回忆学过的童话

　　《巨人的花园》告诉我们，快乐要与大家分享，才能保持永久的魅力。但我有一个问题，你觉得，是作家王尔德想到巨人有一个花园，然后才想到要告诉大家这样一个道理？还是作家王尔德忽然悟到或者想要告诉大家"快乐要和大家分享"的道理，然后就编了这个故事呢？

　　一般来说，童话故事都是作家悟到或想告诉大家一个道理，然后才编了一个故事。如果是真实的事情，可能是人们从这些事情中悟出了什么道理然后又写出来的，但是，这些虚构的故事往往是作者根据自己思想表达的需要虚构出来的。

　　所以，我们要写一篇童话，先要想清楚自己想用这个童话表达什么样的思想，然后再去为这个"思想"寻找合适的"故事"。

2. 学写童话故事

　　想好了要表达的思想，要写一篇童话故事就容易了。

　　如果你想告诉大家"只有共患难的才是真正的朋友"，那么你就可以围绕"患难时的朋友"编故事，怎么编呢？既然是朋友，那最少要有两个人物，比如小狗与小兔、小羊与小牛。而且，最好还能用一个不能共患难的朋友做对比，比如小鸭、乌龟。

　　想好了人物后，你还要想想是什么"难"？什么样的"难"才能突出这两个朋友不同的态度？你最好是设计那种可以选择的"难"，比如敌人来了。想好了主要的内容后，再把一部分一部分地写具体，这样，一篇童话就写成了。

真正的朋友

　　小兔白白有两个好朋友，一个是小狗汪汪，一个是小鸭嘎嘎。

他们三个常常在一起唱歌、跳舞和玩耍。白白快乐的时候，汪汪和嘎嘎会和他一起分享；白白不开心的时候，汪汪和嘎嘎就会安慰他，逗他开心。谁有了好吃的，也绝不会一个人吃，而是大家一块吃。

有一天，他们三个好朋友在草地上玩，忽然来了一只狐狸。狐狸首先抓住了白白，鲜红的血从白白的毛上不停地流下来。见此情景，嘎嘎吓得瑟瑟发抖，趁着狐狸还没注意到自己，连忙悄悄从草丛后逃走了。汪汪看见了，连忙大吼一声冲了上去："放了我的朋友！"狐狸回过头来，说："狗先生，我不惹你也就算了，咱们井水不犯河水，你也别管我的事。"汪汪见狐狸不听劝告，就与狐狸搏斗，他奋力和狐狸撕打着，那架势就像一只小狮子，最后，狐狸终于被打跑了，汪汪自己也受了伤。

白白一边帮汪汪包扎伤口，一边说："你是我真正的朋友！"

如果你想告诉大家"只有自己创造，才有用不完的财富"，你就可以写谁自己创造了什么财富，永远都用不完，当然，为了突出主题，你最好也设计一个自己不创造财富、坐吃山空的角色。我们曾经学过《小白兔和小灰兔》，你可以模仿那篇童话写一篇类似的，不过要把人物换一换，细节最好也换一换。

小白与小黑

猫妈妈有两个孩子，哥哥叫小白，弟弟叫小黑。

孩子一天天长大了，猫妈妈让孩子学着捉老鼠。小白乖乖地学，小黑却只顾玩。

后来，猫妈妈因病去世了。

猫妈妈死后，小白每天辛苦地捉老鼠，还劝弟弟和自己一起学着捉老鼠，可小黑就是不听，每天只顾玩耍，心里以为"反正哥哥捉了老鼠我就可以问他要"。

一天，小黑被一只狗追得迷了路，找不到回家的路了，可是，它又不知道怎么捉老鼠，几天之后，就饿死在荒野了。

等焦急的小白终于找到小黑的时候，小黑已经只剩下一具快要腐烂的身体了，小白看着弟弟的尸体，伤心地说："谁让你不认真学本领呢？"

如果你想告诉大家"投机取巧终究是会被人发现的，只有诚实才是最美的"，你就可以选取一个投机取巧的人物，最好还能用一个诚实的人物做对比，再想想，用一件什么样的事情表现人物的投机取巧比较好？

小白兔与小山羊

放学的时候,老黄牛老师让小白兔和小山羊一起扫地。

小山羊认真地扫着,小白兔则老是偷懒。忽然,小白兔远远看见老黄牛老师来了,就连忙拿起扫帚"认真"地扫起来,而这时,小山羊因为扫得实在累了,就伸直腰休息了一小会儿。老黄牛老师进来表扬了小白兔,然后走了。

小白兔得意地坐在座位上休息,还冲着又在扫地的小山羊说:"快扫快扫!傻瓜!"

过了一会儿,老黄牛老师又出现在他们眼前,说:"我刚才一直躲在那边看着呢。'勤劳'的小白兔同志!"

小白兔不好意思地低下了头:"老师,我错了。"

如果你想告诉大家"心灵美才是真的美",你就可以选择一个心灵美的人物,最好再用一个外表美但心灵不美的人物做对比,并通过具体的事情来表现人物的心灵美。

到底谁美?

小白兔和小灰兔在一起观看"六·一"文艺汇演,小白兔穿着一条漂亮的裙子,小灰兔则穿得很朴素。大家见了小白兔,都说:"小白兔真美!"

忽然,正在吃冰淇淋的狗娃娃不小心摔倒了,冰淇淋落在了小白兔的新裙子上,小白兔生气地踢了狗娃娃一脚,骂道:"你没长眼睛吗?你赔我的新裙子!"

小灰兔连忙扶起狗娃娃,帮他擦干眼泪,又劝小白兔道:"你不要生气了,等我把狗娃娃送到他妈妈那儿,我就带你到一个地方洗一洗。"

这时,大家都说:"小灰兔真美!"

写人篇

  我们了解一个人,往往是先想了解他长什么样子,但用文字来描写一个人,不同于看照片,往往先要介绍这个人的基本特点,是男是女,高矮胖瘦……所以,进行肖像描写可以说是写人作文的必要组成部分。但是,写人不比写动物、植物,动物有两条腿的,有四条腿的,还有很多腿的;有长毛的,有长鳞片的,有长刺的……植物有针形叶的,有手掌形叶的,有椭圆形叶的;有直立茎的,有匍匐茎的,有缠绕茎的……我们只写这些大的区别,就能把笔下的动植物与其他动植物区分开来。人虽说"千人千面",但大都是"两只眼睛、一个鼻子、两只耳朵、一张嘴",要写出人与人外貌上的区别来可不是容易的事,对小学生来说更是颇有难度。所以,对学生进行专门的肖像描写指导是非常有必要的(详见教案26)。

  写一个人,我们肯定不能只写他的外表,还要了解他的性格特点等。所以,我们还要写写他的爱好和性格特点。但是,一个人的爱好有很多,我们不能胡乱写一通,一定要按照一定的顺序有条不紊地进行描写。怎么告诉学生有条不紊地进行描写呢?我想了一种根据表格内容进行整理的方法。先让学生把表格填好,然后按照表格的记录顺序依次介绍,再进行一定的加工,就是一篇很好的介绍人物的文章了(详见教案27)。教案中讲的是介绍自己,介绍他人的方法也是异曲同工。老师们如果有时间,可以再进行一次根据表格内容介绍他人的作文训练,以起到巩固作用，有利于学生熟能生巧。根据一张表格的内容写成一篇介绍他人的文章的方法与介绍自己的方法相同，这里就不做介绍了。

为了激发学生的学习兴趣，也为了肯定学生的习作成果，我们可以进行一次别开生面的作文讲评活动。教师匿名朗读某个学生的作文后，让其他学生猜一猜作者是谁，并进行统计和奖励（详见教案28）。这样，写得好的学生自然就水落石出了，其他学生也会心悦诚服，写得好的学生也会信心倍增。但不要评谁写得最差，以保护写得不好的学生的自信心不受挫，而且自尊心强的学生肯定能自觉认识到自己的作文水平还有待提高，从而也会产生要努力写好作文的愿望。

写人的文章，可以是单纯介绍性的文字，但是，有情节的文字似乎更受人欢迎，比如更多的人喜欢故事、小说胜过议论文、说明文。所以，写人时，如果能用上一定的事情描写作为辅助，那就是锦上添花了。所以，我们还要告诉学生如何在写人的文章中恰如其分地插进写事，让文章更丰满、更有说服力（详见教案29）。

【教案26】

他长得什么模样——外貌描写比赛

教学目标

使学生学会抓住特点描写人物的外貌。

教学重点

学习描写人物的外貌。

教学难点

如何避免写成千人一面。

教学准备

（1）每个学生带一张自己的照片，或一面稍大的镜子。如果学校的仪容镜够多，也可让学生照着镜子观察。

(2) 教师准备几张有几个人在一起的照片（照片中人物特征的差别要比较大），和几张学生的集体照（还可鼓励学生自己带一些）。

教学过程

一、故事导入

（说明：教师可将歌曲《出嫁》片段："他长得什么模样，有没有一卷长发，和一颗温暖包容的心房。"剪切出来循环播放作为背景音乐。）

有一次，俄国三位作家——高尔基、安德烈耶夫、布宁，在意大利那不勒斯街头相遇，于是，他们一道走进附近一家餐馆。菜还没有端上来之前，他们玩了一个游戏：他们约定，当一位顾客进来时，他们三人一起观察3分钟，然后各人说一句话，描写这个人，看谁说得准确、具体、生动。

没一会儿，一位顾客进来了。他们都开始观察。3分钟一到，他们一个个开始说了。

高尔基说："这是一个面色苍白的人，穿着灰色的西服，长着细长的发红的手⋯⋯"

安德烈耶夫心不在焉，没有看清，支支吾吾地胡编了几句，没有说出什么名堂来。

布宁说出了这个人的服装式样、颜色，描绘了他的身材、姿态，并说："他打的领带是带小白点儿的，脖子上有一块疤痕，他的双手很令人怀疑，手指细长发红，小指甲有些异样——我猜测，他是一个国际骗子。"

刚好侍者来了，他们向他打听那个人的情况。侍者小声说道："这个人呀，不知道哪儿来的，常常在街上诈骗行人的钱财，名声坏得很⋯⋯"

布宁赢了。安德烈耶夫观察浮光掠影，所以说的时候语不成句，空空洞洞；高尔基描绘具体，但布宁描绘得更细致、更生动，而且用入木三分的观察力，做了正确的判断。

多么有趣的描写比赛，我们今天也来开展一次吧！

二、怎样进行外貌描写？

1. 长相描写

在描写人物的长相时，一定要注意抓住人物的长相特点，不说空话。什么是空话呢？

有一次我布置了一篇作文，要求学生写一个自己熟悉的人，写写他的外貌,并通过一两件事写出他的性格特征。作文收上来一看,我发现有很多学生在描写人物外貌的时候写的是"他有两只眼睛,一个鼻子,两只耳朵,一张嘴……"于是,下一次作文课的时候,我走进教室对他们说:"今天我们来玩一个游戏:我来说出我们班一个同学的外貌,你们来猜猜我说的是谁,看谁猜得最快,猜得最准?"学生的兴致一下子高涨了。于是我说:"有一个人,他有两只眼睛,两只耳朵,一个鼻子,一张嘴,他是谁?"学生一下急了:"我们怎么知道?我们班上每个人都有两只眼睛,两只耳朵,一个鼻子,一张嘴呀!"我笑了:"是吗?那我再说:他有两只小眼睛,一笑起来就成了一条缝;他的头发短短的,好像春天刚发芽的小草;他有一张鲜红的嘴巴,嘴角还有一颗小小的椭圆形的黑痣,好像不小心沾上了一粒黑芝麻……"从我说"头发短短的"开始,就有人开始小声猜测,到我说"嘴角有痣"的时候,学生的声音就非常清晰和响亮了:"李××!李××!"我笑了:"那为什么刚开始的时候你们都猜不出来呢?"

为什么学生刚开始猜不出来写的是谁呢?因为"两只眼睛,两只耳朵,一个鼻子,一张嘴巴"之类的话都是空话。为什么说这些话是空话呢?因为除了残疾人,人人都有"两只眼睛,两只耳朵,一个鼻子,一张嘴巴"。我们不可能根据这种空洞的描写猜出写的是谁。

所以,在描写人物的长相时,一定要抓住他的特点来写。比如写眼睛,是大眼睛还是小眼睛?是圆圆的还是细细的?是双眼皮还是单眼皮?是清澈明亮的还是浑浊昏暗的?比如写眉毛,是细细的还是粗粗的?是长长的还是短短的?是浓浓的还是淡淡的?是弯弯如月牙还是直得像个"一"字?比如写一个人的脸,是圆脸?方脸?鹅蛋脸?还是瓜子脸?比如写头发,是短短的还是长长的?如果扎辫子,是"冲天炮"?羊角辫?马尾辫?还是麻花辫?

同时,还要抓住人物长相的独特特点来写,比如他哪个地方有颗黑痣或红痣,哪个地方有个疤痕,耳垂比别人的大等。

这样才能写出人物长相的特点,让他在读者的脑海里有一个完整、鲜明的印象。

2. 服饰描写

要不要写服饰?怎么写?

有一位画家,自认为给人画像最有办法。他常常告诉别人说:给人画像是他的拿手好戏,画谁像谁。他更吹嘘道:"不是吹牛,我画人像是小有名气的。"

一次,一位老人请画家画像。画家满口答应:"可以,可以!"这位老人头戴方巾,身穿长袍,长着大胡子。画家把老人左看看,右看看,等他看了个够之后,就挥笔作画了,不一会儿,就画完了。

画家把画交给老人说:"你看看,怎么样?不信,我们拿到大路上去,请过路的人看看。保证人们都会说很像的。"

老人为了尊重画家的意见,就和画家一起,把画拿到路边请人看。

头一回,碰到一个人,老人就上前问:"您看这幅画哪个地方最像我?"

那个人端详了半天,说:"我看,头上的方巾最像了。"

第二回,又碰见一个人,老人又问:"请您看看,这画的什么地方最像我?"

那人细细对照了好久,说:"这衣服画得最像了。"

第三回,又碰到了一个人。画家亲自上前问道:"请您看看这幅画像不像他,衣服和方巾有人说过了,不必劳您再讲了。您就说说形体怎么样吧,像不像?"

那个人听他这么一说,就反反复复地捉摸着,犹豫了半天,最后肯定地说:"胡须最像!"

故事听完了,你们觉得这位画家画人到底画得像不像呢?

(给学生时间进行讨论。)

方巾像,衣服像,如果另一个人也戴这样的方巾,穿这样的衣服呢?那岂不是也是这个老人了?

所以,给人画像时,服饰不是最重要的。那么,是不是我们在给人画像时,就不必画衣服呢?

当然不是,一是因为不雅观,二是因为服饰也可以展示一个人的性格特点。

写作文不同于画画,不写人物的服饰也不会不雅观,但是,如果有必要,也可以写写他的服饰,因为那有助于展示一个人的性格特点。虽然我们不能"以衣取人",但在一般情况下,我们还是可以根据一个人的服饰推断出一个人大概的身份和性格特点的。

比如:如果我们看到一个人满身名牌但搭配得却不怎么协调,那么,他极有可能是一个没有什么文化修养的暴发户;如果我们看到一个女子衣着朴素,但搭配得有一种自然和谐的美感,那么她可能是一位不怎么富裕却很有修养的女子;如果我们看到一个人全身运动装束,那么他极有可能是一个充满活力的运动爱好者。

因此，适当的时候，我们可以利用服饰描写来辅助我们对人物的肖像描写。比如：写一个女同学很爱美，就可以写她"喜欢扎各种鲜艳的蝴蝶结，喜欢穿漂亮的连衣裙"等；写一个"假小子"女生，就可以写她"穿着一件简单的T恤，一条简单的牛仔裤，一双运动鞋"等。

三、描写自己

1. 写写自己

观察自己的照片（或照镜子），写写自己的模样，看谁写得好，写得最好的学生将有机会将自己的照片张贴在队角里！

2. 教师检查并予以评价

教师检查，适当给予评价，选出写得最好的几个学生。

四、描写他人

1. 写写同学

选择你最想写的一个同学，观察他的外貌，并写出来。写得最好的学生将有机会将自己的习作展示在队角里！

2. 写写其他人

如果不想写同学，也可以从其他照片中选择一个人进行描写。

教师展示一张几个人一起的照片，让一个学生站起来选择照片中的一个人进行描述，不能出现"左边第几个人"之类的话，看谁能抓住特点让大家尽快猜出他描述的到底是照片中的哪一个人。活动的次数由教师根据照片数量和学生的学习兴趣决定。

教师展示集体照一张，请学生从中选择最感兴趣的一个人进行描述，同样不能出现"左边第几个人"之类的话，看谁的描述能尽快让大家知道他描述的到底是照片中的哪一个人。

3. 学生写作，教师巡视指导

教师巡视指导，适当给予评价，选出写得最好的几个学生。

【教案 27】

小小的我——学会根据表格内容写人

教学建议

使用人教版教材的可直接将本节内容用于三年级下册"语文园地三"的作文教学；使用其他版本教材的可将本节内容作为单项作文训练，也可与相应教材中关于写人（最好是写"我"）的习作训练相结合进行。

教学目标

使学生学会通过介绍自己的年龄、外貌、爱好、性格特点等介绍自己，选择合适的角度展示自己的个性。

教学重点

使学生学会按照表格的记录顺序介绍自己。

教学难点

如何把性格特点等写具体。

教学准备

每个学生准备一张自己的照片。

教学过程

一、导入新课

问大家一个很简单的问题，如果我们班一起照了一张集体照，拿到照片的第一刻，你们第一个会找谁？找黄老师？找你的好伙伴？还是找你自己？不准说假话噢！

"找我！"

非常好！

还有一个问题：

你一般看哪个频道的电视节目呢？

"儿童频道。"

但是，如果有一天，新闻频道的记者采访了你，并且会在当天晚上的新闻中播出，那么，当天晚上，你会看哪个频道呢？

好一个"当然是新闻频道"，为什么呢？就是因为那天晚上的新闻频道里有个人是"我"。

所以，在每个人的心里，"我"都是非常重要的，一个人如果连自己都不爱，那就更不会爱别人了，每个人都爱自己，这是很正常的事。

那么，今天我们就来写一写"我"，如何？

有的同学也许会认为，"我"是一个平凡的小学生，又不是什么大人物，有什么可写的呢？有一首歌叫《小小的我》：

"天地间走来了小小的我，小小的我，不要问我姓什么叫什么，我是山间一滴水，也有生命的浪波，我是地上一棵小草，也有生命的绿色。"

所以，虽然我们只是个小小的我，就如山间的一滴水，但也有自己独特的生命浪波；就如地上一棵小草，但也有生命的绿色。那么，接下来你也来展示一下那个独特的"我"吧！

二、怎么写"我"？

1. 习作要求

在进行口语交际时，同学们都做了自我介绍。这次习作，就请根据自己说的和同学的评价，写一写自己，向别人展示一个真实的你。写完以后再加个题目，如"我给自己画张像"、"这就是我"、"爱哭鼻子的女孩"等。还可以把习作读给了解你的人，听听他们的意见，并认真地改一改。

2. 审题、拟题

题目要求写谁？

"我"。

那么，题目就可以直截了当的是"我"，也可以根据自己的性格特点写成"自信的我"、"活泼的我"、"文静的我"、"调皮的我"，还可以选用习作要求中的题目："我给自己画张像"、"这就是我"；如果你也是个"爱哭鼻子的女孩"，你当然也可以写成"爱哭鼻子的女孩"；或者用我们刚才听的那首歌的名称"小小的我"，或者是"爱管闲事的女孩"、"一个小小男子汉"等。

3. 填表格

写"我"，你可以介绍的东西也许很多，该从哪里写起呢？下面我们就先来填一个表格。

×××的个人资料

1	姓名	
2	性别	
3	年龄	
4	在读学校、年级	
5	身高	（　　）厘米，或者在下面选项后的"□"里打"√"。 (很高□ 比较高□ 不高不矮□ 比较矮□ 特别矮□)
6	体重	（　　）公斤，或者在下面选项后的"□"里打"√"。 (很胖□ 比较胖□ 不胖不瘦□ 比较瘦□ 特别瘦□)
7	长相中最有特点的地方	
8	喜欢的颜色	
9	喜欢的食物	
10	兴趣爱好	
11	最擅长的功课	
12	理想或愿望	
13	自己的性格特点（具体表现在哪些方面，你对自己性格的看法）、自己最有趣的事或最想写的自己的其他事（本项可选填）	

(1) 指导学生填写外貌特点：

注意一定要如实填写，切不可为了写自己好看而把小眼睛写成大眼睛，把有点黑的皮肤写成白白的皮肤，那样写出来的就不是你了！下周的作文课上，老师会要求同学们根据各自的作文猜作者，要是你写得不像你自己，别人可猜不出来哦！

(2) 指导学生填写性格特点：

有些同学也许不知道什么是性格特点，我来举个例子：比如，你是文静的还是活泼的？你是自卑的还是自信的？你是说话轻轻柔柔的还是个"高音喇叭"？你是上课遵守纪律的还是常常插嘴、做小动作的？你是能够安静坐在那儿看书写字的，还是在那儿坐不住的？你的朋友很多还是没有几个朋友？最好还能写写具体表现在哪些方面，比如写自己好动，就可以写"上课坐不了几分钟我就会站起来，为这事我没少挨老师的批评"；写自己自信，就可以写"每次上台表演我都会积极参加"等。还可以写写对自己性格的看法，你是觉得现在这样就挺好的，还是想慢慢改变自己呢？

4. 举例说明

有的同学也许会问，我们是要写作文，填表格有什么用呢？填表格当然是有用的，不信，就来看看下面的表格和文章吧。

李思思的个人资料

1	姓名	李思思
2	性别	女
3	年龄	9
4	在读学校、年级	英才学校三年级
5	身高	117厘米
6	体重	20公斤
7	长相中最有特点的地方	圆脸、右眼下方有一颗黑痣
8	喜欢的颜色	白色、红色
9	喜欢的食物	西瓜、蔬菜、禽类
10	兴趣爱好	弹钢琴、唱歌
11	最擅长的功课	音乐
12	理想或愿望	当一个歌唱家
13	自己的性格特点（具体表现在哪些方面，你对自己性格的看法）、自己最有趣的事或最想写的自己的其他事（本项可选填）	活泼（喜欢唱唱跳跳，有话就说，不扭扭捏捏，我喜欢自己的性格）

活 泼 的 我

我叫李思思，是个女孩，今年9岁，在英才小学上三年级。

我身高117厘米，体重20公斤，圆圆的脸蛋，右眼下有一颗黑痣。

我喜欢白色和红色，我喜欢吃西瓜、各种蔬菜以及各种禽类食物。课余的时候，我特别喜欢唱歌和弹钢琴，我最擅长的功课是音乐，我长大了想当一名歌唱家。

我的个性比较活泼，喜欢唱唱跳跳，有话就说，不害怕，不扭扭捏捏。我喜欢自己的性格。

这就是我，一个活泼的小女孩，你愿意和我交朋友吗？

5.指导学生写作

李思思同学的那篇文章就是根据表格的内容来写的,所以,表格可以帮助我们把写作的思路整理好,免得写作时东一句、西一句。下面我们就学李思思同学,按照表格的记录顺序介绍一下自己吧:

首先,我们来看看李思思同学在第一个自然段写了些什么:自己的姓名、性别、年龄和在读学校、年级。

你也可以将自己的姓名、性别、年龄、在读学校、年级作为一个独立段,放在文章的开头。这样,读者看了开头后就会对你的情况有一个基本的了解。

我叫( ),是个( )孩,今年( )岁,在( )学校上( )年级。

还要注意,一定要将表格里面的话变成我们日常说话的形式,如李思思同学在作文中就将"姓名:李思思"变成了"我叫李思思",将"性别:女"变成了"是个女孩",将"年龄:9岁"变成了"今年9岁",将"在读学校、年级:英才学校三年级"变成了"在英才学校上三年级"。

其次,我们来看看李思思同学在第二个自然段写了些什么:表格中的第5、6、7项,即"我"的外貌特征——高矮胖瘦,明显的特征等。我们也可以将这部分内容作为一个自然段,这样读者就会对"我"有更具体的印象了。

再次,我们来看看李思思同学在第三个自然段写了些什么:表格中的第8、9、10、11、12项,即"我"的喜好、愿望等。

然后,我们来看看李思思同学在第四个自然段写了些什么:自己的个性特点,一些具体的表现,以及自己对自己性格的看法。

最后,我们来看看李思思同学在文章的结尾写了些什么:概括了自己的性格特点,并且提出问题:"你想和我做朋友吗?"我们也可以这样写:"这就是我,一个( )的( )孩,你想和我做朋友吗?"

三、给写"我"的文章"美容"

下面我们来看看李思思同学那篇文章"美容"后的新面目吧:

活 泼 的 我

我叫李思思,看了这个名字,你应该就会知道我是个女孩了。我今年9岁,在英才小学上三年级。

我身高117厘米,体重20公斤,圆圆的脸蛋,右眼下有一颗黑痣,有人说是什么'流泪痣',我才不信呢!我一天到晚笑眯眯的,才不管它是什么痣呢!

我喜欢白色和红色,我的衣服、鞋袜、文具,不是白的就是红的,不是红的就是白的。我喜欢吃西瓜、各种蔬菜以及各种禽类食物。课余的时候,我特别喜欢唱歌和弹钢琴,每次学校或班级有什么文娱活动,我都会去报名唱上一首,有时候还一边弹钢琴一边唱歌呢。我最擅长的功课是音乐,我长大了想当一名歌唱家。

我的个性比较活泼,喜欢唱唱跳跳,有话就说,不害怕,不扭扭捏捏。我喜欢自己的性格。

这就是我,一个活泼的小女孩,你愿意和我交朋友吗?

对照"美容"前的文章,看看李思思同学在上面这篇文章中都增加了什么内容:

第一段增加了"看了这个名字,你应该就会知道我是个女孩了。"有的名字是具有性别特征的,让人一看就知道是男孩还是女孩,你的名字有没有性别特征呢?如果有,你也可以这样写:"看了这个名字,你应该就会知道我是个男(女)孩。"

第二段增加了"有人说是什么'流泪痣',我才不信呢!我一天到晚笑眯眯的,才不管它是什么痣呢!"那么,你的外貌特征中有没有人看了后有什么说法的?比如有人说眉毛浓的人就脾气大,你觉得呢?有人说嘴角的痣是"好吃痣",你觉得呢?

第三段增加了"我的衣服、鞋袜、文具,不是白的就是红的,不是红的就是白的。"你的爱好体现在哪些方面呢?是不是你的衣服、鞋袜、文具的颜色也大都是你喜欢的那种颜色呢?

第四段增加了"每次学校或班级有什么文娱活动,我都会去报名唱上一首,有时候还一边弹钢琴一边唱歌呢。"你是不是也会积极参加你喜欢的活动呢?

下面就按照刚才的提示给自己的作文美美容吧!

范例:

活 泼 的 我

大大的眼睛,高高的鼻梁,小小的嘴巴,总是带着微笑,这就是我,××,一个活泼的女孩。

我喜欢唱歌,有一次我参加了市里的歌唱比赛,还得了一等奖呢。

我也喜欢跳舞，每年儿童节庆祝活动，我都会在学校表演舞蹈。

我还喜欢写作文，每次作文老师都给我画很多波浪线，有时还把我的作文读给同学们听。

我有个缺点，上课的时候喜欢插嘴，因为我总是有太多的意见想说出来，就常常忘记了要先举手，我决定要慢慢改正这个缺点。

同学们，这就是我，你想和我交朋友吗？

自 信 的 我

虽然亲友们都说我长得很漂亮，但我知道那是因为他们爱我，我知道自己长得不是特别出众，但这并不影响我的自信。

读一年级的时候，我几乎每次考试都是100分，有一次因为忘了一个括号，数学只考了95分，我伤心得不得了，从那以后，我每次做完题目都要检查一下，后来就再也没有因为粗心丢过分数了。

玩游戏，我也非常自信，我觉得只要自己多动脑筋、努力练习，没有什么游戏难得倒我。

这就是我，自信的我。

热爱劳动的我

我个子高高的，身体壮壮的，皮肤有点黑，虽然不像有些白白的同学那么帅，但奶奶一直夸我身体棒，很少感冒。

我上课时遵守纪律，作业也按时完成，可不知道为什么学习成绩总赶不上人家。但是，我特别热爱劳动，每次大扫除的时候，我不怕脏，不怕累，好像总有使不完的力气，老师也经常表扬我劳动积极，还评我为"劳动之星"呢。

这就是我，身体棒棒、热爱劳动的我，你喜欢这样的我吗？

调 皮 的 我

我吧，长得不算太丑也不算太帅，成绩不算太好也不算太坏，但是，要说起调皮，我们班肯定数我第一。

在学校，我不是没事拿钢笔在别人的书上乱画几下，就是把这个同学的文具盒藏到那个同学的书包里，有时还会悄悄把我的钢笔挂在前边女生无意落到我课桌上的长头发上……为这些，我没少挨老师的批评，但也许是老师太温和，也许是我生性太调皮，这个毛病我始终改不了，常常好了两天又"旧病复发"了。

但是，你放心，我不会做那些真正伤害人的坏事，我就是有点喜欢开玩笑。你会喜欢这个调皮的我吗？

文 静 的 我

我叫×××，今年9岁，是一个文静的女孩。

我喜欢看书，就是出去走亲戚，我也会随身带一本书。即使是玩，我也喜欢玩一些不太激烈的游戏，几个人唱唱歌、猜猜谜、跳跳绳什么的，我不喜欢去追追跑跑，也不像有的女孩一样，一害怕就高声尖叫，有点什么事情就"哇哇"大哭，所以，老师每次给我打评语，都说我是我们班最文静的女孩。

你喜欢这个文静的我吗？想和我做朋友吗？我可非常喜欢交朋友哦！

【教案28】

活动："猜猜我是谁"——《我》的作文讲评

活动建议

此次活动安排在上节《小小的我》作文训练之后。

活动目标

通过猜作文的作者，激发学生的写作兴趣。

课时安排

根据班级人数灵活安排，一课时或两课时。

活动过程

一、歌曲片段导入

（唱）"我悄悄地蒙上你的眼睛，让你猜猜我是谁，从Mary到Sunny和I'm sorry，就是不喊我的名字。"今天，我们就来玩一个游戏，游戏的名字叫做"猜猜我是谁"。

二、活动步骤

1. **分发表格**（表格具体数量根据班级情况而定）

作文序号	我猜是	实际是	作文序号	我猜是	实际是
1			31		
2			32		
3			33		
4			34		
5			35		
6			36		
7			37		
8			38		
9			39		
10			40		
11			41		
12			42		
13			43		
14			44		
15			45		
16			46		
17			47		
18			48		
19			49		
20			50		
21			51		
22			52		
23			53		
24			54		
25			55		
26			56		
27			57		
28			58		
29			59		
30			60		

2. **教师讲解活动规则**

(1) 教师将上次学生写的作文一篇一篇地读出来，但隐去作者的姓名。

(2) 学生根据作文的内容猜作者的姓名，并将猜到的答案写在表格相应的位置。

(3) 教师全部读完后，请学生与同桌交换各自的表格。

(4) 教师宣布每篇作文的作者，学生互相检查对方猜对了几个。

(5) 教师将表格收上来，看谁的作文被人猜中得最多，评选他为"最佳作家"，说明他真正写出了自己的特点，同时看看谁猜对的次数最多，对他的分析判断能力给予表扬。

3. 教师读作文，学生猜作者

教师逐篇读学生的作文，注意不要把作者姓名和文中涉及的好伙伴的姓名读出来。学生根据作文猜作者，并填写在表格里。

4. 核对答案

交互评定答案，猜中的，在"实际是"一栏打"√"，没猜中的，就在"实际是"一栏写上正确的姓名。

5. 看谁猜对的最多，评出"火眼金睛"奖。

6. 统计出谁写的作文被猜中的最多，评出"最佳作家"几名。

【教案29】

那人，那事——如何为人写事

教学目标

使学生懂得写人文章中也要写事，掌握写人文章中如何写事。

教学重点

使学生掌握写人文章中如何写事。

教学难点

如何为写人物的性格特点而写事。

教学准备

供展示的习题及范例（小黑板或课件）。

课时安排

两课时。

写 人 篇

教学过程

第一课时

一、歌曲导入

（唱）"老张开车去东北，撞了；肇事司机耍流氓，跑了；多亏一个东北人，送到医院缝五针，好了……"

如果我说："有一个东北人，他真是个活雷锋。"人们也许不会相信："你凭什么说他是个活雷锋？"如果我再告诉你，有一次，一个人在街上被车撞了，而肇事者却逃跑了，是这个东北人将这个陌生人送到了医院。有事实为证，人们就容易相信了。

二、写人文章中为何要写事？

我们在写某个人具有什么特点或品质时，为了让大家相信他真的是一个那样的人，这时，最好的方法就是举一两个事例来说明。

我说他非常勇敢，你不相信，于是我就举例说：某年某月某日，当一头牛忽然发怒冲向一个小孩时，是他勇敢地上前去拉开了牛，救出了孩子。这下，你就会相信了吧！

我说有个人特别大度，你也不相信，于是我就举例说：某年某月某日，一个老爷爷的三轮车把他新买的好几十万的汽车撞掉好大一块漆，他不但没有责怪老爷爷，还连忙安慰老爷爷。这下，你就会相信了吧！

所以，当我们要告诉其他人某个人具有什么样的品质时，只说是什么样的品质别人是不会相信的，即使相信，印象也不会深刻。但如果我们能举一两个事实来说明，别人就会相信了。

不仅如此，有很多公司在招聘员工时，为测试出应聘人确实具有某种品质，他们也会用具体的事实来测试：

有一个公司，想招一名会计。大家知道，会计是管钱的，管钱的人，老板当然希望他足够诚实。可是，怎么才能知道一个人诚实不诚实呢？老板在面试的时候问道："我们公司非常讲究干净，请问，刚才你进门的时候，有没有在门口的擦鞋垫上把鞋擦干净？"这个应聘的人回答："擦了。"于是老板遗憾地说："对不起，我们的公司门口并没有擦鞋垫。"

诚实不诚实，通过一件很小的事情就能测试出来。

一个公司用了很多清洁工都不满意，因为他们总是当着老板就认真干活，老板不在就偷工减料，所以，老板就想高薪聘请一名敬业的清洁工。高薪吸引了很多人来应聘,其中甚至不乏大学生、研究生,但公司最后选用的是一位非常普通的农村妇女,为什么呢?因为只有她非常自然地拿起倒在地上的扫帚,并把走廊上的垃圾扫了起来——这一切,其实是公司有意安排的,而当时,走廊上除了她,没有其他任何人,老板是通过早就安装的摄像头看到这一切的。

所以,一个人的品质,不是说出来的,而是通过一定的事情表现出来的。

三、写人文章中如何写事?

写人文章中需要写事,但是,写人文章中的事必须是围绕人来写的,尤其是要围绕我们要表现的他的某方面的品质来写。不能要求写"一个乐于助人的人",我们却写了一件他刻苦学习的事,也不能在写"一个刻苦学习的同学"时却写他乐于助人的事。

请为下面的文章选择合适的事。

(1)《一个有趣的人》:

①他在放学路上捡到二十块钱,第二天到学校交给了老师。

②他悄悄帮同学修好了课桌。

③大家正在洗漱间洗脸,他说:"明天为云南旱灾捐款,我就不捐钱了,捐几个水龙头算了。"旁边的人奇怪地问他:"你捐这个干什么啊?"他说:"这东西好啊!往墙上一装,自个儿就冒水,不比捐钱好得多吗?"逗得我们哈哈大笑。

(2)《我敬佩的一个人》:

①他天天送他儿子上幼儿园。

②他经常帮助邻居王奶奶做家务,还掏钱给王奶奶治病。

③有一次,他捡了很多田螺,好厉害啊!

四、学生习作

《一个_____的人》

注意:先介绍一下人物的年龄、外貌等特点,然后用一两件事突出人物某方面的品质特点。

第二课时

一、歌曲导入

播放歌曲《学习雷锋好榜样》。

一个人不可能只有一个特点，在《学习雷锋好榜样》中，就讲到了雷锋的很多优点："忠于革命忠于党"，"爱憎分明不忘本"，"艰苦朴素永不忘"等。那么，在写作文时，我们如何同时写一个人的几个特点呢？

二、过渡语的运用

其实，同时写一个人的几个特点很简单，我们可以为每个特点都写上一两件事来详细说明该特点，不过，中间最好用上一定的过渡语。

什么是过渡语？过渡语就是说完一个问题转向说另外一个问题时使用的表示衔接的话，比如老师上课时经常说的"刚才我们学习了……，下面我们来学习……"就是过渡语。

过渡语最好的运用方法就是用上一定的关联词：

比如，你刚向大家介绍了小红是个刻苦学习的同学，你还想告诉大家她还是一个乐于助人的同学，那么你就可以说：

小红不仅是个刻苦学习的人，还是一个乐于助人的人。

然后接下来，你就该写关于小红乐于助人的事了。

有时候，我们也可以省去前面一部分不说，而直接说：

不仅如此，她还是一个乐于助人的人。

你也来试试吧：

前面我写了小军特别聪明，后面我想写小军非常善良，请你帮忙写一个过渡语。

三、运用过渡语串联人物的特点

同时写一个人的几个特点，还是一种写作时"偷懒"的方法。因为，当你在写一个人，题目又没有规定只能写一个特点时，比如"我的同桌"、"我的老师"、"我的爸爸"等作文题目，如果你只写人物的一个特点还达不到作文要求的篇幅，那么你就可以用上过渡语进行"多方面描写"了。比如你在写《我的爸爸》时，本来只写了爸爸非常关心你，但写着写着没那么多事情可写了，你就可以笔锋一转："不仅如此，爸爸教育我的时候还挺有方法。"接下来，你就自然可以写爸爸是如何教育你的了。

我 的 爸 爸

我的爸爸个子高高大大的，皮肤比别人要黑许多，我常常嘲笑他是"非洲友人"，他也从不生气。

爸爸非常关心我。有一次，我上学的时候，太阳公公正在上班，我就没带雨伞。可到了下午，太阳公公却早退了，雨婆婆来值班了。放学的时候，我想：妈妈出差了，还不知道我粗心的老爸会不会来接我。正想着，就听到爸爸在叫我。爸爸这么早就来了，我高兴地跑到爸爸那儿，爸爸撑开手中的另一把雨伞，然后我们就一起回家了。可是，因为雨实在太大，又刮着大风，爸爸和我的衣服还是被淋湿了一些。为了防止我感冒，爸爸急忙把电热水器插上，"伺候"我洗头洗澡，可爸爸自己却穿着那身被淋湿的衣服不停地忙碌着。等我洗完澡，爸爸又拿电吹风给我吹头发，心细的程度，和妈妈一丝不差。

不仅如此，爸爸教育我的时候还挺有方法，可不是像有些爸爸那样吹胡子瞪眼睛的。

那天，我一边看着《喜羊羊与灰太狼》一边做作业，爸爸看见了，叫我不要边看电视边做作业，说那样注意力不集中，会做错的。我说："没事的，题目很容易。"爸爸听了，就没有再说什么。

等我做完了作业，爸爸让我把作业拿给他看。没想到那么容易的题目我却做错了好几道，我想这下爸爸有得说了，可爸爸只是笑着对我说："咱们玩个游戏吧！"

"什么游戏？"

爸爸拿过两只笔递给我："左手画圆，右手画方，同时进行。"

我说："好办！"于是就画了起来。

可是事情并不像我想象得那么简单，有时候圆倒画得圆了，可方却画成了半圆；有时候不是画方画不了圆，就是画圆画不了方；有时候干脆把两个画得都是四不像。

爸爸看着我着急的样子，学着电视里那种老和尚的语气说："这就叫——心—不—能—二—用—！苦海无边，回头是岸！阿弥陀佛！"

我不好意思地笑了，关上了电视，重新认真地写起作业来。从那以后，我再也不边看电视边做作业了。

我爱我的爸爸，既爱我又很有方法的爸爸！

四、学生习作

选择你感兴趣的人物写一写，注意最少要写出人物的两个特点，还要用上合适的过渡语。

写景篇

写景,主要靠的是观察和联想,我们可以一步一步来,让学生先从观察开始。观察也要从小范围开始,从观察一个小的点开始。这样,学生比较容易接受,才会收到较好的教学效果。因为让学生观察室外实物时纪律较难维持,而且不好向学生逐一讲解,所以,我们可以在教室里利用图片让学生学会观察(详见教案30)。

学生在开始学习观察时,可能容易"词穷",但是,团结就是力量,我们可以给学生分组,让一组学生一起观察图片,然后把一组学生想到的句子综合起来,整理修缮(详见教案31)。

学生观察完图片后,我们可以让学生实践一下,根据图片写一个季节的景色(详见教案32)。

掌握了写景的基本知识后,我们可以再教学生掌握一些写景的技巧,如动静结合(详见教案33)。

使用动静结合的方式写景时,常常需要运用一些象声词,这样可以让文章具有一种音乐美(详见教案34)。

要把景物写得美,除了客观描写景物外,还可以充分发挥人的想象力进行延伸描写,所以,我们还应该对学生进行如何展开想象的训练(详见教案35)。

景物的美是人通过感觉感知到的,因此,在指导学生描写景物的美时，还应该教会他们通过描写自己的感受来表现景物的美（详见教案36）。

要展开想象，难免就要运用各种修辞手法，所以，我们还应该对学生进行专门的修辞手法训练，用趣味的方法教给学生如何灵活使用修辞手法。最常见的修辞手法是比喻和拟人，对这两种使用较多的修辞手法，我们应该对学生多加训练（详见教案37和教案38）。

运用好修辞手法往往需要有丰富的想象力，为训练学生具有丰富的想象力，我们可以运用古诗词。古时候写景的诗词特别多，我们可以让学生由景色直接联想到古诗词，也可以将古诗词"改头换面"融入到自己写的作文当中，"古为今用"（详见教案39）。

"画上写景"有利于教学，但也有它的局限性，所以，我们最好能让学生进行实地观察后再写景，而实地观察的最好的对象莫过于家乡的景色了。写家乡的景色，可以写某一个特定季节的景色，也可以把家乡四季的景色都写上，这也就要求教师要教会学生如何写特定季节的景色及按照季节顺序描写家乡的美景（详见教案40）。

对于这次作文的讲评，教师可以组织一次以"在希望的田野上"为主题的活动，既是作文讲评，又是朗诵比赛，这样，更能激发学生的写作兴趣（详见教案41）。

除了观察家乡的景物，教师还可以鼓励学生平时多留意见到的美景，然后把它们记下来，看谁发现的景物最美丽。鼓励学生写下来，既可以锻炼学生的写作能力，又可以培养学生良好的审美情操，使学生具备健康向上的心态，懂得珍惜大自然赐给我们的一切美景（详见教案42）。

为了鼓励学生，也为了更公平地评价学生，我们可以让学生把自己写的景色画下来，然后再让其他学生把他写的景色画下来，对照两人画的景色是否一致。如果有些地方两个人画得不一致，可能是作者没有交代清楚，教师可以指导学生对需要修改的地方适当修改一下（详见教案43）。

【教案 30】

先写树木再写林——如何观察一个"点"

教学目标

使学生学会具体地描写一处景物。

教学重点

如何描写一小处景物。

教学难点

如何将一小处景物写具体。

教学准备

供展示的图片。

教学过程

一、导入新课

人们常常反对"只见树木，不见森林"。但在学习写作方法时，我们却可以反其道而行之，只写"树木"而不写"森林"。因为，森林本就是由一棵棵树木构成的，把一棵棵树木写好了，美丽的森林自然就呈现在我们面前了。所以，我们要先学会写"树木"，就像我们先学造句再学作文一样。观察，就从一个小的"点"开始，从写单个的"树木"开始。

二、举例说明

1. 观察右边这朵牵牛花，然后把它写下来

诀窍一：尽可能从多方面描写，颜色、形状、数量、位置等。

由于学生的写作水平还有限，

很难就某个方面写得非常详细生动，那就不妨多写几个方面。这个方面写几句，那个方面写几句，文章不就丰满了吗？

诀窍二：尽可能地展开联想。

写景物，如果只是客观描写感受，所写的东西往往是有限的，但是，如果能加上自己的想象，那发挥的空间就大了。因为想象本就是世界上最自由的东西。

诀窍三：注入感情。

我们平时所写的景物，本身是没有感情色彩的，但是，我们可以根据需要赋予它们一定的感情色彩。就如月亮，它本身是没有感情的，但是，在人们眼里，它有时代表思念故乡的感情："举头望明月，低头思故乡。"有时让人感叹世间的悲欢离合："月有阴晴圆缺，人有悲欢离合，此事古难全。"有时代表真挚的爱情："你问我爱你有多深，我爱你有几分，我的情也真，我的爱也真，月亮代表我的心。"有时代表母爱："月亮船呀月亮船，载着妈妈的歌谣，飘进了我的摇篮，淡淡清辉盈盈照。"……正因为月亮可以成为人们各种感情的寄托，它才有了如此深远的影响力，这就是我们给景物注入自己的感情而产生的特殊效应。

从另一个角度来说，人的感情是抽象的、虚无缥缈的，表现感情的词语也多是比较笼统、没有个性的，所以，文人常常将自己的感情寄托在一个景物上，融情入景，这样，虚无的感情有了依托，就变得具体、生动、个性化了。

所以，写景离不开写情，写情也常常离不开写景，这就是人们常说的"情景交融"。

这是一朵紫色的牵牛花，它的形状就像一个小喇叭，难怪它也叫"喇叭花"。它的上面像裙子一样展开的部分是紫色的，下面像圆筒一样的部分是白色的，四片绿色的花萼围在下边圆筒部分的周围，像是忠实的保镖。看着那紫色的牵牛花，我真想把自己变小、再变小，然后摘一朵牵牛花做连衣裙，穿上它去参加舞会，那样，我一定会是最夺目的一个。

2. 观察左边这朵白荷，然后把它写下来

如何写这朵白荷呢？

我们可以从里到外写:先写花蕊以及上面的蜜蜂,再写花瓣,最后写周围的荷叶。

我们也可以从外到里写:先写周围的荷叶,再写花瓣,最后写花蕊及上面的蜜蜂。

下面以从里到外写为例说明。

(1) 先写花蕊:

花蕊是什么颜色的?

花蕊的形状是怎样的?

花蕊的整体排列是怎样的?这样的排列方式和我们的什么游戏比较相像?

花蕊的上面有什么?

上面的蜜蜂说明了什么?

回答了上面的问题之后,我们可以得出下面的结论:

一根根粉黄的、像火柴棒一样的花蕊,围成一个小小的圆圈站在白荷的中间,像一群正在跳圆圈舞的孩子。瞧,两只蜜蜂也被它们的快乐吸引来了。

(2) 再来写花瓣:

花瓣是什么颜色的?

白色。

白色有很多种,"雪白"、"洁白",还是其他的白色?

花瓣的形状像什么?

像一只只小船,又像一个个并拢的手掌。那它像谁的手掌呢?——我们在前面说过花蕊像一群跳圆圈舞的孩子,那包在花蕊外边的手掌应该是谁的呢?是谁一心想保护这些孩子呢?妈妈?对,一定是妈妈!而且,这样想象,就可以和前面描写花蕊的话连成一个有机的整体了。

一层层洁白的花瓣,像一只只洁白的小船,又像一双双并拢的手掌,它们像妈妈的手掌一样,包围着、保护着那群娇嫩的"孩子"。

(3) 最后写周围的荷叶:

荷叶是什么颜色的?

它们是不是也想和白荷争艳呢?

一片片深绿的荷叶,在那美丽的荷花旁边,悄无声息地站立着,像一个个保镖,沉默而尽职。

综上,把描写花蕊、花瓣、荷叶的三句话放在一起,再用上适当的连接词，一段描写白荷的话就写成了：

　　一根根粉黄的、像火柴棒一样的花蕊，围成一个小小的圆圈站在白荷的中间，像一群正在跳圆圈舞的孩子。瞧，两只蜜蜂也被它们的快乐吸引来了。一层层洁白的花瓣，像一只只洁白的小船，又像一双双并拢的手掌，它们像妈妈的手掌一样，包围着、保护着那群娇嫩的"孩子"。那一片片深绿的荷叶，则在那美丽的荷花旁边，悄无声息地站立着，像一个个保镖，沉默而尽职，它们多么像那些守卫着我们祖国边防的哨兵啊！

三、练一练

　　观察下面这幅图片，充分展开想象，写一篇写景的作文，注意运用由点连成面的写作方法，把景物写具体、生动。

【教案31】

活动：团结就是力量——分组观察图片并综合成一段文字

活动目标

（1）使学生学会按照一定的顺序观察图片或景物。

（2）使学生学会团结合作、博采众长，吸收别人的长处。

活动准备

图片若干，小黑板或课件1、2。

活动过程

一、歌曲导入

"团结就是力量,团结就是力量。这力量是铁,这力量是钢。比铁还硬,比钢还强。向着法西斯地开火,让一切不民主的制度死亡!向着太阳,向着自由,向着新中国,发出万丈光芒!"(歌曲《团结就是力量》)

"团结就是力量",在写作时也是如此,我们刚学写作,看到一处景物也许只能想到一两句话,但是,如果把每位同学的一两句话放到一起,又会怎样呢?

二、活动规则

教师讲解活动规则并示范:

我曾经出示下面这幅图片,让学生写话,收上来后发现,每个人都只写了两三句话。后来,我把学生写的话剔除重复的部分后,板书在了黑板上:

(小黑板或课件1)

> 前面是一块平地,平地上面有很多树木,后面是几座小山。
> 到处都是绿色,浅绿的、嫩绿的、深绿的、墨绿的……
> 树木下面的草地上还有一些灰色的石头。
> 石头奇形怪状的。
> 远处有几座小山。
> 有一座小山就像一只趴在地上抬起下巴的小狗。
> 有两座小山连在一起,山峰一高一低,就像一只骆驼。
> 最右边的两座山差不多高,就像是一对竖起的狗耳朵。
> 平地上的树不是整齐排列的,就像是草地上东一个西一个、三个一群、两个一伙的游人。

然后请学生把上面这些话按照一定的顺序写下来。
(小黑板或课件2)

> 到处都是绿色，浅绿的、嫩绿的、深绿的、墨绿的……前面是一块平地，平地上面有很多树木，它们不是整齐排列的，就像是草地上东一个西一个、三个一群、两个一伙的游人，树木下面的草地上还有一些灰色的石头，奇形怪状的。后面是几座小山：有一座小山就像一只趴在地上抬起下巴的小狗，有两座小山连在一起，山峰一高一低，就像一只骆驼，最右边的两座山差不多高，就像是一对竖起的狗耳朵。

怎么样？把大家的智慧集合起来，效果就完全不同了吧？所以说，团结就是力量。下面，我们就来开展这样一个活动，大家分成几组来进行这个活动，看哪一组更团结。

三、活动步骤

1. 分组

一般分成4组，这样便于安排到教室的4个角落，以免各组学生距离太近影响活动效果。

2. 强调活动规则

每组学生拿一张风景图片（相同）（也可用多媒体等播放）观察，每个学生把自己想到的话写下来，然后集中到一起，把同组学生写重复的内容去掉，按照一定的顺序，由组长执笔，把最后的答案写下来，看哪一组写得最好。注意，写句子时不得读出来，排序时只准说"这句放前面"、"这句放这里"之类的话，不得泄露写的内容，以免别组的学生听到。

3. 活动开始，教师巡视、监督

活动开始后，教师可以在教室里走动巡视，并给予学生适当的指导，提醒学生遵守活动规则。

4. 评价打分

教师朗读每组学生写的段落，由其他组学生举手打分（每一人举手得一分），评出最佳的一组或几组。也可以多设一些奖，如"最佳合作奖"、"最佳语言奖"、"最佳创意奖"等，以激发学生的写作兴趣。

【教案32】

秋天的图画——如何根据图片写秋天的景色

教学建议

使用人教版教材的可直接把本节内容用于三年级上册"语文园地三"的作文教学；使用其他版本教材的可把本节内容作为单项训练教案，也可结合关于写秋景的作文训练进行。

教学目标

(1) 使学生学会观察图片或景物，并把它按照一定的顺序写下来。
(2) 通过观察图片，使学生了解秋天的特点，学会抓住特点写秋天。

教学重点

使学生学会观察图片或景物，并把它按照一定的顺序写下来。

教学难点

学会抓住特点写秋天。

教学准备

与本课有关的歌曲和图片。

教学过程

一、歌曲导入

"秋风秋风轻轻吹，棉桃姐姐咧呀咧开嘴，你看她露出小呀小白牙，张张脸蛋笑微微。秋天多么美，秋天多么美。秋风秋风轻轻吹，稻花姐姐把呀把手挥，你看她梳出金呀金头发，结出串串金穗穗。秋天多么美，秋天多么美。"（歌曲《秋天多么美》）

好美的秋天，好美的秋色！歌曲只选了两个小小的事物：棉花和稻穗，就把秋天描绘得如此让人心动。今天我们也来写写秋天，丰收的秋天，美丽的秋天！

二、如何写秋天的图画？

1. 习作要求

选一幅或画一幅秋天的图画，先跟同学说一说图画的内容，再写一写你选的或画的图画。注意用上平时积累的词句。写好后读给同桌听，根据他的意见认真改一改。再把习作和图画一起贴在教室里，让大家欣赏。

2. 审题、拟题

习作要求的关键词是"秋天"、"景物"，所以，我们不能写其他季节的景物，而应将时间限定在秋天。而且，是写秋天的景物，不能洋洋洒洒地写一个发生在秋天的有趣的人与人之间的故事，但是写秋天的落叶与蚂蚁之间发生的故事还是可以的。

我们可以直接用季节的名称"秋"、"秋天"作为作文的题目，也可以把作文题目写成"秋天的图画"、"秋天的景色"，还可以加入自己的感情色彩来拟定作文的题目："秋天真美"、"美丽的秋天"、"秋天多么美"等，如果用拟人的手法来写秋天，也可以把作文题目定为"落叶的旅行"、"我是一片红叶"等。

3. 学一学

下面是一幅秋天的图画，作者采用从整体到部分的写法，对这幅图画进行了描写：

图片1：

从整体到部分：

一幅秋天的画

金色、金色、好多的金色，这张图画给我的第一感觉就是金色浓得耀你的眼。

金色的、明亮的阳光，金色的、灿烂的树叶，金色的、那么自在自得的灌木，金色的、弯曲的小路，连褐色的树干也镀上了一层淡淡的金色。尤其是那个小女孩，如果不是那一袭红色的衣服提醒我们，我们几乎分辨不出那里还有一个人，因为她的头发、手臂也全部都变成了金色。她在干什么呢？是看到这样美丽的景色想跳舞？是捋起胳膊想把这大堆的"金子"搬回家？还是想找寻那个"点树成金"的时光老人，请求他，让这美丽的秋天多停留一会儿呢？

图画的主色调是金色，所以作者在开篇首先强调了这种金色：

金色、金色、好多的金色，这张图画给我的第一感觉就是金色浓得耀你的眼。

然后分别写图画中的阳光、树叶、灌木、小路、树干和小女孩：

金色的、明亮的阳光，金色的、灿烂的树叶，金色的、那么自在自得的灌木，金色的、弯曲的小路，连褐色的树干也镀上了一层淡淡的金色。尤其是那个小女孩，如果不是那一袭红色的衣服提醒我们，我们几乎分辨不出那里还有一个人，因为她的头发、手臂也全部都变成了金色。

这种写法就是"先整体后部分"。

画中的小女孩比较模糊，我们不知道她在干什么？那怎么办呢？作者有办法：

她在干什么呢？是看到这样美丽的景色想跳舞？是捋起胳膊想把这大堆的"金子"搬回家？还是想找寻那个"点树成金"的时光老人，请求他，让这美丽的秋天多停留一会儿呢？

作者在描写小女孩时用的方法就是联想。联想是指由于某人或某事物而想起其他相关的人或事物；由于某概念而想起其他相关的概念。展开联想时，想到的事物必须是与写作的主题相关的，比如作者由小女孩展开的三个联想："看到这样美丽的景色想跳舞"、"捋起胳膊想把这大堆的'金子'搬回家"、"想找寻那个'点树成金'的时光老人，请求他，让这美丽的秋天多停留一会儿"都是与图片1和秋天直接相关的。

4. 练一练

图片2：

图片2与图片1有些相似，下面就请同学们模仿图片1的写法，

试着写一写图片 2 吧!

提醒：有的同学也许会问：这幅画中没有人，我怎样去模仿关于小女孩的那一段描写呢？没有人，我们可以"拟人"。我们学过的好多课文，如《笋牙儿》、《松鼠和松果》、《乌鸦喝水》等的里面都没有人，但里面都有精彩的故事，作者就是用的拟人的手法。在这幅图画里面，你觉得哪样东西最能让你展开联想，就把那样东西当成人来写吧！

如果实在想不出，就来写写石头吧！大石头卧在金色的溪水中，让你想到了什么呢？

参考答案：

一幅秋天的画

金色、金色、好多的金色，这张图画给我的第一感觉就是金色浓得耀你的眼。

金色的、明亮的阳光，金色的、灿烂的树叶，金色的、自在自得的灌木，金色的、弯曲的小溪，连褐色的树干也镀了一层淡淡的金色。尤其是小溪中的那些大石头，他们也蒙上了一层淡淡的金色。他们跑到溪中来干什么呢？是看到金色的溪水想下来洗个"金水浴"？是下到溪中想把这大堆的"金子"搬回家？还是因为贪恋这美丽的景色，不小心跌进了溪水中呢？

我喜欢这幅秋天的图画。

三、学生习作

学生可独立写作，也可运用"团结就是力量"的方法小组合作完成，教师巡视指导。

【教案 33】

动静结合美更多——如何动静结合写景物

教学目标

使学生了解动与静的关系，学会动静结合的写作方法。

教学重点

如何动静结合地写景。

教学难点

如何将动与静有机地结合起来。

教学准备

供展示的歌词及图片。

教学过程

一、歌曲导入

"日出嵩山坳,晨钟惊飞鸟。林间小溪水潺潺,坡上青青草。野果香,山花俏,狗儿跳,羊儿跑。举起鞭儿轻轻摇,小曲漫山飘,漫山飘。"

这是电影《少林寺》中的插曲,我们来看看歌曲中描绘的景象:太阳出来了,早晨的钟声惊起了飞鸟,林间的小溪潺潺地流着,山坡上是青青的草。野果散发着淡淡的香味,山花儿正开得俏。狗儿在跳,羊儿在跑。牧羊姑娘举起鞭儿轻轻地摇着,还一边唱着小曲儿,歌声漫山飘啊飘啊。好美的景象啊!

二、什么是动静结合?

好动听的一首歌!"享受"了如此美妙的歌曲,下面就来完成一个小任务吧:从歌词中找出静态的景物及动态的景物。

歌曲中呈现出来的景象,动中有静,静中有动,既有美丽的景物,又展示着无限的生机和活力,多美的画面啊!所以,一直以来,人们就提倡写景时要做到动中有静,静中有动,动静结合。确实,全是静的,显得太凄清,全是动的,又显得太热闹,唯有动静结合才恰到好处。

我们在二年级时学过的《绝句》中,"两个黄鹂鸣翠柳,一行白鹭上青天"是动,"窗含西岭千秋雪,门泊东吴万里船"是静,如此动静结合,景物就显得更美了。

王维的名篇《山居秋暝》中也有这样的例子:"明月松间照,清泉石上流。"第一句写山上一尘不染的松树、皎洁的月光,以及月光穿过树叶的缝隙在林间留下斑驳的影子,给人以明净清幽的感受——这是通过静态描写来突出山中的静谧;第二句写山泉因雨后水量充足,流势增大,从石上流过，淙淙有声——这是动态描写，以动衬静，更反衬出山中的宁静。可以说是动静结合的代表。

还有"蝉噪林愈静，鸟鸣山更幽"，以及"明月别枝惊鹊，清风半夜鸣蝉"等，都是古人描写时运用动静结合写法的经典诗句。

三、学一学

欣赏下面的图片，分析哪些是静景，哪些是动景，然后用一两句话写下来。

图片1：

图片2：

图片3：

图片4：

参考答案：

图片1：

静静的池水，青青的草地，连绵的群山，再加上那悠闲漫步和进食的小羊，多么美丽的画面啊！

图片2：

乌亮的柏油路，青青的小草，散花般的落叶，还有那红的红、绿的绿的树木，那个骑自行车的红衣人蹬车蹬得那么缓慢，似乎想骑得慢些、再慢些，好多欣赏欣赏这醉人的美景。

图片3：

白云吻着蓝天，绿水映着红花，再加上那只颇会享受的"白毛浮绿水，红掌拨清波"的白鹅，一切就都如诗如画了。

图片4：

幽静的小树林，地上落满了红叶，和石上的绿苔争艳。明媚的阳光，清清的泉水，不就是"阳光林间照，清泉石上流"吗？

【教案34】

声入文，文如歌——象声词的运用

教学目标

使学生学会恰当地使用象声词。

教学重点

使学生懂得在写作中恰当地使用象声词。

教学难点

如何在文中恰当地使用象声词。

教学准备

将象声词打印出来发给学生（或者张贴在队角里）。

教学过程

一、歌曲导入

"我爱我的小羊，小羊怎样叫，咩咩咩咩咩；我爱我的小猫，小猫怎样叫，喵喵喵喵喵；我爱我的小鸡，小鸡怎样叫，唧唧唧唧唧；我爱我的小鸭，小鸭怎样叫，嘎嘎嘎嘎嘎；我爱我的小狗，小狗怎样叫，汪汪汪汪汪。"（歌曲《我爱我的小动物》）

大家回顾一下：

小羊怎样叫？

……

小猫怎样叫？

……

小鸡怎样叫？

……

小鸭怎样叫？

……

小狗怎样叫？

……

每种事物都有自己的声音，用来描绘某种声音的词语就是象声词。今天，我们就来了解一下如何使用象声词。

二、学一学

(1) 哗，哗，哗，雨下起来了。

(2) 在微风中，在阳光中，燕子斜着身子在天空中掠过，唧唧地叫着……

(3) 解冻的小溪丁丁冬冬，那是春天的琴声吧？

(4) 沙沙沙，沙沙沙，春雨姑娘在绿色的叶丛中弹奏着乐曲，低声呼唤着沉睡的笋芽儿……

(5) 轰隆隆！轰隆隆！雷公公把藏了好久的大鼓重重地敲了起来。

(6) 桃花笑红了脸，柳树摇着绿色的长辫子，小燕子叽叽喳喳地叫着。

(7) 丁冬，丁冬，是谁在山上弹琴？哦，原来是一股清泉从石缝中冲了出来，来到了这阳光灿烂的世界。

(8) 丁冬，丁冬，欢快的泉水弹着琴跑下山去了。

(9) 丁零零，门铃又响了，一个小女孩抱着一只小猫走了进来。

(10) 晚上，家里可不得了了，小猫在钢琴上跳来跳去，丁丁冬冬响成一片。

(11) 屋里冷冷清清的，连滴滴答答的钟声都听得见。

(12) 忽然她听见了喵喵的叫声，一只黑白相间的花猫从厨房里跑了出来。

(13) 她画了个拿风车的小男孩，风车在呼呼地转。

(14) 老师走到黑板前，同学们嗡嗡嗡小声说话的声音很快停止了，只听见哗啦哗啦翻课本的声音……上课时，教室里静悄悄的，只听见老师在黑板上写字发出的沙沙声。

(15) 小龙的桌子上放着一只盒子，透过一层玻璃纸，一只胖乎乎的小蜜蜂在嗡嗡地扇动着翅膀。

三、读一读

四季的脚步

春天的脚步悄悄,
悄悄地,她笑着走来——
溪水唱起了歌儿,
——丁冬,丁冬,
绿草和鲜花赶来报到。

夏天的脚步悄悄,
悄悄地,她笑着走来——
金蝉唱起了歌儿,
——知了,知了,
给世界带来欢笑。

秋天的脚步悄悄,
悄悄地,她笑着走来——
落叶唱起了歌儿,
——刷刷,刷刷,
铺成一条条金色的小道。

冬天的脚步悄悄,
悄悄地,她笑着走来——
北风唱起了歌儿,
——呼呼,呼呼,
雪花在欢快地舞蹈。

听听,秋的声音

听听,
秋的声音,
大树抖抖手臂,
"刷刷",
是黄叶道别的话音。

听听，
　　秋的声音，
　　蟋蟀振动翅膀，
　　　"𠷌𠷌"，
是和阳台告别的燿歌韵。

一排排大雁追上白云，
撒下一阵暖暖的叮咛；
一阵阵秋风掠过田野，
送来一片丰收的歌吟。

听听，
　　秋的声音，
　　走进这辽阔的音乐厅，
　　你好好地去听秋的声音。

秋的声音，
在每一片叶子里，
在每一朵小花里，
在每一滴汗水里，
在每一颗绽开的谷粒里。

听听，
　　秋的声音，
　　从远方匆匆地来，
　　向远方匆匆地去。
听听，我们听到了秋的声音。

四、了解更多的象声词

1. 描写自然界的象声词

风声：呼呼、萧萧。

雷声：咔嚓、隆隆、轰隆。

雨声：滴答（小雨）、滴沥（雨水下滴的声音）、哗啦（大雨）。

水声：咕嘟（液体沸腾、水流涌出或大口喝水的声音）。

流水的声音：潺潺、淙淙、哗哗。

水滴落的声音：滴答。

水流动的声音：咕噜、汩汩。

水挤出的声音：扑哧。

树枝断裂的声音：喀嚓。如：喀嚓一声，树枝被风吹折了。

风吹叶子等的声音：簌簌。

迅速擦过去的声音：刷刷。如：风刮得树叶刷刷地响。

翅膀抖动的声音：扑棱。如：扑棱一声，飞起一只水鸟。

2. 描写动物的象声词

布谷鸟叫：布谷。

喜鹊叫：喳喳。

乌鸦叫：哑哑。

大雁叫：嘎嘎。

斑鸠叫：咕咕。

公鸡叫：喔喔。

母鸡叫：咯咯。

鸭子叫：嘎嘎。

狗叫：汪汪。

猫叫：喵喵。

羊叫：咩咩。

牛叫：哞。

马叫：咴儿咴儿。

3. 描写人的象声词

吹气声：噗。如：噗，一口气吹灭了灯。

心跳声：怦。如：怦然心动、心怦怦地跳着。

出气声：吁吁。如：气喘吁吁。

七嘴八舌闲聊声：叽叽喳喳。

突然发出的笑声：扑哧。如：扑哧一笑。

大笑声：哈哈。如：哈哈大笑。

声音不很大的笑：咯咯、呵呵、嘿嘿。

连续不断地小声说话：喃喃。如：喃喃自语。

响亮的读书声：琅琅。如：书声琅琅。

清晰响亮的声音：朗朗。如：朗朗上口。

呕吐、咳嗽的声音：喀。

哀号声：嗷嗷。

小孩子学说话的声音：咿呀。

吆喝牲口的声音：吁。

群体重体力劳动时呼喊的声音：嘿呦。

喘息的声音：呼哧。

别人听不清楚或听不懂的说话声：叽里咕噜。

小声说话声（多指自言自语）：咕哝。

小儿哭声：哇哇、呱呱。

旧时仆役对主人的应诺声：喳。

4．其他象声词

撞击金属器物的声音：当（铛）。

铃声或小的金属物体的撞击声：丁零。

金属、瓷器等连续的撞击声：丁零当啷。

金属、瓷器、玉石等撞击的声音：叮当。

玉石、金属等撞击或滴水的声音：丁冬。

爆竹声：噼噼啪啪（噼里啪啦）。

爆裂、拍打的声音：噼啪。

敲鼓或敲门声：咚。

成滴地落下：滴答。

气挤出的声音：扑哧。如：扑哧，皮球撒了气。

撕布的声音：哧。如：哧的一声撕下一块布。

机器开动时发出的声音：轧。如：缝纫机轧轧地响着。

钟表摆动的声音：滴答。

玉石撞击声：玎玲。

磨刀的声音：霍霍。如：磨刀霍霍。

当然，老师也不要求你们一下子记住这么多的象声词，你们可以慢慢记，平时写作时如果不记得了，可以到这里来找一找。

五、练一练

(1) 从上面选择合适的象声词填写在下面的括号里。

小妹妹吓得（　　）大哭。

教室里传来（　　）的读书声。

我的小妹妹正在（　　）学语。

听了这话，刚才还绷着脸的她不由得（　　）一笑。

羊儿（　　）地叫着。

他们俩（　　　　）不知在说些什么。

(2) 试着写一段话，用上几个象声词。

【教案 35】

具体美，想象美——用想象将美写具体

教学目标

使学生了解想象的独特魅力，并学会展开想象进行描写。

教学重点

使学生学会发挥想象，将景物的美写得具体。

教学难点

发挥想象的几种方法。

教学准备

供展示的图片及参考答案。

教学过程

一、故事导入

一位外宾称赞一位中国小姐很美丽，中国小姐谦虚地说："哪里？哪里？"而翻译就按照字面意思翻译成："Where？Where？"于是外国客人疑惑地想：难道笼统的赞美还不够？于是，他只好说道："眼睛漂亮，鼻子漂亮，嘴巴也漂亮……"

这虽然是一个笑话，但是如果我们没见过一种事物，别人告诉我们

它是美丽的,我们就会觉得这种笼统抽象的赞美是不够的,说它很美,它到底美在哪里呢?而且,美的事物有很多,如何把这种美的事物与其他美的事物区别开来呢?这就需要把美说具体。

写作同样如此,家乡美,到底怎么美?风景美,到底怎么美?一定要把这种美写具体。

我们在前面已经学过,要描写一个景物并使其丰满起来,有两种方法:一是尽可能从多方面描写一种景物,如写花时,可以写它的颜色、形状、排列方式等;二是尽可能地展开联想。

但是,客观描写景物所能用的词语是有限的,而且通常会比较生硬、枯燥,要想将事物写得很细很美,就需要想象来帮忙了。因为物体的美虽然是有限的,但想象的美却是无限的。

二、怎么展开想象?

1. 联想"神力"

众所周知,很多事物的美都是自然而然的,是大自然的力量造就的,但我们在描写这些事物的美时,可以忽略大自然的力量,想象这些都是人为的。

就像贺知章的《咏柳》一样:"不知细叶谁裁出,二月春风似剪刀。"柳叶本是自己长出来的,贺知章却说是"二月春风""剪"出来的。

就像有个同学写到白天还是花骨朵的荷花一夜之间全开了:"是谁?一夜之间把那一个个拳头全都掰开了呢?那么多拳头,该要掰多久啊!"

你也可以试试这种写法。比如:

要写仙人球上那么多的刺,可以这样写:

天啊,是谁那么有耐心,又那么手巧,在那嫩绿的球上面插了那么多的银针呢?那么多,让我连数的兴致都没了;那么整齐,让那原本寻常的绿变得那么神秘和可敬。

要写火红的枫叶,可以这样写:

是谁?把那绿色的枫叶都染成了红色呢?是那爱花人想看鲜艳的红花了?还是春姑娘等不及要展示自己的风采,把枫叶当成花了呢?

类似还有:

图片1:石榴

那一坛的珍珠,是哪个珠宝商人逃难时将它们藏在那儿的吧?要不然,怎么舍得暴

珍天物地将它们藏得如此严严实实的呢?

图片2：爬山虎

这样笔陡的墙壁，爬山虎是怎样爬上去的呢？是哪位武林高人教给了它这种攀岩走壁的本领吗？

图片3：山

从没见过这样的山，它不是从地上慢慢"长"起来的，倒似乎像被谁用刀整齐地切下了一块似的，那切口是那么的整齐和突兀，是谁呢？

图片4：银杏叶

谁在树枝上挂了那么多黄色的小扇子呢？又是怎么挂上去的呢？那么多，又要挂多久呢？而且，一把把那么漂亮，挂在那里，一定会有很多人想去取一把吧？

2. 联想将来

桃树，杏树，梨树，你不让我，我不让你，都开满了花赶趟儿。红的像火，粉的像霞，白的像雪。花里带着甜味儿；闭了眼，树上仿佛已经满是桃儿、杏儿、梨儿。

这是朱自清爷爷笔下《春》中的句子，桃花、杏花、梨花让人闭上眼，仿佛就见到了满树的桃儿、杏儿、梨儿，这种描写使这些花儿显得更美了。因为能够预见的将来，是很有情感渲染力的，所以，在描写某些景物时，如果它的未来非常美好，那么我们就不妨畅想一下，如此，我们的文章会更具感染力。

下面就请仿照上面的话写一写：

(1) 看见这些绿油油的禾苗，_____。
(2) 看见这些鲜艳的桃花，_____。
(3) 看着这些不停吐丝的蚕，_____。

参考答案：

(1) 我仿佛看见了一大片金黄的稻子。
我仿佛看见了农民伯伯丰收时的笑脸。
我仿佛嗅到了白米饭的清香。
(2) 我仿佛看到了一个个诱人的、红红的桃子。
我仿佛闻到了桃子的香味。
我仿佛看见了果农丰收的笑脸。
(3) 我仿佛看见了一匹匹精美的丝绸。
我仿佛看见了一件件鲜艳的丝绸衣服。

【教案36】

酒不醉人人自醉　幻想奢侈不浪费
——如何通过感觉写景物

教学目标

让学生知道最美的是感受，知道如何用自己的感觉写出景物的美好。

写 景 篇

教学重点

如何用自己"亲身感受"的美好来写景物。

教学难点

如何写出这种感受的美好。

教学准备

供展示的范例（小黑板或课件）。

教学过程

一、导入激趣

有一个女子，我不知道她长什么样、性格品行如何，但是，我听到一个男人这样说："如果能娶到这样的女子做太太，哪怕只有一天就让我死去，也是值得的。"（作疑惑状）是一个什么样的女子才能让他说出这样一番话呢？

想必一定是一位品性善良的绝世美女。为什么这么说呢？这个男人并没有说这个女子长什么模样、品性如何呀？

那是因为这个男人说了自己的感受："如果能娶到这样的女子做太太，哪怕只有一天就让我死去，也是值得的。"一个相貌丑陋、品性恶劣的女子是很难让男人发出这样的感叹的，可见，通过人物的感受可以生动地刻画人物的形象。写景时同样如此。

二、如何用感觉来写景物？

1. 换个角度写景物

有很多景物的美，不是我们所学过的那些词语所能形容得了的，但是，我们也可以像上面这个男人一样抒发感叹，从另一个角度描写景物的美。

我们经常听到这样的话：

"这件衣服，要是我能穿一下就好了。"——这件衣服好不好？

"这样的衣服，送给我我也不要。"——这件衣服好不好？

"要是我能住上这样的房子就好了。"——这座房子好不好？

"这样的房子，我就是宁愿睡桥洞也不住。"——这座房子好不好？

"这样的饭菜，我就是吃一辈子也不会吃厌的。"——这样的饭菜好不好?

"这样的饭菜,我宁愿饿肚子也不吃。"——这样的饭菜好不好?

……

人们的感受才是景物美丽的根本原因,就像对于同样一座美丽的园子,对于一个被软禁在里面的人而言,它就是一座监牢,但对于偶尔经过的人来说,却会发出这样的感叹:"多美的园子啊!就像仙境一样,要是能在里面住上一住可就好了。"所以,景物美不美,是相对看它的人的心境而定的。

有句话叫做"酒不醉人人自醉",说的是:酒本身并不能使人醉,是人自己因为各种原因想要逃避现实,想要那么一种可以脱离清醒、忘却一切的"醉"的境界才醉了。所以,景物迷人不迷人,在于观众的心境,而你笔下的景物迷不迷人,当然在于你怎么去看它、去描绘它了。

2. 欣赏

溪水在那棕红色的石头上缓缓流着,清得可以看见石头上的每一个斑点,真想坐在其中的一块大石头上,将赤脚伸进水中,好好感受这水的纯净和凉爽,好好洗刷身心的疲惫。要是邀上三五个伙伴,一起坐在这清凉的溪边,说说笑笑,吟诗作文,那感觉,真是给个神仙也不换啊!要是四下无人,再在这水中洗个澡,那才真是爽极了呢!

你看,原本无情的溪水,经这么一描述,是不是撩拨得你也想下水去玩玩呢?其实,想象真的一点也不难,只要把自己看到景物后想做的事情写下来就可以,即使显得奢侈,即使不太可能实现也没关系,因为这只不过是我们美丽的幻想。

3. 学一学

景物1:满树的红叶、满地的红叶和黄叶

那满树的红叶,那么浓烈,那么耀眼,就如新娘的盖头一般;那满地的红叶和黄叶,就如一铺鲜艳的地毯。真想在树下照一张相,在那红叶之间、地毯之上,展开灿烂的笑脸,那样,我就如美丽的新娘了。

景物2:一片绿地

那绿绿的草地,那么干净,那么柔软。要是在不那么热的天气,邀二三知己,躺在草地上,仰望苍穹,谈谈自己的"异想天开",说说自己的"多愁善感",不需要什么附和或安慰,那深邃广博的天空,那厚重慈爱的大地,似乎就已经给了我想要的答案。

景物3：四面高山围起一汪湖水

那是怎样纯净幽深的一汪碧水啊，真想跳下去游泳，涤尽我满身的灰尘，舒展我被学习霸占已久的心灵。那是怎样峻峭奇崛的高山啊，真想站在那高山之巅，高歌一曲，或者呐喊几句，宣泄内心被压抑已久的叛逆和痴狂。

景物4：密林旁的草地上有几只正在悠闲吃草的绵羊

在那郁郁葱葱的密林旁边，那嫩绿嫩绿的草地上，有几只羊儿正在悠闲地吃草。真想变成一只小羊，终日徜徉在这密林之旁，青草之上，想吃的时候就吃，想休息就躺一下，不必终日学习、忙碌，过着简单却快乐的日子，虽然免不了有朝一日要"牺牲"，但是"人生自古谁无死"，何况羊呢？

景物5：一条小河，两岸的绿树和红楼倒映在小河中

那一汪碧水啊！真想坐一只大大的竹排，撑一只竹篙，慢慢地在这柔波上飘摇。看着这美丽的绿树，欣赏着这美丽的红楼，享受着这绝美的人生，甚至于躺在竹排上，任竹排轻轻地荡啊荡啊，就像在母亲的怀抱一样，然后舒舒服服地睡着了……

【教案37】

比出一片新天地——比喻手法的运用

教学目标

使学生初步认识比喻手法，以及比喻的种类，学会运用比喻为自己的文章服务。

教学重点

使学生学会运用比喻为自己的文章服务。

教学难点

使学生学会运用比喻为自己的文章服务。

教学准备

供展示的故事题（小黑板或课件）。

教学过程

一、歌曲导入

"一闪一闪亮晶晶，满天都是小星星，挂在天空放光明，好像许多小眼睛。一闪一闪亮晶晶，满天都是小星星。"（歌曲《小星星》）

这是大家非常熟悉的一首儿歌，几乎人人都会唱，但是，你们知道这首歌中有一个地方运用了什么修辞手法吗？

对了，是比喻，把星星比做小眼睛。

二、认识比喻

1. 什么是比喻？

比喻就是人们常说的"打比方"，是把某一种事物比做另一种事物。我们平时在写文章时，如果能展开想象的翅膀，运用比喻手法，定会把话写得更准确、鲜明、生动、形象，增强表达效果。比喻一般包括三部分，即本体（被比喻物）、喻体（比喻物）、比喻词（用于本体和喻体之间表示比喻关系的词语），但有时它们在一个比喻句里不一定会全部出现。

2. 比喻的种类

在我们平时的写作中，应该掌握并学会运用以下四种最基本的比喻方法：

（1）大方的比喻——明喻。

这种比喻方法最落落大方，它的本体、喻体、比喻词都会出现。其基本格式是"甲"（被比喻的事物）像"乙"（比喻物）；常用"像、好像、如同、宛如、好比、似乎、像……一样、仿佛……似的、像……似的、如……一般"等作为比喻词。例如：

我躺在柔柔的水中，宛如在母亲的怀抱里。

大象的耳朵就好像两把大大的蒲扇。

这句话仿佛是一束温暖的阳光直射我的心田，抚慰了我受伤的、幼小的心灵。

叶子出水很高，像亭亭的舞女的裙。

（2）羞涩的比喻——暗喻。

暗喻，又叫"隐喻"。它有点害羞，好像害怕被别人认出自己似的，不露比喻的痕迹，本体和喻体同时出现，它们之间是相同的关系，其基本格式是："甲"（被比喻的事物）是"乙"（比喻物）。它不用那些明显的比喻词，而用"是、都是、简直是、无疑是、成为、成了、变成"等。例如：

每一片苇叶，都是一支箭。

儿童是祖国的花朵，老师是辛勤的园丁。

梅雨亭踞在突出的一角岩石上，成了一只展翅欲飞的苍鹰。

那河畔的金柳，是夕阳中的新娘。

(3) 干练的比喻——借喻。

这种比喻比较干练，它直接用喻体代替本体。本体和比喻词都不出现，而直接用"乙"（比喻物）代表"甲"（被比喻的事物）。例如：

船在那柔柔的翡翠上漂着，我的思绪也柔柔地飘着。

船当然不能在翡翠上飘，这里的"翡翠"是指碧绿的水。

挑着满满一担水，走在林中的石板路上，我泼洒了多少珍珠啊！

从水桶中当然不能泼洒出珍珠，这里的珍珠是指水珠。

(4) 热闹的比喻——博喻。

博喻，又叫"复喻"。它运用三个或三个以上的喻体来说明或描绘本体，使之更形象、生动、全面。例如：

美丽的珊瑚，有的像鹿角，有的像扇面，有的像菊花，有的像树枝。

天上的云像峰峦，像河流，像雄狮，像奔马……

3. 运用比喻时的注意事项

在运用比喻时，应该注意喻体和本体必须是完全不同的两种事物，但是又有一点极其相似；同种性质或相同之处很多的两种事物，不宜于互相比喻。比喻应该是浅显的，生动具体的，为人们所熟悉的，力求比喻得新鲜、贴切，不落俗套。

三、学一学

1. 听故事学比喻

有一次，李秀才特邀请刘秀才出门散步，想趁机出点难题把他难住。他们来到一座石板桥上，看到鸡、犬足痕，李秀才触景生情，马上出一上联：

鸡犬过石桥，一路梅花竹叶。

刘秀才看到桥下河中，时有龟蛇蠕动，便对了下联：

龟蛇浮水面，两件玉带荷包。

这时，正巧一叶扁舟，从桥下穿过，李秀才又抢先吟道：

船小如梭，横织江中锦绣。

刘秀才眺眼远望，见远处江岸高塔矗立，对出：

塔尖似笔，倒写天上文章。

上面这些对联中就用了比喻的修辞手法，想一想下面的问题：

(1) 对联中的"梅花"是指什么？——（　　　）

请把这个比喻句写下来。

(2) 对联中的"竹叶"是指什么？——（　　　）

请把这个比喻句写下来。

(3) 对联中的"玉带"是指什么？——（　　　）

请把这个比喻句写下来。

(4) 对联中的"荷包"是指什么？——（　　　）

请把这个比喻句写下来。

(5) 请用"船小如梭，横织江中锦绣"、和"塔尖似笔，倒写天上文章"写两个比喻句。

参考答案：

(1)（狗的脚印）<u>小狗的脚印就像一朵朵梅花。</u>

(2)（鸡的脚印）<u>小鸡的脚印就像一串串竹叶。</u>

(3)（蛇）<u>蛇浮在水面上，就像一根玉带。</u>

(4)（乌龟）<u>乌龟浮在水面上，就像一个荷包。</u>

(5)<u>一艘艘小船在江上来来往往，就像是一个梭子在织着锦绣。</u>

<u>那尖尖的宝塔就像是一支笔，倒着在天上写文章呢！</u>

2．在比喻的基础上展开想象

一次上课的时候，我看到一个学生拿着一个小小的莲蓬在玩，我走到他身边，说："哇！可爱的小强！你真是想得周到——知道老师这几天嗓子不舒服，特意带了这个话筒给我，好让我的声音可以大一点！谢谢你！非常感谢！"我很自然地从他手里拿过"话筒"，然后就拿着"话筒"继续讲课。

后来，在他的一篇写景的作文里，我居然看到这样一段话："那些小小的莲蓬，多么像一个个精致的话筒啊！我要摘下你，送给我们的老师——因为我们的调皮，她的声音已经不再那么清脆了！"

将小小的莲蓬比喻成一个个精致的话筒，才能"送给我们的老师——因为我们的调皮，她的声音已经不再那么清脆了！"既写出了老师的操劳，又写出了自己对老师的爱，而这一切，都建立在将莲蓬比喻成话筒的基础上，如果没有这个基础，如此深厚的感情又怎么表达呢？所以，比喻的作用绝不仅仅是把一个事物写得形象一点，更重要的是，它还有利于我们在此基础上进行延伸，让想象的翅膀飞得更远。

类似的表达还有：

比如写银杏树的叶子，有的同学会用这样一句话来写：

"银杏树的叶子是一个个黄色的小扇形。"

而《秋天的雨》的作者是这样来写的：

"它把黄色给了银杏树，黄黄的叶子像一把把小扇子，扇哪扇哪，扇走了夏天的炎热。"

因为他把银杏叶子比做小扇子，所以，就可以在此基础上继续进行想象：

"扇哪扇哪，扇走了夏天的炎热。"

如果只写"是一个个黄色的小扇形"，那就写不下去了。可见，有了比喻的延伸，我们可以进行更加丰富的想象。

所以，我们也可以在"银杏树的叶子是一个个黄色的小扇形"的基础上进行一定的想象延伸：

"是谁？在银杏树上画了那么多的小扇子呢？还用上那么鲜亮、那么好看的黄色，真想取一把下来，留做夏天停电的时候用来扇风。不，我还要摘一把送给奶奶，因为她不习惯吹电风扇和空调。"

这样，文章生动了，还表现出了自己的爱心，是不是很神奇？而且，我们还可以写将扇子送给老师，送给山区的小朋友等。

所以，修辞手法是个有魔力的东西，如果不用修辞手法，景物的一个特点用一句话甚至一个词语可能就描述完了。但是，如果用上合适的修辞手法，同时再在运用修辞手法的基础上进行合理的想象，就可以做到文思泉涌、下笔千言了，你也来试试吧！

【教案38】

要成功，先"成人"——拟人手法的运用

教学目标

使学生了解什么是拟人手法，学会如何巧妙地运用拟人手法。

教学重点

如何巧妙地运用拟人手法进行写作。

教学难点

如何巧妙地运用拟人手法进行写作。

教学准备

供展示的故事题及参考答案（小黑板或课件）。

教学过程

一、导入新课

有句俗语叫"不成功，便成仁"，但是，我今天要说：写景的时候，"如果要成功，最好先成人"。我说的"成人"，是指把不是人的景物当成人来写，也就是我们平时常说的"拟人"。在所有修辞手法里面，最好用的就是拟人了。任何难写的内容，只要用上拟人的手法，就会变得容易起来。所以，"成人"是一种很好用的写作手法。

二、如何灵活运用拟人手法？

1. 拟人手法的运用让文章变得更生动

笋芽儿终于钻出了地面。她睁开眼睛一看，啊，多么明亮、多么美丽的世界呀！桃花笑红了脸，柳树摇着绿色的长辫子，小燕子叽叽喳喳地叫着……笋芽儿看看这儿，看看那儿，怎么也看不够。她高兴地说："多美好的春光啊！我要快快长大！"

春雨姑娘爱抚着她，滋润着她。太阳公公照射着她，温暖着她。笋芽儿脱下一件件衣服，长成了一株健壮的竹子。她站在山冈上，自豪地喊着："我长大了！"

这是人教版《小学语文》二年级下册《笋芽儿》中的一个片段，这里就运用了拟人的手法，如果不用拟人的手法，直接写，大概会写成这样："一根根笋芽儿从地下生长出来，长着长着，它身上的笋壳慢慢地掉了，变成了一株竹子。"原文提到的桃花、柳树、小燕子就不好写了，因为不经过拟人的笋芽儿是没有眼睛的。最多也就是写上"在笋芽儿的旁边，有几株桃树正开着鲜红的花朵，有几株柳树垂着长长的枝条，还有几只小燕子在叽叽喳喳地叫着"，与原文相比就逊色很多。但是，如果用上拟人的手法,不仅笋芽儿可以有"眼睛"看到周围美丽的景色,可以有"嘴巴"发出感叹,还可以有"手"脱下一件件衣服……

2. 拟人手法的运用让写作变得更简单

比如写花,写完了花的颜色、形状等,觉得没什么可写的了,我们就可以加上一句:"它高傲地昂起头,像是在说:'瞧我多漂亮!'"

比如写果,写完了果的颜色、形状等,觉得没什么可写的了,我们就可以加上一句:"它在枝头轻轻摇着,好像在说:'看什么看?嘴馋了吧?嘴馋就摘一个吃吧!'"

有个同学这样描写月亮:"早一阵子月亮还是圆圆的,现在变成弯弯的了。"这样写当然可以,但是,如果我们用上拟人手法来写,那就会有趣、生动多了:

"月亮姐姐,月亮姐姐,你早一阵子还胖得像个圆球,今天怎么就瘦成这样了呢?你吃了什么新型减肥药吗?但是,你也减得太瘦了吧!瞧,风一吹,你就变成一把镰刀了。月亮姐姐,健康可是最重要的呀!"

可见,恰当运用拟人手法不仅可以让文章变得更生动,也可以让写作变得更简单,有了它的帮忙,我们就不愁写不出好文章了。

3. 学一学

雨点儿落呀,落呀,落在花儿上,花儿更红了。雨点儿落呀,落呀,落在小草上,小草更绿了。雨点儿落到池塘里,却一下子不见了。雨点儿,雨点儿!你到哪儿去了呢?你在和我捉迷藏吗?

小雨点落在小溪里,和小溪妹妹一起散步;小雨点落在江河里,和江河哥哥一起奔跑;小雨点落在大海里,和大海叔叔一起高歌;当小雨点累了,它就落在池塘里,和池塘妈妈一起睡觉。

4. 练一练

(1) 根据下面的对联内容,写一句或一段描写景物的话,注意用上拟人手法。

沈义甫八岁的时候,他的老师要他对对子:

绿水本无忧,因风皱面。

沈义甫对道:

青山原不老,为雪白头。

老师非常喜欢他的聪明,赞不绝口。

参考答案：

改写上联之简单型：

绿水其实并没有什么忧愁，只是风儿吹皱了它的眉头。

改写上联之复杂型：

绿水啊绿水，你有什么忧愁吗？为什么皱着眉头呢？

什么？不是，是因为风吹皱了你的眉头。噢，原来是这样！

改写下联之简单型：

青山其实并没有老，只是积雪让它变成了白头。

改写下联之复杂型：

青山啊青山，你老了吗？怎么就白头了呢？

什么？不是，是积雪让你白了头发。噢！原来是这样！

(2) 根据下面的对联内容写出关于莲苞和麻叶的句子，注意用上拟人手法。

乾隆巡视江南时，有一次同纪晓岚在一片水塘旁观赏荷花。只见一株株荷花含苞欲放，花蕾饱满，好像只只粉拳。乾隆灵机一动，出联道：

池中莲苞攥粉拳，打谁？

纪晓岚抬头见池边剑麻绿叶劲挺，便道：

岸上麻叶伸绿掌，要啥？

乾隆听了哈哈大笑。

参考答案：

① 池中的莲苞像一个个小小的拳头。荷花攥着一个小拳头，它想打谁呢？

② 岸上剑麻的叶子像是谁伸着的绿色的手掌。剑麻呀，你伸出长长的绿掌，想要点什么呢？

【教案39】

让古人帮我们写文章——古诗的引用

教学目标

使学生学会在写作中适当引用古诗，学会根据古诗写语句。

教学重点

使学生学会直接和间接引用古诗。

教学难点

使学生学会根据古诗写语句。

教学准备

供本课使用的图片、供展示的参考答案。

教学过程

一、导入新课

当我们在生活中遇到困难时，可以向他人求助。写作时也一样，当我们遇到困难时，也可以向他人甚至是古人求助，让古人帮我们写文章。我这里说的是，我们可以借用古人的诗句等为我们写文章。

二、直接引用古诗

1. 学一学

比如要写草，可除了"嫩嫩的，绿绿的"，或者"绿油油的"之类，你就想不出别的词儿了，这时就可以请唐代诗人白居易来帮忙，结合他的诗"离离原上草，一岁一枯荣。野火烧不尽，春风吹又生。"这样来写："看到这些小草，我不由得想起了白居易的诗句'离离原上草，一岁一枯荣。野火烧不尽，春风吹又生。'"

比如要写柳树，把对柳树的客观描写都写完了后，你还想写得更丰满一些，这时就可以请唐代诗人贺知章来帮忙。结合他的诗《咏柳》，这样来写:"看到这些柳树,我不由得想起了贺知章的诗句'碧玉妆成一树高,万条垂下绿丝绦。不知细叶谁裁出,二月春风似剪刀。'"

当然,引用完古诗后,你还可以加上一些简单的议论,比如写小草时,你可以加上这样一句:"小草的生命力是多么顽强啊!"写柳树时,你可以加上这样一句:"春风真是了不起啊,剪出这么多、这么美的柳叶!"

2. 练一练

(1)如果要描写一只鹅,你会想到哪首古诗呢?用上面的方法写一写,并在最后加上简单的评论。

(2)如果你看到农民伯伯在太阳下劳作,汗流浃背,你会想到哪首古诗呢?用上面的方法写一写,并在最后加上简单的评论。

参考答案:

(1)看到池塘里这些可爱的鹅,我不禁想起了唐代诗人骆宾王的那首诗:"鹅,鹅,鹅,曲项向天歌。白毛浮绿水,红掌拨清波。"白毛、绿水、红掌、清波,好美的画面啊!可惜即使我看着这样的画面,也写不出这样的诗来。

(2)看到农民伯伯在田地里辛勤地劳作,我的耳边响起了唐代诗人李绅的那首诗:"锄禾日当午,汗滴禾下土。谁知盘中餐,粒粒皆辛苦。"为了种出这些粮食,农民伯伯是多么辛劳啊!所以,我们一定要爱惜粮食。

(3)看到下面的图片,你会想到哪些诗句呢?把诗句写在下面的括号里。

图片1:(   )

写 景 篇

图片2：(　　　　　　　　　　)

图片3：(　　　　　　　　　　)

图片4：(　　　　　　　　　　)

图片5：(　　　　　　　　　　)

参考答案：

图片1：小荷才露尖尖角，早有蜻蜓立上头。

图片2：碧玉妆成一树高，万条垂下绿丝绦。

图片3：泉眼无声惜细流，树阴照水爱晴柔。

图片4：飞流直下三千尺，疑是银河落九天。

图片5：天苍苍，野茫茫，风吹草低见牛羊。

3. 活学活用古诗

联想古诗不一定要想一整首，也不一定只能想到一首，我们完全可以根据需要，活学活用古诗。

有个同学在描写秋天的景色时是这样写的：

那火红的枫叶，让人不得不相信"霜叶红于二月花"的诗句；那常青的松柏，又让人不得不产生"碧玉妆成一树高"的联想……

短短的一段话，小作者就想到了两首诗，一首是唐代诗人杜牧的《山行》，一首是唐代诗人贺知章的《咏柳》，但是又只选取了每首诗中的一句，这两句都运用得非常灵活。尤其难能可贵的是，"碧玉妆成一树高"，原是写柳树的，小作者却将它运用到这里描写松柏，这才是真正的活学活用！

三、用自己的语言改写古诗

1. 学一学

春天来了，草长莺飞，杨柳轻轻拂着堤岸，陶醉在美丽的春天里。一群孩子，刚放下书包，就迫不及待地到外边放起风筝来，那欢乐的叫喊声比风筝还飞得高、飞得远。

这是一个同学在作文《家乡的景色》中对于春天的一段描写，这里他就改写了清代诗人高鼎的诗《村居》："草长莺飞二月天，拂堤杨柳醉春烟。儿童散学归来早，忙趁东风放纸鸢。"把诗句变成了自己的话，然后用自己的语言写了出来，而且，他还在最后面加了这样一句"那欢乐的叫喊声比风筝还飞得高、飞得远"，把春天的意境写得更美了！

夏天，早稻成熟了，田野里，农民伯伯正在烈日下劳作，大颗大颗的汗水，不断掉落下来，落在禾苗下面的泥土里。有谁知道我们盘子里的米饭，每一颗每一粒都是农民伯伯辛辛苦苦种出来的呢？

这是一个同学在作文《我的家乡》中对夏天的一段描写，这里他就改写了唐代诗人李绅的诗《悯农》："锄禾日当午，汗滴禾下土。谁知盘中餐，粒粒皆辛苦。"这样来写就比"我不由得想起了××的诗句"显得生动了许多。

2．练一练

（注意：不要写成诗句翻译！可以根据自己的需要选取一些事物来写，有些你觉得不好下笔的地方可以不写，有些地方你觉得能延伸的可以延伸。）

（1）根据杨万里的《小池》写一段关于夏天的话：

泉眼无声惜细流，树阴照水爱晴柔。

小荷才露尖尖角，早有蜻蜓立上头。

（2）根据苏轼的《赠刘景文》写一段关于秋天的话：

荷尽已无擎雨盖，菊残犹有傲霜枝。

一年好景君须记，正是橙黄橘绿时。

（3）根据杜牧的《山行》写一段关于秋天的话：

远上寒山石径斜，白云深处有人家。

停车坐爱枫林晚，霜叶红于二月花。

参考答案：

（1）树林里，有一弯清澈的小溪，那么细，好像泉眼舍不得把水都流出来似的；那么静，如果不是里面树叶的位置变化了，你甚至感觉不到它在流动。阳光透过树林照在小溪上，已经失去了它的强烈，显得那么柔和。蜻蜓的眼睛是多么的敏锐啊，那边的荷花才露出尖尖的一点儿，它就已经急急地跑过去，落在上面，好像怕被别的蜻蜓夺去了"宝座"一样。

（2）荷叶已经枯萎，不再有那亭亭玉立的雨伞，菊花也凋谢了，只剩下花枝在秋霜中傲然挺立着。但是，谁说这就不是一年中的好光景呢？黄黄的橙子，红红的橘子，一个个挂在枝头，像是在对人们说："好一个丰收的好年景啊！"

（3）一条弯弯曲曲的石径，从山下一直延伸到山顶，一朵朵白云绕在山间，在那茂盛的树林之中，洁白的云朵之下，隐隐约约看见几户人家。游人在山间游览着，忽然停了下来，为什么呢？他们似乎是被那枫林吸引住了，那么多的枫叶，一层层，一簇簇，比二月的花还要红艳，比二月的花还要有精神——二月的花开在温暖的春风之中，而这枫叶呢？却是绽放在严寒的秋霜之下。白云、石径、枫林，一幅多么迷人的深秋枫林图啊！

【教案40】

美不美　家乡水——如何写家乡的景物

教学建议

使用人教版教材的可直接将本节内容用于三年级下册"语文园地一"的教学；使用其他版本教材的可把本节内容作为单项训练教案，或与相应教材中写家乡的习作训练结合使用。

教学目标

使学生学会选择一定的景物、按照一定的顺序描写自己家乡的美丽，表达对家乡的热爱之情。

教学重点

运用学过的写景方法，写一写自己的家乡。

教学难点

按照季节顺序写自己的家乡。

教学准备

供展示的范例（小黑板或课件）。

教学过程

一、歌曲导入

"家乡美，最美是那家乡的水，清晨太阳照，莲花水中睡，金珠银珠一串串哎，月儿向湖坠。家乡美，最爱是那家乡的水，阿哥水边坐，琴声柳树醉，阿姐阿妹洗衣忙哎，笑声多清脆。家乡美，家乡美，最美是那柔柔的家乡水。水边的风儿轻轻吹，天空的燕子悠悠地飞，远方的游子请你快快回……"（歌曲《家乡美》）

二、口语交际：介绍家乡的景物

歌曲中的家乡好美，其实，我们的家乡也很美。今天我们就来介绍一下自己的家乡，比一比，看看我们的家乡是不是比歌曲中唱到的家乡更美？请选择家乡一处美丽的景物向大家介绍。介绍时，讲清这处风景在什么地方，有哪些特点，要表达出对家乡的热爱之情。一个同学介绍时，其他同学要认真听，可以加以补充，也可以提出问题，介绍的同学要耐心解答。

三、怎么写家乡的景物？

"美不美，家乡水，亲不亲，故乡人"，家乡在我们心里永远是最美的地方。现在，我们就来试着把美丽的家乡写下来吧！

1．习作要求

在和同学互相介绍家乡的景物时，你一定受到了一些启发。比如，有的同学观察得特别仔细，能说出景物的特点；有的同学能按照一定的顺序，说得很清楚；还有的同学充分表达了热爱家乡的感情。这次习作，我们就来写一写家乡的景物，写的时候注意学习其他同学的长处，并展开丰富的想象。

如果对其他地方的景物特别感兴趣，也可以写下来。

2．审题、拟题

我们给这篇作文取一个什么样的标题呢？可以是最简单的："家乡"；或者给它加上一个修饰词："美丽的家乡"；或者就取那首歌的名字："家乡美"。

如果只写一个季节的景色，我们就可以把标题定为"家乡的春天"、"家乡的夏天"、"家乡的秋天"、"家乡的冬天"。

如果只写家乡的一处景物，我们就可以把标题定为"家乡的××山"、"家乡的××湖"、"家乡的××河"等。

3．如何写文章的开头？

你的家乡是一个山清水秀、鸟语花香的小山村？还是一座美丽繁华的城市？或是广阔无垠的大草原？在文章开篇，你可以首先简单介绍一下你的家乡：

我的家乡是一个（　　　　）的（　　　　）。

一般来说，每个地方四个季节的景色是不一样的，所以，我们可以只写家乡一个季节的景色，你想写家乡哪个季节的景色呢？选好之后，接下来你可以这样写："家乡的（　　　）天就更为美丽。"

除了这种写法，其他写法还有：

我的家乡海盐是一个江南水乡，是个美丽的地方。

"一座座青山紧相连，一排排绿树绕山间，一片片梯田一层层绿……"每当听到这首《谁不说俺家乡好》，我就会情不自禁地跟着唱起来，因为，我也爱我的家乡。

我爱家乡的龙潭湖，因为那里的风景特别美。

我的家乡通县，是个不很大的城镇，但这里却有许多历史悠久的名胜古迹。那巍峨矗立的燃灯舍利塔，那绵延千里的京杭大运河，那横卧在通惠河上的八里桥，都是驰名中外的。

我的家乡在湖南长沙，家乡有一条美丽的小河，小河承载着我童年的很多快乐。

4. 如何写文章的"躯干"？

"躯干"部分是文章的主体，内容要丰满、具体，下面分别从五个角度来分析一下如何写家乡。

(1) 家乡的春天：

小草发芽了吗？看到小草，你会想到什么呢？还记得我们学过的一首关于草的诗吗？看见小草的时候，你会不会想起这首诗呢？写几句描写小草的话。

柳树吐绿了吗？长长的柳条像什么呢？我们不是刚学过《咏柳》吗？结合这首诗为柳树写一两句话。

家乡都有什么花呢？写一写它们的种类、颜色等。

田野里，农民伯伯在干什么？把你看到或想到的写下来。

把这些内容连起来成为一段，一篇关于家乡春天的文章就写成了。

家乡的春天

我的家乡在（　　　）。

春天，山坡上、坪坝里、路边上，一丛丛小草从地下探出头来，在去年的枯草中展示着自己蓬勃的生命，让我不由得想起白居易的诗句："离离原上草，一岁一枯荣。野火烧不尽，春风吹又生。"柳树也吐绿了，那细细的叶子,是谁那么细心、那么手巧裁出来的呢?噢,原来是二月的春风。更美的是那些花,红红的桃花、洁白的李花、梨花……一朵朵,一片片,在春风中灿烂地笑着。最美的,却是田野里那些辛勤耕耘的人们,他们一露面,那些美丽的花草,那些美丽的山川,就都只能成为背景了。

家乡的春天真美,我爱家乡的春天。

(2)家乡的夏天:

夏天,田野里有什么变化?早稻熟了吗?农民伯伯收完了早稻又在干什么?他们劳动的场景有没有让你想起一句歌词:"泥巴裹满裤腿,汗水湿透衣背"?农民伯伯辛勤的劳动,使你想起了哪首古诗?

西瓜熟了吗?大家吃西瓜时的表情是怎样的?

孩子们呢?他们在夏天最喜欢的游戏是什么?

家乡的夏天

我的家乡在(　　),家乡的夏天可美了!

夏天,在葱葱郁郁的绿色中,最抢眼的就是那金色的、成熟了的早稻了。不过,这种金色维持不了多久,马上就会被农民伯伯收割了,因为他们还要赶着插下晚稻的秧苗呢。农民伯伯在那里忙碌着,"泥巴裹满裤腿,汗水湿透衣背",可是,他们的脸上却绽放着丰收的喜悦。他们成了烈日下最亮丽的风景。我的耳边似乎响起了那首诗:"锄禾日当午,汗滴禾下土。谁知盘中餐,粒粒皆辛苦。"小孩子们呢,有的也跟着大人在田里劳动,变成了一个个"咸鸭蛋",有的则帮着大人送茶、送西瓜,他们的小脸蛋被太阳晒得和西瓜瓤一样红红的。因为天气太热了,小河和池塘成了孩子们的天堂,他们哪怕不会游泳,也要泡在水里,幻想自己真能变成一条小鱼,游啊游啊……

我爱这夏天的家乡,我爱这热闹、和谐的场景!

(3)家乡的秋天:

秋天,有哪些水果成熟了?它们都是什么颜色的?

晚稻成熟了吗?农民伯伯在干什么?

树木发生了什么变化?树叶落了吗?树叶落在地上,厚厚的,像什么呢?

家乡的秋天

我的家乡在(　　),那里风景优美、物产丰富,家乡的秋天到处是一片丰收的景象。

　　橘子、柿子、红枣都成熟了，一个个黄澄澄、红艳艳的，它们在枝头轻轻摇着，好像在说："怎么样？嘴馋了吧？嘴馋就吃一个吧！"小家伙们可不会客气，也不管谁家的，就伸手摘了。日子好了，谁也不会计较小孩子吃那么一两个水果，反而有人安慰着那些有点胆怯的孩子："吃吧！反正是喝着露水长大的东西，吃吧！"

　　稻子成熟了，黄澄澄的，就像一大铺金色的地毯，稻子慢慢地被收割，那金色的地毯也就一天比一天小了。不过不急，大树妈妈又将一片一片的树叶落了下来，铺在了地上，又是一铺厚厚的地毯……

　　我爱这丰收的、家乡的秋天，更爱淳朴的家乡的劳动人民！

　　(4) 家乡的冬天：

　　冬天，你的家乡下雪了吗？下雪的景色美吗？有孩子去堆雪人、滚雪球、打雪仗吗？

　　人们的活动是怎样的？

家乡的冬天

　　我的家乡在（　　），家乡一年四季都很美，但我最爱家乡的冬天，因为冬天会下雪。

　　下雪了，大人们开心地笑了，因为雪可以冻死一些虫子，来年就会有个好收成。孩子们就更开心了，因为在冬天，不仅天地万物银装素裹，美丽动人，还可以堆雪人、打雪仗，那欢乐的笑声，似乎把树上的雪都震得掉落了下来。孩子们的热闹，让有些大人也变成了"老顽童"，于是，雪地里就更热闹了……

　　我爱家乡，更爱家乡的冬天。

　　(5) 家乡的四季：

　　写家乡的景色，如果题目没有限定季节，那么我们就可以按照季节顺序写一写，我们学过的《美丽的小兴安岭》就是按照季节的顺序来写的，同样写家乡也可以这样来写。

美丽的家乡

　　我的家乡在（　　）。

　　春天，百花争艳，万紫千红，燕子飞回来了，小河也苏醒了，农民伯伯也开始种下自己的希望。

夏天，小河和池塘成了孩子们的天堂，他们在水里欢乐地玩啊、闹啊……

秋天，橘子、柿子、红枣都成熟了，一个个黄澄澄、红艳艳的，它们在枝头轻轻摇着，好像在说："怎么样？嘴馋了吧？嘴馋就吃一个吧！"

冬天，下雪了，大树、小草、房屋等全都穿上了洁白的"婚纱"，堆雪人的，打雪仗的，还有在旁边观望的，有的呐喊助威，有的跃跃欲试……那真是比婚礼还热闹。

我的家乡，一年四季都很美，我爱我的家乡。

5. 如何写文章的结尾？

在写家乡的文章的结尾，一般是抒发自己对家乡和家乡人民的热爱。例如：

我的家乡，一年四季都很美，我爱我的家乡。

我的家乡真美啊！我爱我的家乡！

我爱这丰收的、家乡的秋天，更爱淳朴的家乡的劳动人民！

【教案41】

活动：在希望的田野上——作文讲评

活动目标

（1）通过让学生把自己的"美文"朗诵和誊写出来，使学生感受习作的快乐，提高写作兴趣。

（2）使学生通过评价和欣赏同学的作文，学习同学的写作技巧；使学生感受自己或他人写作成功的喜悦，提高写作兴趣。

活动准备

（1）教师选出学生写得好的文章精心修改，然后让学生读熟，争取朗诵得更好。

（2）布置活动场地。可将桌椅挪后，把教室前面部分布置成舞台，也可将桌椅靠四周，把教室中间部分布置成舞台，尽量将舞台布置得逼真一些，摆上一些盆景，配上背景音乐，使学生的舞台感更强烈，最好也能用上扩音设备,既让所有学生都能听到,又能增强学生的舞台感。

(3) 选好主持人,安排好朗诵者出场的顺序和相关配乐。

(4) 准备好稿纸,每个学生一张。

课时安排

学生人数少的班级,可用一节课朗诵,另一节课让学生将作文誊写在稿纸上,张贴到队角里。学生人数多的班级,如果一节课时间朗诵不完,可用两节课时间,作文誊写作为家庭作业。

活动过程

一、歌曲导入

"我们的家乡在希望的田野上,炊烟在新建的住房上飘荡,小河在美丽的村庄旁流淌。一片冬麦,那个一片高粱,十里哟荷塘十里果香。哎咳哟嗬,呀儿咿儿哟,咳!我们世世代代在这田野上生活,为她富裕,为她兴旺……"(歌曲《在希望的田野上》)

二、活动规则

(1) 学生朗诵自己的文章,其他学生仔细听,并记下精彩的句子或段落。

(2) 其他学生对朗诵者的作文给予评价,将自己听到的写得好的地方指出来,可以只说出该句或该段的大概内容,必要时,可请朗诵者把该句或该段再大声朗读出来,供其他学生学习。

(3) 教师综合学生的评价对朗诵者的作文进行整体评价,对其中特别精彩之处,可板书出来,供大家学习和模仿。

(4) 学生依次上台朗诵,其他学生及教师逐个进行讲评。

三、评奖及活动结束

(1) 请学生提名:哪些学生的作文可以评为优秀作文。

(2) 通过投票的方法从被提名的学生中选出一定数量的文章评为"最优作文",然后给予奖励,并将作文誊写好后张贴到队角里。

【教案42】

江山如此多娇——"我"最心怡的美景

教学目标

(1) 激发学生热爱大自然的情感,使学生乐于表达,融情于景。

(2) 使学生初步学习写景文章的基本方法,能抓住景物的主要特点,做到内容具体,并有一定顺序。

教学重点

使学生能运用自己学过的方法记录下自己见过的美景,激发用文字描绘美景的兴趣。

教学难点

如何将美丽的景色写得具体而生动。

教学准备

(1) 组织一次秋游活动,或者安排学生自己选择一处自然景物进行观察,有条件的学生可选取有代表性的景物,拍下照片或录像,带到学校和同学一起观察。

(2) 关于自然景物的图片若干。

教学过程

一、导入新课

同学们,你们知道世界上最伟大、最神奇的画师是谁吗?

世界上最伟大、最神奇的画师是——大自然。

大自然的画不仅最多、最美、最丰富、最生动,而且,大自然的画能随着四季的更迭而不断变幻它美丽的容颜,多姿多彩,美不胜收。

二、习作要求

围绕自己游览过或了解到的自然景观,写一篇习作。可以写著名的旅游景点，也可以写身边的景物。写之前要想想主要突出哪一点奇特之处，大体按怎样的顺序写。通过你的习作，能够让读者想象出画面，感受到大自然的奇妙。

三、怎么写自然景物？

1. 写什么？

你可以写自己游览过的地方，把最吸引你的那些景色写下来。

有的同学也许会说："我是游览过一些地方，那些景色美是美，可我现在都不太记得了。"那也没关系，我们一直生活在大自然广袤的怀抱中，还怕没东西可写吗？

你可以写身边的景色：村子里的花花草草，春天的和风细雨，夜晚的璀璨星空……这些，你肯定非常熟悉吧？

有的同学也许会说："熟悉是熟悉，可那些景物都太普通了。"我非常喜欢家乡的小溪，说实话，它的风景也没有什么独特之处，不过是普通的绿树、普通的红花、普通的流水而已，但是，它就是凭着这普通捕获了我的心。所以，景物美不美，并不在于它的普通或奇崛，普通自有普通的美，就如我家乡的小溪：

那水，明明是世间的水，可是为什么如仙境一般，丝毫不显俗世的尘埃呢？那绿树，也不过是普通的绿树，可为什么绿得那么鲜艳，犹如十八岁少女般的水灵与鲜嫩呢？那花，也不过是极普通的花，为什么在那绿树之中，清流之上，却显得那么低调而高贵呢？那种低调的高贵，似乎比张扬的高贵更让人嫉妒。因为，张扬的高贵让我们还可以找到贬斥她的借口，可她偏偏那么低调，让我们无计可施了。那花和树，明明是在那清清的流水之上，却为什么仿若刚刚被那清流洗过一般的纯净呢？连我的心似乎也被这清清的泉水洗得澄清了，对了，就叫它"洗心泉"吧！

2. 学一学

有的同学也许又会说："大自然很美，我也确实很爱大自然，可是，我却不知道怎么把它的美写出来。"那也没关系，只要你多向别人学习如何描写大自然的美，慢慢你也就能学会如何来表现大自然的美了。

朱自清就是写自然美的高手，下面我们就来跟着他学学如何把大自然的美写出来。

首先来看看朱自清如何写草：

小草偷偷地从土地里钻出来，嫩嫩的，绿绿的。园子里，田野里，瞧去，一大片一大片满是的。坐着，躺着，打两个滚，踢几脚球，赛几趟跑，捉几回迷藏。风轻悄悄的，草软绵绵的。

朱自清首先用拟人手法说小草是"偷偷地从土地里钻出来"的；然后描写了小草具体的样子："嫩嫩的，绿绿的"；接着描写了小草所处的位置是在"园子里，田野里"，还有"瞧去，一大片一大片满是的"，进而想象可以在草地上进行的娱乐活动："坐着，躺着，打两个滚，踢几脚球，赛几趟跑，捉几回迷藏"，并且还引来了一位陪衬者："风轻悄悄的"。诗一样的语言，让我们读着读着就仿佛进入了如诗如画的境界。

其次来看看朱自清如何写花：

桃树、杏树、梨树，你不让我，我不让你，都开满了花赶趟儿。红的像火，粉的像霞，白的像雪。花里带着甜味儿；闭了眼，树上仿佛已经满是桃儿、杏儿、梨儿。花下成千成百的蜜蜂嗡嗡地闹着，大小的蝴蝶飞来飞去。野花遍地是：杂样儿，有名字的，没名字的，散在草丛里像眼睛、像星星，还眨呀眨的。

朱自清首先用拟人的手法写了桃花、杏花、梨花。本来，花开了就是开了，你开你的，我开我的，各不相干，本没什么可以多说的，但用了拟人手法描写后，它们就变成了"你不让我，我不让你"，还是"都开满了花赶趟儿"；接着一连用了三个比喻句写花的颜色："红的像火，粉的像霞，白的像雪"；然后又写了花的甜味儿，同时闭上眼展开想象："树上仿佛已经满是桃儿，杏儿，梨儿"，也不忘写写花儿吸引来的"客人"："花下成千成百的蜜蜂嗡嗡地闹着，大小的蝴蝶飞来飞去"；最后，又写了那些野花，先写了野花种类的繁多："杂样儿，有名字的，没名字的"，接着用比喻和拟人手法写花的形态："散在草丛里像眼睛、像星星，还眨呀眨的"。这样来写，一切就生动如画了。

再次来看看朱自清如何写风：

"吹面不寒杨柳风"，不错的，像母亲的手抚摸着你，风里带着些新翻的泥土的气息，混着青草味儿，还有各种花的香，都在微微润湿的空气里酝酿。

朱自清首先引用了古人的诗句："吹面不寒杨柳风"；接着用了一个比喻句："像母亲的手抚摸着你"，母亲的手，多么形象的比喻，自然就是"轻轻的、柔柔的"了；然后写了风的气息："风里带着些新翻的泥土的气息，混着青草味儿，还有各种花的香，都在微微润湿的空气里酝酿"。这样的风，把整个春天的气息都吹来了，这才是春天的风啊！

最后来看看朱自清如何写雨：

雨是最寻常的，一下就是三两天。可别恼。看，像牛毛，像花针，像细丝，密密地斜织着，人家屋顶上全笼着一层薄烟。树叶却绿得发亮，小草也青得逼你的眼。傍晚时候，上灯了，一点点黄晕的光，烘托出一片安静而和平的夜。在乡下，小路上，石桥边，有撑着伞慢慢走着的人，地里还有工作的农民，披着蓑戴着笠。他们的房屋稀稀疏疏的，在雨里静默着。

　　朱自清首先写了春雨的"连绵"："一下就是两三天"；然后，连用三个比喻句："像牛毛，像花针，像细丝，密密地斜织着"，以及"人家屋顶上"的"薄烟"来描写春雨的细密；除了单纯写雨，还写了雨中的景物："树叶却绿得发亮，小草也青得逼你的眼"，"在乡下，小路上，石桥边，有撑着伞慢慢走着的人"，"地里还有工作的农民，披着蓑戴着笠"，以及人们的房屋，"稀稀疏疏的，在雨里静默着"。如此，一幅春雨图就呼之欲出了。

　　3. 练一练

　　如果你连自己周围的景色也记得不那么清楚了，可以先在这里看着图片练练笔，等回家以后再去仔细观察一番，边观察边写。但是要注意安全，如果可能，还可以请爸爸妈妈陪你一起去观察，说不定他们还有很好的建议呢！

　　如果你觉得图片已经很美了，你就想写一写图片中的景色，也可以，但是要给它加上适当的情景，如："今天，我们去外婆家，在外婆家旁边有一座美丽的山。"使它成为一篇完整的写景作文，而不是"看图作文"；还要给它加上一个结尾，如："好美的山，好美的水，好美的大自然啊！"最后再根据主要内容给它加上一个合适的标题，如："美丽的山水。"这样就是一篇完整的写景作文，而不是"看图作文"了。注意：文中一定不要暴露"这是一幅风景图"的秘密，而要把它当成真正的风景来写。

写景篇

美丽的山水

今天,我们去外婆家,在外婆家旁边有一座美丽的山。来到山前,我便被那迷人的景色吸引住了。

满山的鲜艳,鲜艳的红,鲜艳的绿,鲜艳的黄,鲜艳的白……大自然真是一位最神奇的画师。画过画的人都知道,整齐的美,比较容易表现,凌乱的美,却似乎很难凌乱得那么自然,可这位画师一点都不怕,因为他本就是"自然",所以,就是那些鲜艳的、凌乱的颜色,也被他安排得那么美,哪种颜色也不敢调皮,安安分分地呆在自己的位子上,显得那么和谐,那么妥帖。而那些白色的精灵,就如同哪个调皮的家伙用锯子划破了牛奶桶一般,这儿几缕,那儿几缕地流了下来,在那些鲜艳的颜色之间悠然自得,似乎在说:"世界上最美的颜色是什么?这还用说吗?……"

好美的山,好美的水,好美的大自然啊!

美丽的小溪

那天,我来到一条小溪边,顿时被它的美景吸引住了。

我爱那粉红的樱花。如朝霞般一朵朵、一丛丛,在空中傲然地招摇。我爱那茵茵的绿草。如绿毯般一片片、一块块,在树下谦卑地展示着自己独特的风采,我似乎听到了它们的歌声:"没有花香,没有树高,你看我的伙伴遍及天涯海角……"我爱那朴素的鹅卵石。一颗颗,无序却和谐地排列着,你挨我,我挨你,在红花和绿草之畔悄然登场,似乎在说:"谁说有生命的东西才最美?"我也爱那清澈见底的溪水。它淙淙地流着,不管花红,不管草绿,也谢绝鹅卵石的挽留,它说:"我要去大海,那里有世界上最美的蓝……"

我想跑过去,闻一闻花香,再在草地上打个滚儿,然后赤脚在那清激的水中走走,再拣上几颗漂亮的鹅卵石,回家放到鱼缸里……

四、学生习作

此时可播放如《春江花月夜》、《夕阳箫鼓》、《洞庭春晓》之类的古典音乐,营造气氛。教师巡视,对有困难的学生进行个别指导,帮助他们开拓思路,及时发现问题,并随机点拨。

【教案43】

活动:妙文生"画",妙笔生"画"——写景作文讲评

活动目标

(1)使学生在根据同学的作文内容画画的过程中,进一步掌握写景的方法。

(2)使学生通过对照同学根据自己作文内容画的画,了解自己作文的优缺点,并扬长避短。

活动准备

每个学生各自准备画具一套。

活动过程

一、歌曲导入

"丁丁是个小画家,彩色铅笔一大把。他给别人把口夸,什么东西都会画。画只螃蟹四条腿,画只鸭子小尖嘴,画只白兔圆耳朵,画只大马没尾巴。哈哈哈,哈哈哈,真是个粗心的小画家。"(歌曲《粗心的小画家》)

今天,我们也来当一回小画家,根据同学的作文内容把他写的景色画下来,你觉得自己能行吗?

二、教师分发学生的作文本

教师分发学生的作文本,注意尽量将作文本发到离它的主人远一些的学生手里。

三、学生作画

学生根据作文的内容画画,画好后交给教师,注意不要让作文的主

人看到。

四、小作者作画

教师把作文本发给小作者本人，请小作者本人把自己写的景色画下来。

五、作品对比

将每篇作文的作者的画和读者的画进行对比，如果两者基本一致，说明作者写得非常清楚，读者也理解透彻了；如果不一致，就要根据作文进行分析，看看是作者没有交代清楚，还是读者没有理解清楚。

六、评价与表扬

师生共同评出写得好的或画得好的学生进行表扬，并鼓励其他学生向他们学习。

七、帮助与鼓励

选择一两篇缺点比较明显的作文，让学生指出缺点。注意不要说出作者的名字，也请学生不要猜测作者是谁。同时告诉作文的作者：现在没写好没关系，有这么多同学帮助你改正缺点，你是多么幸运啊，继续加油，一定可以写出好文章。

状 物 篇

  观察，是写作的好帮手，写状物类作文更离不开观察。所以，我们要告诉学生观察的重要性，并教会他们如何进行观察，如何写观察日记（详见教案44）。

  但是，因为条件的限制，我们很难带领学生长期走出教室到大自然、社会中去观察，所幸还有图片，我们可以利用图片训练学生的观察能力。如在教案47中，我就利用大量的动物图片，让学生了解了动物的外形特点和生活习性。否则，他们本就"胸无成竹"，如果连眼前也"无竹"，是很难"画出竹"来的。

  要写好状物类的文章，当然还有很多可借用的辅助手段，比如在写动物时，最有力的辅助手段就是动物谜语了。所以，我设计了一堂活动课，让学生通过猜动物谜语，更深刻地认识动物（详见教案45）。这样，不仅能激发学生的写作兴趣，还能帮助学生掌握结合谜语写作的技巧（详见教案46），可谓一举两得。

  要写好关于动物的习作，肯定需要多多观察，但是，在课堂上，一般不适合真正弄个小动物来让学生观察，但我们可以借助图片让学生观察，有条件的可多展示一些动物的图片，这既能让学生形象地观察，又不会影响课堂秩序（详见教案47）。

  状物，除了现实中的"物"，还有想象中的"物"，想象中的"物"又该如何描写呢？我们当然也要给学生讲讲（详见教案48）。

【教案44】

问渠哪得清如许　为有源头活水来——如何写观察日记

教学目标

使学生了解观察的重要性，学会如何进行观察，如何写观察日记和连续性的观察日记，懂得收集材料的好处。

教学重点

使学生学会写观察日记和连续性的观察日记。

教学难点

如何写连续性的观察日记。

教学准备

供展示的范例（小黑板或课件）。

课时安排

两课时。

教学过程

第一课时

一、故事导入

一个少年前来向陶渊明讨教学习的妙法，陶渊明想到许多年轻人学习不肯下苦功，只想求捷径、寻窍门，这是十分有害的，于是严肃地说："学习是绝无妙法的，只有笨法。常言道：'书山有路勤为径'，勤学则进，辍学则退呀。"少年听了后似懂非懂。陶渊明便拉着少年的手，来到他亲手耕种的那块稻田旁，指着一棵一尺多高的禾苗说："你蹲在那棵禾苗前，聚精会神地瞧一瞧，它现在是不是正在长高呢？"

那少年便蹲下身子,目不转睛地瞧着,可是直到盯得眼睛酸痛了,那禾苗依然如故,不见其长。他便站起来对陶渊明说:"没见长啊。"

陶渊明反问道:"真的没见长吗?那么春起的苗芽,又是怎样变成这一尺多高的呢?"

少年摇摇头。陶渊明说:"这禾苗是每时每刻都在生长啊!只是我们在短时间内觉察不出;读书学习也是一样,知识在增长时也是一点一滴积累的,有时连自己也不易察觉,但只要持之以恒,勤学不已,就会由知之甚少变为知之甚多。"

接着,陶渊明又指着溪边一块大磨石问:"你再看看那块磨石,为什么会出现像马鞍一样的凹面呢?"

"那是磨损的呗!"少年脱口而出。

"那你可曾发现,是哪一天被磨损成这样的呢?"

那少年摇头不语,陶渊明因势利导地说:"这是农夫们天天在它上面磨刀、磨镰、磨剪、磨锄,日积月累,磨损成的,绝非哪一天之功啊!"少年听了陶渊明的一番话后似有所悟,这时提笔请陶渊明为他题字。陶渊明挥笔写道:

勤学如春起之苗,不见其增,日有所长;

辍学如磨刀之石,不见其损,日有所亏。

所以,学习不是一日之功,要靠多积累。写作也一样,不是一天就能学会的,是一天一天慢慢增长的。怎样让它慢慢增长呢?那就是多读、多写。多读,就是要多读课文、多读课外书,学习别人的经验;多写,就是要多写随笔,多写观察记录。"问渠哪得清如许,为有源头活水来",只有多观察、多积累,写作时我们的文思才能像有源的活水一样源源不断地涌出来!

二、为什么要观察?

崇山峻岭,古木参天,林中阴森森的,一个人来到一棵大树前看了看,就顺着树干爬了上去,坐在树枝上,机警地观察四周,像是在等待什么。突然,一只梅花鹿"嗖"地从眼前窜过,紧接着传来一声雷鸣般的虎啸,从林中跳出一只斑斓猛虎。下面是一场饿虎扑食和惊鹿逃生的惊心动魄的场面,这个人看得如痴如醉,直到老虎离去多时,他才从树上下来。这个人是谁?为什么冒着危险到这儿来看老虎呢?他叫施耐庵,为写好《水浒传》中的"武松打虎"一段而独自来到这深山中观察老虎。

为了写作,施耐庵可以独自进入深山中观察老虎,当然,老师不赞成你们独自到深山中去观察老虎,那是非常危险的。但是,我们还是要多多观察。有的同学也许感到奇怪:好多知识,书籍、网络上都有,何必多此一举地去实地观察呢?

如果你想知道一个人长什么样,你是希望别人用几千字向你描述?还是拿给你一张那个人的照片?或是亲自去见一见那个人?当然是想亲自去见一见那个人。同样的道理,当我们想真正了解一个事物的面貌时,我们一般也要亲眼去观察一番。

而且,书籍、网络上的资料不一定都是正确的,要亲自观察体验后才能知道事情到底是怎样的。我国明代地理学家徐霞客在研究地理知识的过程中,发现了很多疑点,这是前人在书斋进行地理研究的局限,于是,他决定进行实地考察。从22岁起,在以后的34年间,他跋山涉水、披荆斩棘、草行露宿,克服了种种常人难以承受和想象的困难和危险,走遍了祖国的山山水水,终于写成了旷世巨著《徐霞客游记》。书中纠正了很多前人的错误说法,成为世界地理学史上无可替代的"第一手资料"。

"耳听为虚,眼见为实。"看书、上网查资料,虽然也是"眼见",但这都是间接经验,不是自己的亲身体验,所以,很多事还是要亲身出门体验一下、亲眼观察一番才好。

三、认识观察日记

1. 什么是观察日记?

观察日记的内容,包括独立的物品,比如观察一个工艺品的样子、一个建筑的式样、一个动物的样子等,以及一系列的事情,比如观察绿豆的发芽经过、母鸡下蛋时的情形等。

2. 观察日记的格式、内容

驱蚊新方法

8月16日　　星期五　　晴

今天早上,我收拾饭桌时发现了一个奇怪的现象:昨天晚上,我和妈妈吃完梨,没来得及把梨皮和梨核扔掉,就随手把它们放在两个小碗里了。现在,我放梨皮的小碗里招来了许多小蚊子,而妈妈放梨皮的小碗里却一只蚊子也没有。我觉得很奇怪,就仔细察看两个小碗有什么不同。原来妈妈放梨皮的小碗里有几瓣大蒜。我想,是不是大蒜的气味把蚊子熏跑了呢?

于是,我就在房间里洒了一些大蒜水,过了一段时间,我发现房间里的蚊子果然被熏跑了。妈妈说我发现了驱蚊的新方法。

(1)观察日记的格式：一般在第一行中间写上×月×日（必要时可以写上年份）、星期几、天气情况。天气情况用"晴"、"阴"、"雨"、"雪"等简要的文字表示即可，然后另起一行空两格写要记的内容（即正文）。

有些有主题的日记，也可在日期之前写上标题。

(2)故事激趣，使学生了解观察日记的内容。

我上小学时，有个同学的日记是这样写的：

2月30日　　　星期一　　　晴

今天一天都没出太阳，真不好。爸爸买回两条金鱼，养在水缸里，淹死了一条，我很伤心。

同学们觉得这篇日记写得怎么样呢？好笑？有什么好笑的？我看写得挺好的，格式正确：日期、星期、天气都写好了，正文虽然有点短，但整篇日记结构还是完整的。

错了？那他到底错在哪里呢？

问题1："2月30日"。

大家都知道2月是28天或29天，肯定不会出现2月30日。

问题2：前面说天气是"晴"，正文中却写"今天一天都没出太阳，真不好"。前后矛盾。

问题3："爸爸买回两条金鱼，养在水缸里，淹死了一条"。

金鱼本就是在水中生活的动物，怎么会淹死呢？

所以，我们老师在把这篇日记读给我们听后，是这样评价的："我也很伤心，我长这么大了，2月还从来没有遇到过一个30号呢！也从来没有见过不出太阳的晴天，更没有见过会淹死的金鱼。"

3．让学生说说对观察日记的理解

(1)学生谈自己对观察日记的理解。

(2)教师小结：观察日记和其他日记不同，它的主要内容是作者对观察到的事物的情形的记录，所以，不要把观察日记写成抒情日记或议论日记。

四、怎么写观察日记？

1．写什么？

可以观察植物、动物或建筑，也可以观察你喜欢的小物品，如布娃娃、台灯、闹钟、音乐盒等。

首先，应选择有特点的事物，从外形上看，既不要太复杂，又要有与众不同之处，这样，在语言表达方面既不会啰唆、顾此失彼，又能在词句创造方面有所发挥。

其次，在选材时要注意选自己喜欢的事物来写，有了情感基础，在描述时会更生动、更准确。

2．怎么观察？

要按照一定的顺序观察。从里到外，从上到下，从局部到整体，从构造到色彩到作用，观察有条理，可以使描写连贯，特点突出。

3．怎么描写？

描写时也要按照一定的顺序，不能这一部分还没介绍完又介绍那一部分，介绍着那一部分，忽然又说起这一部分，弄得混乱不堪。

描写要具体，不能三言两语就说完了，如果你觉得"无话可说"，可以多进行联想，也可以换个角度再进行观察。

4．怎么升华？

升华，是指对事物的提高和精练。比如写台灯，你写它多么精美、多么好看，它也只是一盏普通的台灯，但是，如果你写它每天默默地为你的夜读奉献力量，那它就具有了一种别样的风采。如果你把它当成是你的朋友来写，写它在你夜晚孤独害怕时给你勇气，那它的美丽就更有魅力了。这就是升华。

所以，在写观察日记时，一定不要忘记升华，学会升华，不仅能让事物具有更加动人的魅力，而且也满足了"立意"的要求。

5．范例

(1) 观察一个小物品：

我的地球仪

3月16日　　　星期二　　　晴

我家的玩具很多，但我最喜欢的要数小地球仪了。

小地球仪是由球体、地轴和底座组成的。它的球体像一个足球那么大，球面上的图形标志着世界各国在地球上的位置，以及海洋、河流、高原、山脉、沙漠的分布情况。地轴的上端连接着北半球顶端的北极，下端连接着南半球底部的南极，使球体固定在轴上，安置在底座上。安上底座是为了使小地球仪稳稳地放在桌子上面，不会滚动。

小地球仪的色彩也非常漂亮：成片的绿色表示平原；淡黄色的是高原，深黄色的是山脉；蓝色的是海洋，蓝色越浓说明海洋越深。国与国之间有国界线，邻近的国家版图又以不同的颜色加以区别，多色彩的球体安置在乳白色的底座上，显得十分和谐悦目。

看着，看着，我忽而成了地质学家，去勘测祖国的深山老林，沙漠盆地；忽而又成了全球旅行家，周游了世界各地。我爱我的地球仪，不仅因为它色彩绚丽，造型别致；更重要的是它使我懂得了许多地理知识，还使我的目光放得更远，更远……

(2) 观察一个建筑物：

石雕仙鹤群

5月3日　　　　星期一　　　　晴

南郊公园蘑菇亭下有一条小河，清清的河水潺潺地流着。在阳光的照耀下，河面闪烁着点点金光。河中心有一只用岩石堆砌成的石龟，石龟身上站着五只雪一样白的石雕仙鹤。

它们都有长长的腿，又细又长的脖子，小小的眼睛下面是一张尖尖的嘴，真是可爱极了。这五只仙鹤中最高的一只仙鹤昂着头，似乎望着蔚蓝的天空中飘过的朵朵白云，静静地在凝思着什么，又似乎在邀请从南方归来的燕子给大伙儿讲讲旅途见闻。右边的一只仙鹤仿佛在遥望远处水里隐约可见的小鱼，准备迅速地飞过去把小鱼叼起。在它身旁的一只仙鹤正把河水当做一面镜子，专心致志地打扮着自己，好像要与岸上的桃花和翠柳比美。左边的一只仙鹤伸长着脖子，好像在全神贯注地俯视着小河里的鱼群。而站在最前面的一只仙鹤昂首挺立，威风凛凛，多么神气啊！

这五只仙鹤姿态不一，个个形象逼真，深深地吸引着游客。我真想多看它们几眼！

(3) 观察一种植物：

绿　　萝

6月20日　　　　星期日　　　　晴

人们大都认为观赏植物都是能开出艳丽的花朵的，而我却不这样想。因为，我家的绿萝就不开花，但我却非常喜爱它。

绿萝的茎大约有两米长，每隔约五厘米，就长出一片桃形的叶子，绿绿的，亮闪闪得似乎要出油。它好像女学生穿着的连衣裙，飘垂在花架上，散发着无限的生机，完全没有埋怨上帝没有赋予它像其他花朵一样鲜艳颜色的不快，而是好像在说："如果命运注定我不能做一朵鲜艳的花，那我就努力做一株最美丽的绿萝吧！"要是我，别人都有鲜艳的花裙子，只有我的是一条不起眼的绿裙子，我一定会哭鼻子的。

而且，在每长出一片叶子后，在叶子的后面，还会长出一个小芽，颜色微黄，只要你把小芽和叶子一起揪下来栽到花盆里，就又可以长出一棵绿萝了。它的生命力真强啊！

每当我学习累了的时候，我会看看绿萝，它那鲜亮的绿可以帮我的眼睛消除疲劳；每当我嫉妒别人的时候，我也会看看绿萝，因为它会告诉我："如果命运注定我不能做一朵鲜艳的花，那我就努力做一株最美丽的绿萝吧！"每当我遇到挫折的时候，我也会看看绿萝，听！它在说："看看，我的生命力多强啊！"

（4）观察一种动作：

爸爸切土豆

7月28日　　　　星期二　　　　晴

经过厨房的时候，忽然被爸爸切土豆的样子吸引住了。

我以前也切过土豆，但是，那圆圆的土豆老和我作对，一下子就溜走了，不时和我玩捉迷藏。可是，土豆在爸爸手里怎么就不调皮了呢？只听得"刷——刷——刷——"，手起刀落，土豆已经变成一片片的了。然后，只见爸爸把切好的土豆片随便拨弄一下，就变成一列整齐的队伍了。接着又"刷——刷——刷——"，手起刀落，菜刀右边已经是一根根均匀的细丝了。我看得目瞪口呆，不禁问道："爸爸，你怎么切得这么好、这么快？"

爸爸笑了："你自己想想！"

我点了点头，心里琢磨着：应该是熟能生巧吧？

五、指导学生写观察日记

自由选择自己想写的事物，写一篇观察日记。注意写清楚观察的时间、地点、观察对象、观察对象的细致特征，以及观察中的心情和收获。如果你喜欢，观察我们的教室并把它写下来也可以。

第二课时

一、导入新课

对有些事物的观察在一天内就可以完成，但对有些事物的观察却不是一天能够完成的，记录这样的事物，就需要我们写连续性的观察日记。

二、什么是连续性的观察日记？

连续性的观察日记，即写一个过程。比如自己在家里种了绿豆芽，那么就可以对它的生长过程按照生长的顺序进行观察，同时做好观察日记：

观察绿豆长什么样子？用什么容器培植绿豆芽？放了多少水？

绿豆芽刚开始发芽时是什么样子？多大？什么颜色？什么形状？容器里有什么味道？

绿豆芽长高了吗？有多高？多粗？颜色有什么变化？

绿豆芽又长高了，形状、颜色、大小又有什么变化？绿豆原来的外壳怎么样了？在水里还是在豆芽顶上？

绿豆壳什么时候掉的？又看到了什么？小绿叶苗？用手去摸一摸，有什么感觉？滑滑的还是粗糙的？硬的还是软的？凉的还是热的？

摘下绿豆芽，让妈妈炒给你吃，是什么味道？

三、如何写连续性的观察日记？

1. 每天连续记录

连续性观察日记的写作方式其实非常简单，首先是根据观察的内容想好一个标题，比如"绿豆发芽的连续观察日记"，或者直接写"观察日记×则"。然后再把这几则观察日记按顺序写下来即可。

观察日记五则

2009年10月2日　　　星期五　　　晴

今天领到一个光荣的任务，回家观察绿豆发芽的情况，我乖乖地遵命。

我拿来一小捧绿豆，仔细地端详着。绿豆绿豆，自然是绿色的，它们的形状是椭圆形的，比较光滑，它们的腹部有一条短短的白线。绿豆硬硬的，我用指甲使劲地掐，它们也没什么变化。

我找来一个玻璃杯，把这些绿豆放在杯子里，又放了一点点水，然后跟它们说："明天见！"

2009年10月3日　　　星期六　　　晴

今天一放学，我就跑去看我的宝贝绿豆！哈哈，一天不见，它们可胖多了，绿衣服都被它们撑得快破了！有的肚子都裂开了，露出白白小小的嫩芽。

　　　　　2009年10月4日　　　星期日　　　晴

　　今天，绿豆绿色的衣服都被撑破了，有的只剩下了半截。所有的绿豆都开始发芽了，有的约一厘米长了。那芽儿嫩嫩的，白白的，就像是刚出生的婴儿那吹弹可破的肌肤。好可爱的绿豆宝贝！

　　　　　2009年10月5日　　　星期一　　　晴

　　今天一起床，我就跑到阳台上去看绿豆。哈哈，绿豆的芽儿更长了，白白嫩嫩的，又粗又壮，它们的绿衣服完全脱离了它们原来那椭圆形的身体，这儿一个，那儿一个。

　　　　　2009年10月6日　　　星期二　　　晴

　　今天，已经完全看不到原来的椭圆形的绿豆了，只剩下一根根修长的白色的茎，顶端也出现了嫩黄嫩黄的两片小叶子。它们歪七竖八地扭在一起，但是又各自不动，好像跳舞时摆的造型。

2. 间断记录

　　除了每天连续记下的连续性的观察日记，我们还可以写间隔时间比较长的观察日记，比如写植物的生长过程，我们不太可能做到一天一天地来记录，但是，我们可以一段时间一段时间地来记录。

丝　　瓜

　　春天，我和爸爸一起在院中的菜地里播下了一行丝瓜种子。

　　一场春雨过后，丝瓜种子破土而出，长出了嫩绿的新芽。

　　夏天来了，瓜蔓爬上了架子，越爬越高，绿油油的叶子中间，开满了金黄色的丝瓜花。

　　不久，小丝瓜长出来了。瞧，那小丝瓜多好玩儿呀，身上穿着葱绿的"外衣"，像一条条绿色的小香肠，又像是很多玉佩挂在瓜蔓上，丝瓜身上还有一条条的线，就像我们的数学本格子。丝瓜越来越大，身上的"格子"也越来越宽。摘下几个丝瓜，炒着吃，做汤吃，或者是做丝瓜煎蛋，丝瓜炒肉，味道都特别鲜美。

　　秋天来了，丝瓜架上只剩下几个明年做种子的"老丝瓜"了。它们换上了金黄色的"长袍"，丝瓜皮也有些干裂了，从裂口向里看去，可以看到黑色的丝瓜种子藏在很多银亮的细丝中间，也许丝瓜的名称就是由此而来吧？爸爸说，那些银丝，还可以用来做洗碗的工具呢，比那些清洗球环保多了,而且还不伤手。

丝瓜真好啊,不仅为我们提供美味的食品,而且连老了也不忘为人类奉献力量。我喜欢丝瓜的美味,更喜欢丝瓜的美德!

四、指导学生写连续性的观察日记

选择自己感兴趣的事物,认真观察,并写一写连续性的观察日记,可以写成"观察日记×则"的形式,也可以写成一篇作文的形式。

【教案45】

"花谜会"活动:猜一猜 快乐来——猜动物谜语

(注:把谜面挂在灯上,叫灯谜,为了方便省事,我们把谜语卡片吊在纸花上,遂称"花谜"。)

活动目标

使学生通过猜动物谜语,了解动物的外形特点和性格特点,为下次描写可爱的小动物做准备,同时提高学生的写作兴趣。

活动地点

教室。

活动准备

(1) 师生一起根据要猜谜语的数量制作彩色皱纹纸花。

(2) 教师将谜面分别制成卡片,谜面的字尽量大一些,让每个学生都能看得清楚,等到后面教师分析讲解时就可以免去板书,让学生直接看卡片即可。卡片上留下学生写答案的地方,为防止有人猜错,也为教师总结时让其他学生找找那个学生猜错的原因,以便总结经验,卡片上最好留三个写答案的地方。

(3) 将写有谜面的卡片吊在师生一起制作的彩色纸花下,再悬挂到教室上空。悬挂方式可以根据教室环境的特点因地制宜。如果学校是木制钢筋的窗户,可将粗线在一边窗户的一根钢筋上系好后,把粗线的另一头系到对面窗户的另一根钢筋上,再把"花谜"用彩色小铁丝隔一定距离固定到粗线上。用同样的方法多系几根粗线,多挂一些"花谜",就是一个美丽的"花谜会"了。

(4) 录音机、小奖品若干。

(5) 将课桌靠墙摆放,把中间的地方留出来供活动使用。

(6) 在教室里张贴一张"猜谜英雄榜",将活动优胜者的名字或相片公布在上面,以便进一步提高学生的积极性。

活动过程

一、播放音乐、渲染气氛

教师播放欢快的音乐,调动学生的猜谜兴趣。

二、教师(或主持人)讲解猜谜活动规则

(1) 每个学生拿着白纸和笔,在"花丛"中寻找自己猜得出的谜语,找到自己猜得出的谜语后,就可以把小铁丝解开,把"花谜"取下来,在答案的第一行写下自己的谜底并签上自己的姓名,交到教师那里,如果猜对了,学生就可以留下那个"花谜";如果猜错了,就请学生自己再把花谜挂上去,让其他学生继续猜。

(2) 谁先看到谁先去取,不准争抢,不遵守纪律的学生的答案作废。

(3) 根据猜出"花谜"的多少得出此次活动的优胜者,可根据班级人数的多少取前三名、前五名、甚至更多名予以奖励。

三、学生猜谜

谜语1:大象

耳朵像蒲扇,身子像小山,鼻子长又长,帮人把活干。

谜语2:螃蟹

八只脚,抬面鼓,两把剪刀鼓前舞,生来横行又霸道,口里常把泡沫吐。

谜语3:青蛙

小时着黑衣,长大穿绿袍,水里过日子,岸上来睡觉。

谜语4:公鸡

头戴红帽子,身披五彩衣,从来不唱戏,喜欢吊嗓子。

谜语5:蜻蜓

尾巴一根钉,眼睛两粒豆,有翅没有毛,有脚不会走。

谜语6:狗

粽子头,梅花脚,屁股挂把指挥刀,坐着反比立着高。

谜语7：山羊
年纪并不大，胡子一大把，不论遇见谁，总爱喊妈妈。

谜语8：青蛙
一位游泳家，说话呱呱呱，小时有尾没有脚，大时有脚没尾巴。

谜语9：蜗牛
名字叫做牛，不会拉犁头，说它力气小，背着房子走。

谜语10：鱼
有头无颈，有眼无眉，无脚能走，有翅难飞。

谜语11：鸭子
嘴像小铲子，脚像小扇子，走路左右摆，不是摆架子。

谜语12：金鱼
凸眼睛，阔嘴巴，尾巴要比身体大，碧绿水草衬着它，好像一朵大红花。

谜语13：猫
八字须，往上翘，说话好像娃娃叫，只洗脸，不梳头，夜行不用灯光照。

谜语14：萤火虫
远看是颗星，近看像灯笼，到底是什么，原来是只虫。

谜语15：刺猬
小货郎，不挑担，背着针，满地窜。

谜语16：猪
有个懒家伙，只吃不干活，戴顶帽子帽边大，穿件褂子纽扣多。

谜语17：燕子
头有毛栗大，尾巴像钢叉，睡觉在泥里，离地一丈八。

谜语18：螺蛳
小小瓶，小小盖，小小瓶里好荤菜。

谜语19：虾
小小一条龙，胡须硬似棕，活着没有血，死了满身红。

谜语20：蚂蚁
远看芝麻撒地，近看黑驴运米，不怕山高道路陡，只怕跌进热锅里。

谜语21：猴子
上肢下肢都是手，有时爬来有时走，走时很像一个人，爬时又像一条狗。

谜语22：鸭子

小小玲珑一条船，来来往往在江边，风吹雨打都不怕，只见划桨不挂帆。

谜语23：蜘蛛

小小诸葛亮，独坐军中帐，摆成八卦阵，专抓飞来将。

谜语24：青蛙

坐也是坐，立也是坐，行也是坐，卧也是坐。

谜语25：马

坐也是立，立也是立，行也是立，卧也是立。

谜语26：鱼

坐也是行，立也是行，行也是行，卧也是行。

谜语27：狗

名字叫小花，喜欢摇尾巴，夜晚睡门口，小偷最怕它。

谜语28：萤火虫

白天草里住，晚上空中游，金光闪闪动，见尾不见头。

谜语29：鹅

头戴红顶帽，身穿白布袄，走路像摇船，说话像驴叫。

谜语30：狐狸

尖嘴尖耳尖下巴，细腿细脚细小腰，生性狡猾多猜疑，尾后拖着一丛毛。

谜语31：猫

瞳孔遇光能大小，唱起歌来喵喵喵，夜半巡逻不需灯，四处畅行难不倒。

谜语32：蝉

一肚子没学问，开口闭口知道，瞧瞧这小家伙，实在真是骄傲。

谜语33：蚯蚓

不管翻地或打洞，天生爱动到处钻，松松土来施点肥，人人称我为地龙。

谜语34：蜻蜓

细细身体长又长，身后背着四面旗，斗大眼睛照前方，专除害虫有助益。

谜语35：乌龟

椎子尾，橄榄头，最爱头尾壳内收，走起路来慢又慢，有谁比他更长寿。

谜语36：牛

任劳又任怨，田里活猛干，生产万吨粮，只把草当饭。

谜语37：公鸡

顶上红冠戴，身披五彩衣，能测天亮时，呼得众人醒。

谜语38：鱼

全身片片银甲亮，瞧来神气又威武，有翅寸步飞不起，无脚五湖四海行。

谜语39：壁虎

活动地盘在墙壁，专门收拾飞蚊虫，尾断无碍会再生，医学名称是守宫。

谜语40：啄木鸟

有种鸟儿本领高，尖嘴会给树开刀。坏树皮，全啄掉，钩出害虫一条条。

谜语41：孔雀

说它像鸡不是鸡，尾巴长长拖到地，张开尾巴像把扇，花花绿绿真美丽。

谜语42：猫头鹰

远看像只猫，近看像只鸟，夜晚捉老鼠，白天睡大觉。

四、猜谜结束

猜谜结束，学生回到自己的座位，展示自己得到的"花谜"，得出活动结果。

五、教师总结

教师总结此次猜谜活动的情况，将那些有难度的谜语给学生讲解一下，也可让学生提出自己不懂的问题由教师一并讲解。

六、颁发小奖品，活动结束

教师根据学生猜对谜语数量的多少评出优胜者若干，颁发小奖品并宣布猜谜活动结束。

【教案 46】

最佳魔术师——如何根据动物谜语描写动物

教学目标

使学生学会根据动物谜语来描写动物。

教学重点

使学生学会根据动物谜语来抓住动物的特点描写动物。

教学难点

如何巧妙地根据动物谜语来描写动物。

教学准备

供展示的范例（小黑板或课件）。

教学过程

一、导入新课

一个学生这样描写小鸭子："它的嘴巴扁扁的，好像两把黄色的小铲子。它的脚掌宽宽的，好像两把小小的扇子。别看它个头小，架子可不小呢！走路的时候，它还一摇一摆地走官步呢！"

写得怎么样？羡慕吧？但是，老师告诉你们，如果你们学会了根据动物谜语来描写动物特点的写作方法，你们也能写出这样的作文来。

二、学一学

1. 动物谜语的妙用

上面提到的这位学生的作文利用的就是一则关于鸭子的谜语："嘴像小铲子，脚像小扇子，走路左右摆，不是摆架子。"把这则谜语改写：

"嘴像小铲子"——"它的嘴巴扁扁的，好像两把黄色的小铲子。"

"脚像小扇子"——"它的脚掌宽宽的，好像两把小小的扇子。"

"走路左右摆，不是摆架子"——"别看它个头小，架子可不小呢！

走路的时候,它还一摇一摆地走官步呢!"

可见,动物谜语能够有效地帮助我们写作。

2. 直接引用动物谜语作为作文的开头

"粽子头,梅花脚,屁股挂把指挥刀,坐着反比站着高。"你知道这是什么动物吗?它就是狗。我们家就养了一只可爱的小狗。

"脚穿钉鞋行无声,不爱吃素专吃腥,白天无事打瞌睡,夜晚捕鼠逞英雄。"你知道这是什么动物吗?来!我悄悄地告诉你,它就是——猫。

"顶上红冠戴,身披五彩衣,能测天亮时,呼得众人醒。"你知道这是一种什么动物吗?那就是公鸡。

让你猜个谜语,猜一种动物——"八字须,往上翘,说话好像娃娃叫,只洗脸,不梳头,夜行不用灯光照。"你猜出来了吗?它就是猫。

3. 根据动物谜语描写动物的外形

我们也可以根据动物谜语来描写动物的外形,就如本节开篇写小鸭子一样。比如:

我们可以根据下面这则谜面来写兔子:

"耳朵长,尾巴短,红眼睛,毛毛衫,三瓣嘴儿胆子小,蹦蹦跳跳人喜欢。"

兔子有( )的耳朵,( )的尾巴,( )的眼睛,嘴巴裂成( )瓣,穿着一件( )色的毛茸茸的衣裳,可爱极了。

我们可以根据下面这则谜面来写鹦鹉:

"头戴红缨帽,身穿绿战袍,说话像人语,你说他就学。"

鹦鹉头上的羽毛是( )色的,就像戴了一顶( ),身上的羽毛是( ),就像穿了一件( )。

4. 根据动物谜语描写动物的习性或对人类的影响

"林海之中一医生,保护树木立大功,不打针来不给药,一口叼出肚里虫。"啄木鸟为人类捉了多少害虫啊,为人类保护了大森林,我们应该感谢它。

"身穿一件大皮袄,山坡上面吃青草,为了别人穿得暖,甘心脱下自己毛。"绵羊为了人类穿得暖和,甘心让人们剪掉它身上的毛,真是人类的好朋友啊!

"全身都是宝,只吃百样草,吃饱就睡觉,走路哼哼叫。"猪的样子虽然很笨,但是,它吃着人类不要的最粗劣的食物却甘之如饴,而且为人类奉献了自己的全部,真是让人敬佩啊!

"一生勤劳忙,专去百花乡,回来献一物,香甜胜过糖。"勤劳的小蜜蜂,自己辛辛苦苦采来花蜜,却变成香甜的蜂蜜献给了人们,小蜜蜂,你是多么伟大,多么可爱啊!

三、练一练

动物是人类的好朋友,我相信很多同学都喜欢小动物,那么,就给大家布置一个任务,请大家回家后观察一种小动物,为下次的写作做好准备。一定要认真观察!可不能像丁丁画画一样,将螃蟹变成了四条腿,将鸭子变成了小尖嘴,将白兔变成了圆耳朵,还将大马的尾巴没收了!

【教案47】

可爱的动物——如何描写动物的外形和习性

教学目标

使学生学会通过描写动物的外形和习性来描写一种动物。

教学重点

使学生学会通过描写动物的外形和习性来描写一种动物。

教学难点

如何描写动物的习性。

教学准备

供展示的范例(小黑板或课件)。

教学过程

一、歌曲导入

"小白兔白又白,两只耳朵竖起来,爱吃萝卜和青菜,蹦蹦跳跳真可爱。公鸡公鸡真美丽,大红冠子花外衣,油亮的脖子红红的爪,人人见了人人夸。小鸡小鸡叽叽叽,爱吃小虫和小米。小鸭小鸭嘎嘎嘎,扁扁嘴,大脚丫。小青蛙,呱呱叫,专吃害虫护庄稼。……"《动物歌》

状 物 篇

教师戴上墨镜，装扮成盲人：哎呀，这歌里唱得这么热闹，都在唱些什么呢？是些小动物。这些小动物可爱吗？到底多可爱呢？哪位热心的同学能告诉我？我的眼睛看不见，请一定要给我说得很具体，这样我才能想象得出这个小动物的具体样子。为了防止说起来混乱，最好的办法还是先把小动物的可爱之处写下来，修改好后，再读给我听，好不好？

二、怎么描写动物？

1．习作要求

写一写自己喜欢的动物。要具体写出动物的特点，表达出自己的真情实感。完成初稿后，写同一种动物的同学一起交流一下，学习彼此的长处，相互提出修改意见，然后修改自己的习作。

2．怎么写开头？

(1) 开门见山：

我最喜欢的小动物是小狗。

我们家养了一只可爱的小猫。

(2) 谜语开头：

"头戴红帽子，身披五彩衣，从来不唱戏，喜欢吊嗓子。"这则谜语说的就是公鸡。我们家也有一只漂亮的大公鸡。

"头有毛栗大，尾巴像钢叉，睡觉在泥里，离地一丈八。"春天来了，可爱的小燕子又从南方飞回来了，在我家屋檐下筑起了窝。

(3) 儿歌开头：

"我有一只小毛驴，我从来也不骑。有一天我心血来潮，骑着去赶集。我手里拿着小皮鞭，心里正得意。不知怎么哗啦啦啦，我摔了一身泥……"每当听到这首歌，我就想起了我们家养的那头小毛驴。

"生产队里养了一群小鸭子，我天天早晨赶着它们到池塘里。小鸭子向着我嘎嘎嘎地叫，再见吧小鸭子，我要上学了……"我很喜欢听这首儿歌，因为我们家也养了一群可爱的小鸭子。

"小白兔，白又白，两只耳朵竖起来，爱吃萝卜爱吃菜，蹦蹦跳跳真可爱。"我家也有一只可爱的小白兔。

3．怎么描写动物的外形？

要想把小动物的外形描写出来，需要我们按照一定的顺序仔细观察，可以从整体到部分进行观察，也可以按照方位顺序如从头——身子——尾部进行观察，写头部时可以从头顶——眼睛——鼻子——嘴进行观察，写身子时可以从躯干——四肢进行观察。总之，按一定的顺序观察，才能有层次地把小动物可爱的样子写出来，才能让读者了解小动物大概的样子。比如描写小狗（出示小狗的图片）：

　　那一身整齐的、长长的毛，那么白，像是身上落了一层厚厚的雪。不，白雪没有那么柔软，哦，对了，一定是从天上裁下几朵白云做成的衣裳；那黑黑的鼻子，那么小巧，那么可爱；那黑宝石一样的眼睛，那么亮，那么圆，那么黑。它就那样懒洋洋地伏在那儿，好像在说："让我先歇歇，等一会儿再逗你们开心吧！"但它却不知道，就是看着它这慵慵懒懒的样子，我也觉得很开心。

　　4．怎么描写动物的习性？

　　观察动物不仅要观察它的外形，还要观察它的生活习性，以及它与其他动物的不同之处。比如：它喜欢吃什么？它喜欢在什么地方活动？它的睡眠姿势是什么样的？

　　观察动物的习性时，我们可以从不同角度、不同时间、不同地点去观察，比如：小兔子在窝里和窝外的活动情况不同，小猫在白天和在夜间的活动差别更大。更重要的是要细致地观察小动物在不同条件下的特殊活动。

　　一个学生在写小兔子的作文中写下了这样一段话："我最喜欢看小兔子跳高了。起跳时，它后腿用力一蹬，前腿微收；下落时，它把前腿一伸先着地，后腿才跟着落下来。接着它又把前腿高高地抬起，挺直身子用后腿站起来。真像一个得了冠军的运动员站在领奖台上，那个样子实在好玩儿极了。"这一段话把小兔子跳跃的动作写得非常生动有趣。同时，这个学生还写到了给小兔子喂食："小兔子吃食时，把两只耳朵直立起来，随时倾听周围的动静，我无意中吹了一声口哨，它立刻丢下食物，窜回窝里，身体紧缩成一团，半天才露出头来。"这一段描写突出了小兔子的反应是多么灵敏，警惕性是多么高啊！如果小作者没有在不同情况下对小兔子进行细致的观察，是不会写得如此生动形象的。

　　你家有养的小狗吗？如果有，你了解它的生活习性吗？

　　如果小狗肚子饿了想吃东西，它会怎么做？它的眼神是什么样子的？它的嘴巴会做出什么样的动作以表示它想吃东西了？它会发出声音吗？它会用爪子轻轻扯你的裤腿吗？当它终于得到了食物后，它是很绅士地用舌头舔还是大口大口地吃？当有别的动物靠近它和它的食物时，它会如何反应？当它吃饱了以后，它又会怎么样？

如果小狗感到无聊了，它会做些什么呢？你会和它玩游戏吗？它喜欢玩什么游戏？它开心的时候是什么样子？它的尾巴会摇来摇去吗？

如果小狗自己玩游戏时，它会叼你的袜子、鞋子、围巾等小物品吗？当它叼这些东西时，你是怎么对待它的？它又会怎么做？是什么表情？眼神是什么样的？

如果小狗生气或者遇到陌生人时，它会叫吗？声音是什么样的？表情如何？有没有想要攻击对方的动作？是什么样的动作？

当然，上面这些内容不一定都写下来，你可以选择自己最想写或者最感兴趣的方面写下来。

它有时候会懒洋洋地伏在地上睡觉，用两只前爪作枕头，那安详可爱的样子常常让我忍不住去摸摸它、抱抱它。有时候它也会讲究科学的睡姿，来个右侧卧，头向上仰着，那样子好像是数星星数得累了睡着了似的。最有趣的是那次它居然突发奇想地把爸爸的拖鞋当摇篮，而且，它小小的身子居然刚好钻进拖鞋里，好像那拖鞋不是给爸爸穿的，倒是给它量身定做的床铺一样，它在那里面睡得那么香，我们大家在旁边都把肚子笑痛了它都没醒。

睡醒了以后，它有时候会坐在篮子里"坐篮观景"，有时候会给我们表演叼盘子杂技，有时候会给我们表演"直立行走"。那次，我还给它拍了一张它站立的照片呢，取名为"狗模人样"！

当然，它也不会将全部的时间都用来逗我们开心，它也有它自己的空间，比如没事交交朋友，和它们聊聊天，玩玩游戏，不过，那也为我们又推荐了一些"喜剧演员"。

5. 怎么写结尾？

在文章的结尾，你可以夸夸它，夸夸它的可爱，夸夸它带给你的快乐，当然，也可以抒发你对它的喜爱之情。

好可爱的小狗啊，它给我的生活带来了无尽的乐趣！

我爱我家的小狗，它是我的好朋友！

三、学生习作

选择自己要写的小动物，回忆它的样子和它的生活习性，曾经写过观察日记或随笔的同学，可以把相关资料整理成作文。也可以写你曾经在动物园看到的动物，但一定要选择印象深刻的来写，把它写具体。有兴趣的同学还可以参考一下下面的范文（出示相应动物的图片）：

可爱的小狗

我家养了一只可爱的小狗。

它一身乳白色的毛，两只黑眼睛炯炯有神，小小的黑鼻子，大大的嘴巴，当它闭着嘴的时候，我就看不到它的嘴了，因为它不像人一样有两片厚厚的嘴唇。它的两只耳朵温顺地耷拉在脑袋上，可爱极了。

它有时呆呆地坐着，不知道在想些什么。如果我开始去逗它，它会马上配合我，我的手到哪儿，它的头也会到哪儿，我去抚摸它的头时，它就会温顺地低着头。我们吃饭时，它就会不停地摇尾巴，还不停地轻声哼哼，好像在提醒我们："别忘了还有一个'家庭成员'。"

它喜欢叼东西，爸爸的拖鞋、妈妈的袜子、我的小娃娃……，它都会叼到它的窝里去。为此，我没少"教训"它。每次我"教训"它的时候，它都会乖乖地坐在那儿，耷拉着脑袋，好像在说："对不起，小主人，下次不敢了。"不过，过不了两天，它的旧病又会复发。这倒和我想改却改不掉上课爱插嘴的毛病一样，怪不得我和它是"哥们儿"呢？

我爱我家的小狗。

美丽的孔雀

"金孔雀，轻轻跳，雪白的羽毛金光照，展翅开屏，河边走，傣家的竹楼彩虹绕，傣家的竹楼彩虹绕。"老师教我们唱这首歌的时候，我就想看看真正的孔雀，这次去动物园，我终于见到了。

孔雀真美啊！黑亮亮的眼珠，尖尖的小嘴，最美的当然是那一身彩色的羽毛。它开屏的时候，那美丽的尾巴，就像是一棵挂满了很多彩色小灯泡的圣诞树，美丽极了，真想有一棵那么美丽的圣诞树；又像是一把镶满了宝石的大扇子，真想拿着这把扇子到台上去跳舞，那一定会让那些拿着彩扇跳舞的演员黯然失色。

我还看到一只全身雪白的孔雀，它虽然没有那么丰富的色彩，但一样是那么美丽，就像是穿着婚纱的美丽新娘，让我想起一个成语，叫什么来着？哦，对了！"天生丽质"！

孔雀也不时时都开屏，它有时静静地栖息在树枝上，有时拖着美丽的"长裙"悠闲地散步，任凭我们怎么诱惑它，它都无动于衷。

好美丽的孔雀！好有趣的孔雀！

可爱的小猫

"小花猫,喵喵叫,喵喵叫……"听,我们家的那只小猫又在喵喵地叫了,不过,它不是一只小花猫。

它全身的毛像雪一样白,不搀一点杂色,连四只小爪子都是白白的,简直就像白雪公主一般。它的圆溜溜的大眼睛明亮有神,任何风吹草动都别想瞒过它的眼睛;尖尖的耳朵非常灵敏,一听到声音就竖起耳朵,转来转去的,听得可认真了,真讨人喜欢呀!

它有时候很安静,静静地躺在那里,就是一只"睡美猫";或者正襟危坐,就像个认真听讲的小学生。

有时候自娱自乐,跳跳迪斯科,活泼奔放;有时候爬上树枝远望,享受登高的乐趣。

有时候它也需要玩伴,因为这,它会委屈地当小鸡的坐骑;如果实在找不到玩伴,一个线团、一个小包都会成为它的伙伴;甚至,它会"屈尊"和椅子脚打交道,绕着椅子脚转圈圈。

好可爱的小猫啊!

【教案48】

飞向未来的城堡——如何写想象中的物

教学目标

使学生学会正确驾驭自己的想象力,尽情畅想未来的事物,并学会把自己的想象表达清楚。

教学重点

如何把未来的事物介绍得具体、生动。

教学难点

如何对未来的物体进行想象。

教学准备

写有范文的小黑板或课件。

教学过程

一、歌曲导入

"梦是蝴蝶的翅膀，年轻是飞翔的天堂，放开风筝和长线，把爱画在岁月的脸上。心是成长的力量，就像那蝴蝶的翅膀，迎着风声越高歌声越高亢。蝴蝶飞呀，就像童年在风里跑，感觉年少的彩虹，比海更远比天还要高。蝴蝶飞呀，飞向未来的城堡，打开梦想的天窗，让那成长更快更美好。"（歌曲《蝴蝶飞呀》）

"蝴蝶飞呀，飞向未来的城堡。"我们今天也来变做一只蝴蝶，飞呀，飞呀，飞向未来的城堡……

二、怎么写想象中的物？

1. 习作要求

你想过吗？将来人吃的食物、穿的衣服、住的房子、坐的汽车……是什么样子的？请你选择自己最感兴趣的一样东西，展开想象，写一写。比如，可以自动调节温度的衣服，可以让人行走如飞的鞋子，可以推着走的房子，人站在上面想到哪儿就到哪儿的人行道……想好以后，说给同学听，然后再写下来。写完后，多读几遍，修改自己不满意的地方。

2. 写未来的事物

写现在的事物，如果不去认真观察，实事求是地写，其他人就会很容易地看出你的破绽。但是，未来的事物是人们都没有见过的，因此，你可以发挥想象自由地写，只要在逻辑上说得通就可以。尤其是如果你对现在社会上的一些事物有不满意之处，就可以在未来把这些问题改正过来。

如果你很烦下雨天鞋上沾很多泥，就可以想象未来的鞋是永远不沾泥的……

如果你每天要走很远的路才能到学校，就可以想象未来的房子是可以移动的，你可以将房子移到学校附近……

如果你不喜欢挤公交车，就可以想象未来的人们穿上特制的鞋子就可以跑得和汽车一样快……

如果你的亲人因为交通事故受伤了或去世了，你很伤心，就可以想象未来的汽车都有自动保持距离的功能，永远不可能撞到一起……

如果你为环保担忧，就可以想象未来有一种能够净化空气的机器人……

如果你看到爸爸妈妈辛苦工作之余还要为家务忙碌很不忍，就可以想象未来有专门做家务的机器人……

如果你看到有人爬得高高的去建房子很担心，就可以想象在未来用机器人来建房子……

想象的感觉实在是太奇妙了，快点张开你想象的翅膀，然后把你想到的写下来，也让同学分享一下你的创意吧！

3. 学一学

未来的鞋

现在的大街上，到处是大大小小的汽车，制造着很多难闻的尾气；现在的新闻里，到处都是车祸……可是，又不能没有汽车，因为人们需要东西代步。

所以，我想象未来的鞋具有与汽车一样的功能，人们穿上这种鞋，就可以每小时行走四五十公里，而且不会觉得累。那样，大街上不是可以少很多汽车、摩托车了吗？那就不会经常堵车了，也可以省下很多的停车场。最重要的是，它能避免多少交通事故、多少人间悲剧啊！而且，这种鞋又不会排放尾气，还可以保护环境。

未来的鞋真是太完美了，我真想马上飞到未来去。

未来的房子

看到四川大地震，看到很多人被压在房子的废墟下，我就在想，未来的房子——

未来的房子是用特殊的材料制成的，非常坚固，但是又非常轻巧，即使发生地震时被震塌了，也可以像棉被盖在身上一样，不会砸到人。不仅如此，未来的房子即使被震塌了也不会变成断瓦残垣，它的材料可以重新被收拾起来建新的房子，那样，地球上就不会有那么多的建筑垃圾了。

想着未来的房子，我感觉特别开心，可是，未来到底还有多远呢？真希望它能快点到来。

未来的饭菜

每次看到爸爸妈妈工作、劳累了一天还要在厨房里忙着做饭菜，我就幻想要是有一天，有这样的饭菜就好了。

未来的饭菜，是由当地的群众食堂统一加工的，但是，人们一点都不用担心食品的质量问题。每天早上，如果你在家或单位吃饭，你只需打开电脑，到当地食堂的网站上选择自己喜欢并且适合自己身体状况的食物即可。这些，电脑里面自动会有提示，因为每个人身体状况的信息都存在了电脑里。到了中午十二点和傍晚五点，就有食堂的工作人员将饭菜送到你家或单位上，碗筷也不用你洗，因为工作人员会在下次送餐的时候顺便带走，再统一去洗。这样的方法，就不用每家每户又麻烦又浪费时间地去做饭了，是不是既健康又轻松、又节省劳动力呢？

真想马上有一个这样的食堂，马上吃到这样的饭菜。

4. 练一练

想象真的非常有趣，是不是？所以，如果你想写好这篇作文，就先来想想自己有什么烦恼，然后，发挥你的想象，让自己在未来的世界里不再为这件事而烦恼。现在开始行动吧！

"我"的烦恼，或是"我"的周围发生了什么事情：

___

"我"的幻想：

___

最后，你还可以写写自己盼望早日实现这个愿望的急切心情，或是写写自己对未来理想世界的向往。如：

"未来的鞋真是太完美了，我真想马上飞到未来去。"

"未来的汽车真好啊。"

"未来的城市好美啊，我真向往。"

应 用 篇

除了写普通的作文,学生在生活中还常常需要写各种各样的应用型作文。应用型作文,写起来其实非常简单,如果学生能够把普通作文写好,那么,应用型作文不过就是换一种格式或说话对象而已。比如写导游词,如果学生游记写得够好,那么,只需要按照导游词的格式适当把游记修改一下就可以;比如写信,如果学生对叙述、写景、议论、抒情等的技巧都掌握得非常好,那么,在书信中就可以想叙事就叙事,想写景就写景,想抒情就抒情,想议论就议论,只需注意书信的格式就可以。

所以,对应用型作文的教学,实际上远不止是一节课能完成的,必须在学生掌握了叙事、写景、抒情、议论等的基础上进行。但是,我们也不可能等学生把这些都掌握得得心应手后再去教学生写应用型作文。而且,各个版本的小学语文教材都涉及到了应用型作文的写作。既然如此,我们就可以化难为易。比如写导游词,我们可以在改写的基础上进行;比如写读后感,我们可以就一篇文章具体进行指导;比如写书信,我们可以就一件具体的事情进行分析;比如写说明文,说明的方法纷繁复杂,我们可以选常用的跟学生一一讲清楚……这样,在教师指导的基础上,学生作文的雏形已经形成,写起来就容易多了。

【教案49】

跟我走吧，现在就出发——如何写导游词

人教版《小学语文》四年级上册"语文园地五"要求写一篇关于世界遗产的导游词。命题者出题的目的，并非是要学生当一名真正的导游，而是借机让学生了解我国的世界文化遗产，并初步了解导游词的写法。

教学建议

使用人教版教材的可直接将本节内容用于四年级上册"语文园地五"的教学；使用其他版本教材的可把本节内容作为单项训练，也可与相应教材中关于写导游词的习作训练结合使用。

教学目标

（1）使学生掌握写导游词的基本方法。
（2）使学生了解世界遗产导游词的写法。

教学重点

了解导游词的基本写法。

教学难点

分清导游词与写景文章的区别。

教学准备

写有范文的小黑板或课件。

教学过程

一、歌曲导入

"跟我走吧，天亮就出发，有一个地方，它是人间仙境，远在天边，却近在眼前……"（改编歌曲《快乐老家》）

嗨，大家好，我是世界著名导游×××。今天，就由我来告诉各位如何写导游词，让你们也成为一名优秀的导游。别摇头，导游可是一门好职业，可以免费游山玩水，还可以锻炼身体，真是棒极了。

二、认识导游词

导游词是导游人员引导游客观光游览时的讲解词，是导游员同游客交流思想、向游客传播文化知识的工具。

导游词的最终的目的是让游客尽快了解观光之地，所以，导游词一定要口语化，尽量通俗易懂。

(1) 开头语：包括问候语、欢迎词、介绍语、游览时的注意事项和对游客的希望等。

(2) 概括介绍：大概介绍旅游景点的位置、范围、地位、意义、历史、现状和发展前景等。目的是帮助游客先有个整体了解，引起游客的游览兴趣。

(3) 重点介绍：对旅游线路上的重点景观从景点成因、历史传说、文化背景、审美功能等方面进行详细讲解，让游客对旅游景点有一个深刻、重点的认识。

(4) 告别语：包括感谢语、惜别语、征求意见语、致歉语、祝愿语，放在导游词的最后面。

三、怎么写导游词？

1. 怎么写开头语？

可以开门见山，介绍游览地和自己的身份：

各位游客大家好，今天由我负责带大家游览×××。我姓×，大家叫我小×就可以。

有歌曲或谚语的，可引用歌词或谚语导入：

"来到拉萨，来到布达拉——"今天我们游览的就是歌中唱到的布达拉宫了。

"神奇的九寨，人间的天堂……"今天我就带大家来欣赏欣赏这人间的天堂。

"不到长城非好汉"，今天大家都是"好汉"了！

"太阳照，长城长……"今天，我们一起来领略这"长城长"。

如果自己的姓名比较特别，还可以拿自己的姓名开开玩笑，引起游客的兴趣：

大家好，今天由我来带领大家游览×××，我姓贾，大家叫我贾导好了，可不是那个大诗人贾岛噢。

大家好，欢迎来到×××，我是你们的导游苟×，大家叫我小苟就可以了，要是大家看见哪里有骨头，可以提醒我一下。

大家好，欢迎大家来到×××，我姓凌，大家可以叫我"凌导（领导）"，有"领导"亲自带领你们游览，你们应该感到非常荣幸不是？开个玩笑，能够带你们游览，是我的荣幸！

2. 怎么写概括介绍？

大概介绍旅游景点的位置、范围、地位、意义、历史、现状和发展前景等。

故宫位于北京市中心，旧称紫禁城，是明、清两代的皇宫，是当今世界上现存规模最大、建筑最雄伟、保存最完整的古代宫殿和古建筑群。至今已有近580年的历史。先后曾有24位皇帝相继在故宫登基，执掌朝政。故宫规模宏大，东西宽为753米，南北长达961米，总占地面积达72万平方米。有大约10000间宫室。

长城是古代中国在不同时期为抵御塞北游牧部落联盟侵袭而修筑的规模浩大的军事工程的统称。长城东西绵延上万华里，因此又称万里长城。现存的长城遗迹主要为始建于14世纪的明长城，西起嘉峪关，东至辽东虎山，全长8851.8公里，平均高6至7米、宽4至5米。长城是我国古代劳动人民创造的伟大的奇迹，是中国悠久历史的见证。它与天安门、兵马俑一起被世人视为中国的象征。

它是中华文明的瑰宝，也是世界文化遗产，可与埃及金字塔齐名，是人间的奇迹。在遥远的两千多年以前，劳动人民以血肉之躯修筑了万里长城，谈何容易？长城是中华民族聪明才智的结晶，是中华民族的象征。

敦煌莫高窟是甘肃省敦煌市境内的莫高窟、西千佛洞的总称，是我国著名的四大石窟之一，也是世界上现存规模最宏大、保存最完好的佛教艺术宝库。它始建于十六国的前秦时期，前秦符坚建元二年，即公元366年，有沙门乐尊者经过这里时，发现鸣沙山上金光万道，好像有一千个佛像，于是萌发了开凿之心。后历建不断，遂成佛门胜地，号为敦煌莫高窟，俗称千佛洞。

3. 怎么写重点介绍？

重点介绍就是对旅游线路上具有代表性的景观做详细介绍，让游客对旅游景点有一个深刻、重点的认识。

现在我们登上了著名的八达岭长城,"八发八发",这"八达岭"就是"发达岭"啊!城墙外沿方形的口子是干什么用的?那是瞭望口和射口,是士兵们瞭望和射击用的。每隔三百多米就有一个方形的城台,那是囤积士兵的地方。

你们看看它是用什么东西建造起来的?这么大的条石,一块有两三千斤重。那时候没有火车、汽车,没有起重机,就靠着无数的肩膀无数的手,一步一步抬上这陡峭的山岭。想一想,要多少劳动人民的血汗和智慧,才能凝结成这前不见头、后不见尾的万里长城啊!

4. 怎么写告别语?

在告别语部分,可以向游客表示感谢,表达自己的惜别之情;向游客征求意见,表达自己的歉意;以及表达自己对游客的祝愿等。

今天的游览到此结束了,谢谢大家的配合。再见!

今天的游览就到这里,感谢大家的支持和配合。祝你们身体健康!再见!

另外,旅游途中常常有游客自由游览的时间,你的导游词也可以到此为止,这时的导游词,就要交代好游客自由参观完毕后集合的时间和地点。

下面是大家自由游览的时间,大家可以选取自己喜欢的景点尽情游览,两个小时后我们再在此会合。祝大家玩得开心!两小时以后见!

四、另辟蹊径

1. 改编相应的课文

如果你没有到过那些地方,或者记得不太清楚了,你也可以将我们学过的关于风景名胜的课文或者关于写景的文章改编成导游词。

长城导游词

"太阳照,长城长,长城雄风万古扬……"今天,我们一起来领略这"长城长"。我是你们的导游小李。

我们首先远远地看看这长城,它就像一条长龙,在崇山峻岭之间蜿蜒盘旋,从东头的山海关到西头的嘉峪关,一共有一万八千多里,"万里长城"、"万里长城",那可是名不虚传的。

现在,我们登上了著名的八达岭长城,"八发八发",这"八达岭"就是"发达岭"啊!城墙外沿方形的口子是干什么用的?那是瞭望口和射口,是士兵们瞭望和射击用的。每隔三百多米就有一个方形的城台，那是屯兵的地方，城台之间可以相互呼应。

我们再来看看这墙上的条石，这么大的条石，一块有两三千斤重。那时候没有火车、汽车，没有起重机，就靠着无数的肩膀无数的手，一步一步抬上这陡峭的山岭。想一想，要多少劳动人民的血汗和智慧，才能凝结成这前不见头、后不见尾的万里长城啊！"万里长城今犹在，不见当年秦始皇"，秦始皇我们可以不想，但是，我们却不得不想起那些勤劳坚强的"筑城郎"啊！他们就是中华民族勤劳勇敢的劳动人民的杰出代表呀！

"你要问长城在哪里，就在咱老百姓的心坎上，心坎上。"感谢大家和我一起游览了这雄伟的万里长城，希望大家也把长城放在心坎上。要和大家告别了，真舍不得大家啊！祝愿大家事业登上"发达岭"，寿命好比"长城长"！

秦兵马俑导游词

游客朋友们，大家好，欢迎来到古城西安，来到秦兵马俑。我是你们的导游，我姓王，请大家跟我一起往这边走。

秦兵马俑是世界著名的古文化遗产之一，它是怎么来的呢？大家都知道，以前，皇帝死后都要找一些活人陪葬，试想，又有哪个活人想去陪葬呢？可是那时候都是皇帝一个人说了算，人们也没办法。后来到了秦朝，一个聪明的大臣对秦始皇说："之前的朝代都是用活人陪葬，他们在墓坑里苦苦挣扎，形象怪异。大王如果这样，反而有损大王的威望。我看不如让能工巧匠们，用泥土塑出您那威武的大军，那样多威风啊！"秦始皇觉得这个想法不错，就点了点头。这一点头，就挽救了很多人的性命，也为我们留下了这占地2万亩的秦兵马俑。

我们现在要去参观一号俑坑，这是最大的一个坑。东西长230米，南北宽62米，总面积14260平方米；我们看坑里的兵马俑一行行、一列列，十分整齐，排成了一个巨大的长方形军阵，真实再现了秦始皇当年统率的一支南征北战、所向披靡的大军。

你们看，那身材魁梧、身披铠甲、手握宝剑的就是将军俑。有的神态自若、目光炯炯，一看就知道是久经沙场、重任在肩；有的领首低眉、若有所思，好像在考虑如何才能克敌制胜，满是大将风范。再看那些武士俑，个个体格健壮，它们身穿战袍，披挂铠甲，脚瞪前端上翘起的战靴,好像在听候号角,待命出征。

秦兵马俑有三大特点:一是多,现已挖掘出的兵马俑,分三个坑,坑内有兵马俑近8000个,充分展示了秦朝统一六国的强大兵力。二是精,大到布局排阵,小到肌肤纹理,无不蕴含巧思、一丝不苟。三是美,秦俑阵有令人震撼的壮丽美感,气势磅礴、威武雄奇。

好了,现在请大家自由选择自己喜欢的兵马俑仔细观看吧,一小时后在门厅集合。

2. 改编收集的资料

你还可以收集你想去的某个风景名胜的资料,选择你喜欢的内容来写一篇导游词。

九寨沟位于四川省阿坝藏族羌族自治州九寨沟县境内,是白水沟上游白河的支沟,以有九个藏族村寨(所以又称何药九寨)而得名。九寨沟海拔在2千米以上,遍布原始森林,沟内分布一百零八个湖泊。九寨沟有五花海、五彩池、树正瀑布、诺日朗瀑布,风景绝佳,五彩缤纷,有"童话世界"之誉;并有大熊猫、金丝猴、扭角羚、梅花鹿等珍贵动物。九寨沟为全国重点风景名胜区,并被列入世界遗产名录。2007年5月8日,阿坝藏族羌族自治州九寨沟旅游景区经国家旅游局正式批准为国家5A级旅游景区。

九寨沟蓝天、白云、雪山、森林,尽融于瀑、河、滩,缀成一串串宛若从天而降的珍珠;篝火、烤羊、锅庄和古老而美丽的传说,展现出藏羌人热情强悍的民族风情。九寨沟,一个五彩斑斓、绚丽奇绝的瑶池玉盆,一个原始古朴、神奇梦幻的人间仙境,一个不见纤尘、自然纯净的"童话世界"!她以神妙奇幻的翠海、飞瀑、彩林、雪峰等无法尽览的自然与人文景观,成为全国唯一拥有"世界自然遗产"和"世界生物圈保护区"两顶桂冠的圣地。九寨沟以原始的生态环境,一尘不染的清新空气和雪山、森林、湖泊组合成神妙、奇幻、幽美的自然风光,显现"自然的美,美的自然",被誉为"童话世界九寨沟"的高峰、彩林、翠海、叠瀑和藏情被称为"五绝"。因其独有的原始景观,丰富的动植物资源被誉为"人间仙境"。

九寨沟纵深40多公里,总面积6万多公顷,三条主沟形成Y形分布,总长达60余公里。由于交通不便,这里几乎成了一个与世隔绝的地方。仅有九个藏族村寨坐落在这片崇山峻岭之中,九寨沟因此得名。这里保存着具有原始风貌的自然景色,有着自己的特殊景观。据说,在世界别的地方已经很难见到。

九寨沟以三沟一百一十八海为代表，包括五滩十二瀑、十流数十泉等水景为主景，与九寨十二峰联合组成高山河谷自然景观。景区面积62平方公里，现游览区面积50平方公里。九寨沟景观分布在成Y型的树正、日则、则查洼3条主沟内，总长50余公里。主要有树正景区，长75公里，有盆景滩、树正群海、树正瀑布、双龙海、火花海、卧龙海等景点组成；日则沟景区，有诺日朗、珍珠滩、高瀑布三大瀑布，有镜海、熊猫海、芳草海、天鹅海、剑岩、原始森林、悬泉、五花海等景点；则查洼沟景区，有长75公里的长海和五彩池等景点；扎如景区，有魔鬼岩、扎如寺等景点。

"黄山归来不看山，九寨归来不看水。"九寨沟的精灵是水，湖、泉、瀑、溪、河、滩，连缀一体，飞动与静谧结合，刚烈与温柔相济，千颜万色，多姿多彩。高低错落的群瀑高唱低吟；大大小小的群海碧蓝澄澈，水中倒映红叶、绿树、雪峰、蓝天，一步一色，变幻无穷；水在树间流，树在水中长，花树开在水中央。

九寨沟现已规划的六个景区是：宝镜岩景区、树正景区、日则景区、剑岩景区、长海景区、扎如景区。九寨沟的森林2万余公顷，在2000米至4000米的高山上垂直密布。主要品种有红松、云杉、冷杉、赤桦、领春木、连香树等。在这里的原始森林中，栖息着珍贵的大熊猫、白唇鹿、苏门羚、扭角羚、毛冠鹿、金猫等动物。水中野鸭成群，天鹅、鸳鸯也常来嬉戏，是我国著名的自然保护区之一。

九寨沟现在已经是拥有各项国际桂冠的世界级风景名胜区。

九寨沟在20世纪60年代时是126、127两个林场的砍伐地。1960年，毛主席发出号召要支援边远山区，由此由平原一带的人们响应号召分别走进阿坝州、甘孜州及凉山州进行三线建设，也开发森林。九寨沟被砍伐了6年，1966年"文化大革命"爆发后，九寨沟得以停砍10年，生态得到了一些恢复。

文化大革命之后，1975年，农牧渔业部的一个工作组对九寨沟进行了综合考察，并得出了"九寨沟不仅蕴藏了丰富、珍贵的动植物资源，也是世界上少有的优美风景区"的结论。同年，中国林科院院长、著名的林学家吴中伦教授对九寨沟进行了全面考察。吴教授身临其境，感慨万分地说："我到过欧美数国，从未见过这样奇美的自然景观，必须好好地保护起来。"他立即上书到四川省政府，并告知四川省林业厅。四川省林业厅十分重视，立即通知南坪林业局：九寨沟200米以外才能砍伐，这是林业部门保护九寨沟最早的一个措施。1977年，四川省珍贵动物资源调查队写了《四川珍贵动物资源调查报告》。1978年11月30日，有关部门下令停止在九寨沟采伐木材。1979年，两个林场迁了出来。1980年，九寨沟自然保护处成立，游客也越来越多。

一位曾游历了世界若干名胜的英国游客说："九寨沟和斯里兰卡的千尺悬瀑、几内亚的新娘面纱、日本的日光之泷、瑞士的日内瓦湖等名胜风景区相比，更加引人入胜。"美国跨国公司的总经理林德布雷游览了九寨沟后，惊叹道："地球上有九寨沟这样的景观，是一大奇迹，是我们人类的一大幸运。"

1982年，国务院批准九寨沟为国家级风景名胜区。1984年成立管理局，九寨沟正式作为风景区对外开放。1992年12月14日，经联合国教科文组织世界自然遗产委员会在美国新墨西哥州圣菲召开的全委会第十六届大会表决一致通过，将九寨沟与黄龙列入《世界自然遗产名录》，并由马约尔颁发了证书。1997年，九寨沟被纳入世界人与生物圈保护区；2000年被评为中国首批AAAA级景区；2001年2月取得"绿色环球21"证书。时至今天，九寨沟和黄龙已成为拥有三项桂冠的世界级风景名胜区。

【教案50】

我读我思故我在——如何写读后感

写读后感是学生在小学阶段必须掌握的语文技能之一。有一千个读者就有一千个哈姆雷特，对于同一篇文章，在不同人眼里，经过不同的思考，会有截然不同的感想。所以，写读后感不仅是一种写作形式，还是阅读的需要。因为只有这样，学生才不会盲目地接受教师对文章的理解，而会有自己独特的看法，这也是创新精神存在的土壤。

而且，如果一个人的文章写好后，没有一个人看了之后想发表点什么感想，引不起任何共鸣或反对，那这篇文章就失去了其存在的价值。

所以，读后感既是读者思想的升华，也是对作者作品的评价，不管是好评还是批评，它都启发了读者的思维。

因此，我们有必要对学生进行专门的读后感写作训练。

教学目标

使学生学会写简单的读后感。

教学重点

了解读后感的基本写法。

教学难点

如何写创新的读后感。

教学准备

导入音乐；范文若干篇。

教学过程

一、导入新课

分别播放一段轻快的音乐(如《摇太阳》)和一段悲哀的音乐(如《哀乐》)，让学生谈自己听到后的感受，用简单的一两句话或一两个词语表述。

（学生谈感受。）

刚才同学们讲了听完两种不同音乐后的感受，其实我们做很多事情都有自己独特的感受，读书也一样，今天我们就来学着写一写读后感。

二、什么是读后感？

读后感，顾名思义，就是读过之后的感想。既然是读后感，就一定要有"读"也有"感"，因此，写读后感时，首先要写一写你是怎么读的、读到了些什么，再写一写读后你有什么感想。

既然是读后感，那就不能写成"读前感"，比如："我听某某介绍了一本什么书，听他介绍过后，我觉得这本书真有趣，非常想去读一读。"这样写是肯定不行的。

三、怎么写读后感？

1. 习作要求

联系自己的生活实际，与同学交流读了《乌塔》以后想到了什么，再从中确定一两个大家感兴趣的问题进行讨论。讨论以后，还可以写一写"从《乌塔》想到的"。

2.如何拟标题?

读后感的标题一般是"读《××》有感"或是"《××》读后感";也可以把"读《××》有感"或是"《××》读后感"作为副标题,提炼读后感的主题再拟一个主标题:如"我也要自己去飞翔——读《乌塔》有感"、"我想和乌塔交朋友——读《乌塔》有感"。

3.如何写"读"?

"读"是"感"的基础。要写某篇文章的读后感,必须先把这篇文章读懂,读懂文章写了什么,即作品的内容:把作品中的时、地、人、事、物这几方面弄清楚,最好能用简短的话把主要内容介绍一下。如果是大家熟知的内容,也可以只写一下故事梗概,列一个提纲。必要时,你还可以写写作品的写作背景。

要写好"读"的部分,首先,要读好原文。读后感的"感"是因"读"而引起的。走马观花地读,可能连文章讲了什么都没弄清楚,又何来"感"?读得肤浅,当然也会"感"得不深。只有读得认真,才能有所"感",并感得深刻。

"读"的部分要简洁,不能照抄全文,写这种记叙文性质的读后感,首先要弄清文章的主要情节,然后用简单的话概括文章的主要内容。

概括《乌塔》的主要内容,如:

早几天,我们学习了一篇叫《乌塔》的课文,课文讲述了一个14岁的小女孩只身一人到欧洲旅游的故事。

早几天,我们学习了一篇叫《乌塔》的课文,课文讲述了一个14岁的德国小女孩,自己挣旅费,自己准备一切,并只身一人旅游了很多国家的故事。

一个14岁的德国小女孩,自己用三年时间做准备,然后独自到罗马等地旅游,《乌塔》中的这个小女孩真让我佩服。

"我"到罗马旅游,在一间小旅馆里,碰见了独自旅游的14岁的小女孩——乌塔。她已经去过了不少国家,为这次旅行整整准备了3年时间。在这期间,她阅读了许多关于这些国家的书籍,还利用周末空闲的时间打零工,挣取旅游费用。这就是《乌塔》的主要内容。

4.如何写"感"?

可以写写你对文中人物的评价,如:"乌塔是一个多么独立的女孩啊!""乌塔是多么可爱的女孩啊!""乌塔是一个多么令人敬佩的小女孩啊!"等。

可以写写你读了《乌塔》以后的领悟，如："德国的父母多么注重孩子独立能力的养成啊！""乌塔的勇气和精神多么令人佩服啊！"或者反省自己平时太依赖父母，认为自己需要好好学习独立了等。

可以联想到生活中的实例，如：想到那一次妈妈让你一个人去几公里外的外婆家你都不敢去；邻居的小弟弟每天都要爸爸接送；我们班有一个同学……对于刚学写读后感的学生来说，这是一种非常好的方法，让学生容易把读后感写得具体、生动。

可以从文中选择一句或者一段话来写感想，比如"光从电视和书本中认识世界总不完美。我从电视上经常看见意大利，但只有亲自来到这里，它的美丽才深深感动了我"这句话，你就可以围绕"光从电视和书本上认识世界总不完美"谈谈自己的感想，也可以结合"纸上谈兵"的故事说说自己的想法。

还可以从乌塔"用了三年时间准备这次旅行"入手，谈谈很多事情都要早做准备："我们现在所学的知识，不都是在为我们将来的人生做准备吗？"

但是，"感"一定要有重点。一篇文章给读者的教育启发可能是多方面的，但在写读后感时，你不可能做到面面俱到，要选自己受教育最深、受启发最大的一点来写。深入下去，联系生活实际反复思考，写出自己的感想、体会和心得，这样才能做到中心明确、重点突出。

当然，"感"也可以标新立异，与文章的主旨不同。但是，传达的思想和观念一定要是积极向上的。所以，如果你在写读后感时，也有独特的感受，只要是正确的，当然也可以写出来。

5. 写读后感要注意些什么？

读后感不是纯记叙文。读后感属议论文，或者说，它是以议论为主的记叙文，千万不要把读后感写成单纯的记叙文，或者写成介绍某篇文章的说明书。引用原文中的语句，是为了写感，千万不能以抄原文代替自己的感受。要在感受最深的一点上花大力气写深、写细。

我想和乌塔交朋友——《乌塔》读后感

"我"到罗马旅游，在一间小旅馆里，碰见了独自旅游的14岁的小女孩——乌塔。她已经去过了不少国家，为这次旅行整整准备了3年时间。在这期间，她阅读了许多关于这些国家的书籍，还利用周末空闲的时间打零工，挣取旅游费用。

读完这篇课文，我是多么渴望能和乌塔交上朋友。

乌塔的自立能力好强啊！而我呢？那一次妈妈没时间，而我又非常想去外婆家，妈妈就说让我独自一人去外婆家，我家离外婆家不过几公里，坐一趟车就能到，可我就是不敢一个人去，妈妈苦口婆心说了很多话，我还是不敢去，最后就没去。我到学校问了很多同学，他们也没有独自一个人到较远的地方去过。我想，要是我和乌塔成了朋友，乌塔的精神就会时刻激励我，给我勇气和力量，那样，我也会变得独立起来。

乌塔，你愿意和一个想向你学习的中国小学生交朋友吗？

向乌塔学习——《乌塔》读后感

《乌塔》这篇文章写的是一个德国小姑娘，在父母的支持下独自一人游欧洲的故事。一个14岁的小女孩，竟然有如此的胆量和毅力。比起她来，我们实在是太缺乏自立、自理能力了！所以读了这篇课文，我决定向乌塔学习，做一个独立自强的孩子。

以前，爸爸妈妈一直担心我，所以，很多事情都不让我独立去做，我呢？也乐得偷懒。学了《乌塔》以后，我觉得再这样下去，我将来就会是一个什么都不会的废物，所以，我要独自上学、走亲戚、上街购物……，锻炼自己的能力；我要学着洗碗、洗衣服、打扫房间……，帮父母减轻负担；我要学会与人交往，不要老让爸爸妈妈做我的"代言人"；我要学会反驳别人不正确的说法，表达自己的观点；我要学着自己挣钱，不要老做爸爸妈妈的"剥削者"……

总之，我要向乌塔学习，做一个独立自强的孩子，将来成为祖国的栋梁之材！

读《乌塔》有感

《乌塔》这篇文章写的是一个14岁的德国小姑娘，在父母的支持下独自一人游欧洲的故事。读完这篇课文，我对乌塔的独立自强非常佩服，但让我印象深刻的还有一点，那就是她的交际能力。

课文里写道："她一见我，立即坐起来打招呼，问我玩得怎么样，又问我从哪里来……"她的交际能力多强啊！和一个素不相识的外国朋友也能神态自若地主动交流，而我呢？别说是素不相识的外国人了，就是爸爸妈妈的朋友，我也要爸爸妈妈督促我才会与他们打招呼，而且，声音还小小的。连见到我们的老师，我也只是用蚊子一样轻的声音向老师问好，因为这，很多人都说我没有礼貌。

乌塔还勇于表达自己的观点——当"我"说"在中国，像你这样年纪的孩子都是家里的宝贝，爸爸妈妈、爷爷奶奶很爱他们，会带他们一起出去玩，但一般不放心让他们一个人出远门"时，"乌塔对我这番解释很不满意，马上反驳说……"而我呢？有时候觉得大人说的不对，也不敢说出来。有时候老师或父母误会了我，我也不敢解释。

乌塔能说会道，对人有礼貌，让我好羡慕啊！我也要慢慢改正我的缺点，做一个活泼的女孩子！

有准备的人生——《乌塔》读后感

学习了《乌塔》这篇课文后，我的感触颇深。从独立自强的乌塔身上，我收获到了很多有益的知识，但最让我受益的是那句"用了三年的时间准备这次旅行"。

"用三年的时间准备这次旅行"，这说明乌塔之所以能自立、自强，是因为她之前已经做好了充分的准备。就像我们的期末考试一样，如果我们平时从不认真学习，我们在期末考试时怎么能考出好成绩呢？

可是，我以前上课的时候总喜欢开小差，有时候还懒得做作业，别的同学多才多艺，积极参加各种活动，我却一直贪玩，觉得学那些东西没什么用。爸爸以前常对我说："你现在所学的每一样东西，都是在为你将来的人生做准备！"我都不以为然。现在，学习了《乌塔》这篇课文，我才真正明白了爸爸的话，是啊，不是有句话叫"不打无准备之战"吗？如果等将来我找工作的时候，这个也不会，那个也不会，那将来谁会要我去工作呢？如果我什么都不懂，将来我怎么教育我的孩子要认真学习呢？

所以，我决定，从现在开始认真学习，学很多很多的知识和本领，为将来的人生做准备！

同时，你也可以像下面这篇范文一样，用叙事的形式说说自己读《乌塔》后的变化。

感 谢 乌 塔

"妈妈，我到少年宫上美术课去了！"

"等一下，妈妈送你去！"

"不用了，您难得休息两天，我一个人去就行！"

"咦？"妈妈大惊小怪地看了我半天，"今儿个这是怎么啦？太阳难道从西边出来了？你以前不是非得让我送吗？"

"现在可不比以前了，我要向乌塔学习！"

"乌塔？谁是乌塔？"

"乌塔是我们这学期学习的一篇课文里讲的一个14岁的小女孩，她自己利用三年时间准备：挣钱啊，了解知识啊……然后独自一人到国外旅游。"

"真有这样的小女孩？那太了不起了！比妈妈都强，妈妈到现在还没一个人出国旅游过呢！"

"是啊！我也觉得她很了不起。所以，我决定——"我还调皮地唱起了歌儿，"'学习乌塔好榜样，独立自强走四方'。妈妈，我走了！"

我独自走在去少年宫的路上，虽然有一点点害怕，但更多的是高兴——我长大了！感谢你，乌塔！

【教案51】

云中谁寄锦书来——如何写信和回信

古时候，由于信息交流不方便，书信便成了沟通相隔两地人的唯一手段。所以，关于书信的诗词特别多。

现代社会，随着科技的迅猛发展，电话、短信、视频等似乎让书信失去了用武之地。但是，电子邮件也是信，只不过不写在纸上而已。所以，教会学生掌握书信的格式是非常重要的。而且，即使学生经常使用电子邮件，可他们的爷爷奶奶、外公外婆等人可不一定懂得如何使用电子邮件，所以，有些时候，在跟他们交流时，还是需要使用书信。

教学建议

使用人教版教材的可将本节内容直接用于四年级上册"语文园地七"的作文教学；使用其他版本教材的可将本节内容作为单项训练，也可与教材中关于书信的习作训练结合使用。

教学目标

使学生了解书信的基本格式，学会写信和回信。

教学重点

了解书信的格式，了解写信的主要目的和如何选择书信的内容。

教学难点

如何选择书信的内容。

教学准备

歌曲《一封家书》；写有范文的小黑板或课件。

教学过程

一、导入新课

播放歌曲《一封家书》：

亲爱的爸爸妈妈：

你们好吗？现在工作很忙吧？身体好吗？

我现在广州挺好的，爸爸妈妈不要太牵挂。虽然我很少写信，其实我很想家。爸爸每天都上班吗？管得不严就不要去了，干了一辈子革命工作，也该歇歇了。我买了一件毛衣给妈妈，别舍不得穿上吧，以前儿子不太听话，现在懂事他长大了。

……

哥哥姐姐常回来吧？替我问候他们吧。有什么活儿就让他们干，自己孩子有什么客气的。爸爸妈妈多保重身体，不要让儿子放心不下。今年春节我一定回来。

好了，先写到这儿吧。

此致

敬礼！

您的儿子　春波
1993 年 10 月 18 日

今天我们就来学习如何写信。

有的同学也许会说：现在通讯这么发达，不必写信了。是啊，我们也许不必写纸质的信了，但是，很多时候，我们在与人交流时，都需要发电子邮件，电子邮件虽然是电子版的，但它的书信格式却是不变的。

二、习作要求

读下面的这封来信,讨论信中提出的问题,再给那位同学写封回信,帮她解决遇到的烦恼。要把想说的意思说清楚,还要注意书信的格式。

知心姐姐:

您好!最近,我遇到一件苦恼的事,希望得到您的帮助。

这学期开学不久,我的一个非常要好的同学过10岁生日,她悄悄约了班上的几个同学晚上到她家去,我高兴地答应了。可是,和爸爸妈妈一商量,他们认为这样做不好,坚决反对,我就没有去成。这件事以后,那些原来非常要好的同学和我疏远了,每当有同学过生日时,都有意避开我。我感到很孤独,心里很难过。

知心姐姐,您能告诉我该怎么办吗?

祝您工作顺利!

需要得到帮助的王虹
5月12日

(摘自人教版《小学语文》四年级上册第139页)

三、如何写书信及书信的格式

1. 开头

开头写收信人的称呼,要单独成行,顶格书写,表示尊重和礼貌。称呼后面要加上冒号,以示领起下文。冒号后不再写字。

这封信是给王虹同学的回信,所以,开头可以直接写"王虹同学"。

王	虹	同	学	:				

2. 正文

这是信的主要部份。写信人要向收信人询问、回答、叙述的内容,都在这里表述。

正文通常以问候语开头。问候是一种文明礼貌行为,也是对收信人的一种礼节,体现写信人对收信人的关心。问候语最常见的是"您好!""近好!"依时令节气不同,也常有所变化,如"新年好!""春节愉快!"问候语写在称呼下一行,前面空两格,常自成一段。

问候语之后,常有几句起始语。如"久未见面,别来无恙。""近来一切可好?""久未通信,甚念!"之类。问候语要注意简洁、得体。

		您	好	!	近	来	学	习	还	好	吧	?

如果是写回信，可写上"收到你的来信我很高兴"或"来信已到……"之类的话。

| | | 你 | 好 | ！ | 来 | 信 | 已 | 收 | 到 | ， | 谢 | 谢 | 你 | 对 | 我 |
| 的 | 信 | 任 | 。 | | | | | | | | | | | | |

接下来便是正文的主要部分——主体文，即写信人要说的话。写信总是有原因的，或是因为有事情要讲，或是因为思念对方，或是给对方回信。你要把这些东西都交代清楚。如王虹同学写给知心姐姐的信就是倾诉了自己的烦恼，想让知心姐姐帮忙解决。《一封家书》中，就是写了儿子对家里的牵挂，关心爸爸妈妈的身体状况。

如果是写回信，一定要先读清楚来信的内容，了解清楚发生了什么样的事情，然后给以恰当的答复——你和信中的王虹是同龄人，这件事情或者类似的事情你经历过吗？如果经历过，可以和她交流一下当时的心情，你自己的处理方法。如果没有经历过，你对这件事情有什么看法，有什么好的建议，都可以说一说。

正文的格式和普通写作一样，每段前空两格。

3．结尾

正文写完后，都要写上表示敬意、祝愿或勉励的话，作为书信的结尾。习惯上，它被称做祝颂语或致敬语，这是对收信人的一种礼貌。祝愿的话可因人、因具体情况选用适当的词，不要乱用。

一般写表示祝愿或敬意的话，如："此致 敬礼！""祝你快乐！""祝你进步！"等。

结尾的习惯写法有两种：

在正文写完之后，转一行空两格写"此致"，再换一行顶格写"敬礼！"

不写"此致"，只是另起一行空两格写"敬礼"、"安好"、"健康"、"平安"等词，一定要另起一行空两格，不得尾缀在正文之后。也可以在正文结尾下另起一行写"祝你"、"敬祝"，再空两格写上"安好"、"健康"等。

| | | 此 | 致 | | | | | | | | | | | | |
| 敬 | 礼 | ！ | | | | | | | | | | | | | |

| | | 祝 | 你 | 学 | 习 | 进 | 步 | ！ | | | | | | | |

| | 祝 | 你 | | | 进 | 步 | ！ | | | | | | |

4. 署名和日期

在书信倒数第二行的右边，署上写信人的姓名。如果是写给亲属、朋友的信，可加上自己的称呼，如儿、弟、兄、侄等，后边写名字，不必写姓。如果是写给组织的信，一定要把姓与名全部写上。

日期一项，用以注明写完信的时间，一般写在署名的下边（也有写在署名后边的）。

									知	心	姐	姐
							×	年	×	月	×	日

四、学一学

给王虹同学的回信

王虹同学：

你好！

很感谢你能信任我，把心里的话对我说，我感到很荣幸。

对于你在信中说的事情，我有几句话要对你说。同学能邀你去过生日，说明你是一个受大家欢迎的同学。后来大家不理你，是因为你失信了。所以，我们不要失信于人。为了确保自己不失信于人，我们要注意这几点：

首先，在没有确切把握之前，最好不要先承诺别人。有很多事情，不是我们自己能决定的。在同学邀请你的时候，你还没有征得爸爸妈妈的同意，就不要贸然答应同学。

其次，如果事前以为自己能够做到，后来因为各种原因不能做到，也要及时告知对方，以免对方等待或担心。现在，通讯方便，及时告知对方应该不成什么问题。你没有及时告知朋友，是你的不对。

最后，即使当时没办法及时告知对方，有机会的时候，你也应该解释清楚。你不解释，朋友还以为你是故意爽约的，所以才会不理你。

因此，要想摆脱你的烦恼很容易，跟他们把事情说清楚，并且诚恳地道歉，我相信他们以后会和你和好如初的。

这样的答复你还满意吗？

祝你学习进步，友谊丰收！

知心姐姐

5月20日

给王虹同学的回信

王虹同学：

你好！

收到你的信，看了你的烦恼，我有些建议给你：

第一，以后不要随便答应那些自己没有把握的事情，像你晚上到同学家过生日，爸爸妈妈出于安全考虑，不一定会同意，你就可以说："我回家问过爸爸妈妈，他们同意我就去，好吗？"这样，即使你没去，同学也不会怪你的。

第二，我觉得，你们还太小，晚上约一些同学过生日这样的事情最好还是不要做，因为你们还不能好好地保护自己，万一在路上遇到坏人怎么办呢？所以，你爸爸妈妈的反对是对的，你可不能因此而怪你的爸爸妈妈噢！你还可以把这些话转给你的朋友，告诉他们：过生日，以后有的是机会，现在我们年纪还小，和家人一起过过就行了。

第三，你答应了同学而没有去，这叫失信。失信之后要跟同学解释原因，这样，误会就能消除了，同学们也就会接受你了。

我就说这些，你觉得我说的对吗？

祝你学习进步，有更多的朋友！

知心姐姐
5月20日

【教案52】

说明文的"十八般武艺"——如何写说明文

说明文比较复杂，单说明的方法就有很多种，所以，我们必须先从说明的方法进行介绍并对学生进行相关训练。当然，说明文的顺序和其他文章的写作顺序也不太一样，这也要给学生说清楚。

教学建议

使用人教版教材的可将本节内容在教学五年级上册"语文园地三"习

作的前一次课进行；使用其他版本教材的可将本节内容在教学第一篇说明文写作之前进行。

教学目标

使学生了解什么是说明文，以及常见的说明方法。

教学重点

了解常见的说明方法。

教学难点

逻辑顺序。

教学准备

供展示的各种说明方法的例句。

教学过程

一、导入新课

人都有好奇心理，生活中有着无穷无尽的奥秘，我们都想去了解。有一种类型的文章，可以帮我们去了解那些无穷无尽的奥秘，这就是说明文。

二、什么是说明文？

说明文是以说明为主要表达方式，对事物、事理进行介绍、解说的一种文体。它通过揭示概念来说明事物的特征、本质及其规律。说明文一般介绍事物的形状、构造、类别、关系、功能，解释事物的原理、含义、特点、演变等。说明文实用性很强，它包括广告、说明书、提要、提示、规则、章程、解说词、科学小品等。我们学过的《太阳》、《鲸》、《松鼠》、《新型玻璃》等都是说明文。

三、说明的顺序

说明要有顺序，这是使说明内容条理化的必要条件。

常见的说明顺序有：时间顺序、空间顺序、逻辑顺序。

对于时间顺序，同学们都很容易理解。

对于空间顺序，同学们也比较熟悉，它是按照事物的表里、大小、上下、前后、左右、东南西北等位置和方向的顺序来进行的说明。

逻辑顺序，对有些同学来说也许是个新名词，但其实我们早就接触过逻辑顺序了。逻辑顺序是常见的说明顺序之一。逻辑顺序即按照事物、事理的内在逻辑关系，或由个别到一般，或由具体到抽象，或由主要到次要，或由现象到本质，或由原因到结果等一一介绍说明。不管是实体的事物，如山川、江河、花草、树木、器物等，还是抽象的事理，如思想、观点、概念、原理、技术等，都适用于以逻辑顺序来说明。如课本中的《灰尘》、《鲸》等，都是运用逻辑顺序来说明事物的。凡是阐述事物、事理间的各种因果关系或其他逻辑关系的文章，按逻辑顺序写作最为适宜。

说明的逻辑顺序，是指依据事物之间或事物内部各部分之间的关系来确定说明内容的先后的。事物之间的关系虽然错综复杂，但总是有主有次，有因有果，有一般的、有个别的，有普遍的、有特殊的，作者依据这些来安排说明内容的先后顺序，就容易把事物之间的关系说清楚，将繁杂的内容介绍得有条不紊。逻辑顺序主要包括12种——从原因到结果、从主要到次要、从整体到部分、从概括到具体、从现象到本质、从具体到一般、从结果到原因、从次要到主要、从部分到整体、从具体到概括、从本质到现象、从一般到具体。

至于写作时到底采用什么顺序，要根据你所说明的对象的特点来选择。如果是说明事物的发展变化，用时间顺序容易表达清楚；如果写建筑物的结构，用空间顺序最容易让读者看明白；如果是说明事理，最好用逻辑顺序，便于体现事理的内部联系。

四、说明的语言

说明的语言要具备四个特点：准确性、平实性、周密性和科学性。

准确，是说明文语言的先决条件。表示时间、空间、数量、范围、程度、特征、性质、程序等，都要求准确无误。说明的实用性很强，稍有差错，会失之毫厘，谬以千里。如：

药用蜈蚣是大型唇足类多足动物，只有21对步足和1对颚足；"钱串子"是蜈蚣近亲，学名蚰蜒，只有15对步足和1对颚足；石蜈蚣也只有15对步足。还有些蜈蚣的步足又多又短，有35对、45对，最多的达到173对。

这段话里，关于蜈蚣的足的数量就说得非常准确，这里我们就不能说"蜈蚣有很多对足"这样模糊的话，更不能不知道具体数目而乱写。

当然，说明的语言要求准确，并不是说说明文的语言只能是枯燥的"数字语言"，在准确的前提下，说明的语言有的以平实见长，有的以生动活泼见长。由于说明的对象和作者语言风格的不同，说明的语言也是多种多样的：或概括，或具体；或简洁，或丰腴；或精练，或详尽；或平易朴实，或幽默风趣，总之不拘一格。

平实，是说明文取得实效的关键。因为说明文面对的是大众，不是文学爱好者。而大众的文化水平有高有低，我们只能就低而不就高。如果我们的说明文写得文采斐然，这里用个典故，那里用个文言，写感冒药的说明，你写"昏昏兮，君感冒兮，高热兮、流涕兮、鼻塞兮、呕吐兮，请服某某感冒灵，每日三次，每次一粒，温水吞之，不日将痊愈兮"，读者看不懂，那你的说明就"说不明"了。

周密，就是指说明文的语言要严谨，没有空子可钻，没有歧义，而且该说到的都要说到。比如药品的说明，我们就要把用法、用量、注意事项等都讲清楚。不能让人拿着药却不知道是该内服还是外用，不能让人看了说明书后却不知道一次该吃几片，也不能不告诉别人吃了这药有什么副作用……这些内容如果没交代清楚，或大或小，都是会出事故的。

科学，是指说明文的内容必须真实准确，以确凿的材料为依据，如实反映客观事物的特征、本质及规律，是科学而不是神话传说，更不是幻想小说。比如说月食，我们就不能说是因为有一只天狗吃了月亮……，而必须根据科学的道理讲清楚月食形成的原因和过程。

五、说明的方法

1．举例子

（1）什么是举例子？

举例子可以使文章更加具体，更有说服力，更客观地说明事物；可以使比较抽象、复杂的事情或事物变得通俗易懂，让人信服。如：

问号用在疑问句和反问句的末尾，如"你叫什么名字？""你怎么可以这样呢？"

这里就举了两个关于问号用法的例子。

举例子的用法常常需要同前面抽象、概括的说明连在一起，如：

目前，已知最大的鲸约有十六万公斤重，最小的也有两千公斤。我国发现过一头近四万公斤重的鲸，约有十七米长，一条舌头就有十几头肥猪那么重。

"我国发现过……"这个例子，就是为了说明前面说的关于鲸的重量的。

（2）从课文中找一找举例子的说明方法：

不同种类的鲸，喷出的气形成的水柱也不一样：<u>须鲸的水柱是垂直</u>

的，又细又高；齿鲸的水柱是倾斜的，又粗又矮。

画线部分是为了说明"不同种类的鲸，喷出的气形成的水柱也不一样"而举的例子。

齿鲸主要吃大鱼和海兽。它们遇到大鱼和海兽，就凶猛地扑上去，用锋利的牙齿咬住，很快就吃掉了。有一种号称"海中之虎"的虎鲸，常常好几十头结成一群，围住一头三十多吨重的长须鲸，几个小时就能把它吃光。

画线部分是为了说明齿鲸吃食而举的例子。

夜深了，从一座陈列珍贵字画的博物馆里，突然传出了急促的报警声。警察马上赶来，抓住了一个划破玻璃企图盗窃展品的犯罪嫌疑人。你也许不会相信报警的不是值夜班的看守，而是被划破的玻璃！

这是为后文介绍的"夹丝网防盗玻璃"举的一个例子，这里把例子放在前面，是为了吸引读者。

"吃音玻璃"就是消除噪音的能手。临街的窗子如果装上这种玻璃，街上的声音为40分贝时，传到房间里就只剩下12分贝了。

画线部分是为了说明"'吃音玻璃'是消除噪音的能手"而举的例子。

由于人类的捕杀和海洋环境的污染，鲸的数量已经急剧减少。如，鲸类中体形最大的蓝鲸，在20世纪有近36万头被杀戮，目前仅存不到50头。

画线部分是为了说明"由于人类的捕杀和海洋环境的污染，鲸的数量已经急剧减少"而举的例子。

(3) 试着用举例子的方法说明下面的事物：

顿号用于句子内部并列词语之间的停顿，如：_____

_____

他是一个乐于助人的人，有一次，_____

_____。

青蛙以一些小昆虫为食物，如_____等。

2. 做比较

(1) 什么是做比较？

说明某些抽象的或者人们比较陌生的事物，可以用具体的或者大家已经熟悉的事物和它比较，使读者通过比较得到具体而鲜明的印象。如：

我们看到太阳，觉得它并不大，实际上它大得很。130万个地球才抵得上一个太阳。

(2) 从课文中找一找做比较的说明方法：

一条舌头就有十几头大肥猪那么重。

鲸跟牛羊一样用肺呼吸，这也说明它不属于鱼类。

松鼠不像山鼠那样，一到冬天就蛰伏不动。

松鼠的叫声很响亮，比黄鼠狼的叫声还要尖些。

(3) 试着用做比较的方法说明下面的事物：

姐姐真胖，＿＿＿＿＿＿＿＿＿＿＿＿＿＿＿＿＿＿＿＿＿＿＿＿＿＿＿。

3．列数字

(1) 什么是列数字？

为了使所要说明的事物具体化，还可以采用列数字的方法，以便读者理解。需要注意的是，引用的数字，一定要准确无误，不准确的数字绝对不能用，即使是估计的数字，也要有可靠的根据，并力求近似。如：

其实，太阳离我们有 1.5 亿公里远。

太阳的温度很高，表面温度有 6000 摄氏度，就是钢铁碰到它，也会变成汽；中心温度估计是表面温度的 2500 倍。

鲸类中体形最大的蓝鲸，在 20 世纪有近 36 万头被杀戮，目前仅存不到 50 头。

(2) 从课文中找一找列数字的说明方法：

目前，已知最大的鲸约有十六万公斤重，最小的也有两千公斤。

有一种号称"海中之虎"的虎鲸，常常好几头结成一群，围住一头三十多吨重的长须鲸，几个小时就能把它吃光。

临街的窗子如果装上这种玻璃，街上的声音为 40 分贝时，传到房间里就只剩下 12 分贝了。

鲸的寿命很长，一般可以活到几十年到一百年。

灰尘颗粒的直径一般在百分之一毫米到几百分之一毫米之间。

(3) 试着用列数字的方法说明下面的事物：

这棵树很大，＿＿＿＿＿＿＿＿＿＿＿＿＿＿＿＿＿＿＿＿＿＿＿＿。

他的个子真高，＿＿＿＿＿＿＿＿＿＿＿＿＿＿＿＿＿＿＿＿＿＿＿。

她实在是太胖了，＿＿＿＿＿＿＿＿＿＿＿＿＿＿＿＿＿＿＿＿＿。

飞蛾的生命很短暂，＿＿＿＿＿＿＿＿＿＿＿＿＿＿＿＿＿＿＿＿。

4．打比方

(1) 什么是打比方？

利用两种不同事物之间的相似之处做比较，以突出事物的形状特点，增强说明的形象性和生动性，这样的说明方法叫做打比方。

说明文中打比方的说明方法，同修辞格上的比喻是一致的。用这个方法，可以把抽象复杂的事物说得浅显易懂，具体生动。不同的是，比喻修辞有明喻、暗喻和借喻，而说明多用明喻和暗喻，借喻则不宜使用。如：

石拱桥的桥洞成弧形，就像彩虹。

太阳会发光，会发热，是个大火球。

(2) 从课文中找一找打比方的说明方法：

鲸的鼻孔长在脑袋上，呼气的时候浮出海面，从鼻孔喷出来的气形成一股水柱，就像花园里的喷泉一样。

噪音像一个来无影去无踪的"隐身人"，不像烟尘和废水那样可以集中起来处理。

松鼠不爱下水。有人说，松鼠横渡溪流的时候，用一块树皮当做船，用自己的尾巴当做帆和舵。

(3) 试着用打比方的方法说明下面的事物：

鸭子的脚上有蹼，_____。

大象的牙齿洁白而光滑，_____。

5. 摹状貌

(1) 什么是摹状貌？

为了使被说明对象更形象、具体，可以进行状貌摹写，这种说明方法叫摹状貌。它和记叙文中的描写差不多，不过是在不同的文体中的不同说法而已。如：

玲珑的小面孔，衬上一条帽缨形的美丽尾巴，显得格外漂亮。

(2) 从课文中找一找摹状貌的说明方法：

小松鼠的毛是灰褐色的，过了冬就换毛，新换的毛比脱落的毛颜色深些。

它们用爪子和牙齿梳理全身的毛，身上总是光溜溜、干干净净的。

它非常坚硬，受到猛击仍安然无恙，即使被打碎了，碎片仍然藕断丝连地粘在一起，不会伤人。

(3) 试着用摹状貌的方法说明下面的事物：

兔子的样子很可爱，_____。

银杏树是一种美丽的树，_____。

6. 假设

(1) 什么是假设？

假设，在现在还处于争议阶段，有人认为这是一种说明方法，有人认为不是。但是，我们可以不在乎它是不是一种说明方法，只要掌握它的使用方法即可。

在《太阳》一文中，就有这样的假设：

到太阳上去，如果步行，日夜不停地走，差不多要走3500年；就是坐飞机，也要飞二十几年。

如果没有太阳，地球上就不会有植物，也不会有动物。

如果没有太阳，地球上将到处是黑暗，到处是寒冷，没有风霜雨露，没有草木野兽，自然也不会有人。

(2) 从课文中找一找用假设来说明的句子：

它要是张开嘴，人站在它嘴里，举起手来还摸不到它的上颚，四个人围着桌子坐在它嘴里看书，还显得很宽敞。

假如大气中没有灰尘，强烈的阳光将使人无法睁开眼睛。

假如大气中没有灰尘，由于只存在气体对阳光的散射，整个天空将始终是蔚蓝色的。

假如空气中没有灰尘，地面上的万物都将是湿漉漉的。更严重的是，天空中难以形成云雾，也难以形成雨、雪来调节气候。从地面蒸发到大气中的水汽逐渐增加，大气中的相对湿度不断上升，就会影响生物的生存。

假如没有灰尘，大自然将是多么单调啊！

(3) 试着用假设的方法说明下面的事物：

水对于生命来说太重要了，＿＿＿＿＿＿＿＿＿＿＿＿＿＿＿＿＿。

鱼鳍有调节速度、变换方向等作用，＿＿＿＿＿＿＿＿＿＿＿＿＿。

7. 其他说明方法

(1) 下定义。

用简明的语言对某一概念的本质特征做规定性的说明叫下定义。下定义能准确揭示事物的本质，是科技说明文常用的方法。

(2) 做诠释。

从一个侧面就事物的某一个特点做些解释，这种方法叫诠释法。

(3) 列图表。

为了把复杂的事物说清楚，还可以采用图表法来弥补单用文字表达的缺欠，对有些事物解说更直接、更具体。使读者直观、一目了然地了解事物的特征。

(4) 引用。

为了使说明的内容更充实、具体，可以引用资料加以说明。可引用资料的范围很广，可以是经典著作、名家名言、公式定律、典故谚语等。

(5) 分类别。

将被说明的对象按照一定的标准划分成不同的类别，一类一类地加以说明，这种说明方法叫分类别。分类别可以帮助读者掌握特征，使人头绪分明。

六、说明文结尾的方法

1. 自然收尾

自然收尾就是按照一定的顺序将事物的最后一个特征介绍完以后，文章也就结束了。比如《假如没有灰尘》、《松鼠》、《鲸》的结尾。

2. 总结、评议、展望型收尾

就是将说明对象介绍完之后，或者做总结性叙述，或者进行评价，或者展望未来。如《新型玻璃》用的就是这样的结尾方法："在现代化的建筑中，新型玻璃正起着重要的作用。在新型玻璃的研制中，人们将会创造出更多的奇迹。"同样，《太阳》一课也是用的这种结尾方法。

【教案 53】

让思想自由飞翔——如何写自主作文

学习写作的一个最重要的目的，就是让人们能通过文字来表达自己想要表达的东西。而且，我们学过的绝大多数文章，都是作者自主抒发感情的成果。所以，很多教材上都出现了让学生自主写作文的习作要求。这当然是一件好事。

但是，很多学生在命题作文的指挥棒下习作久了，并不懂得如何去写自主作文。而且，很多学生还缺乏自主选择作文主题和素材的能力，所以，自主作文虽然好写，但也还是需要给学生点拨点拨的。

点拨得好，学生尝到了自主作文的甜头，就会更加喜欢自主作文，"我手写我心"，进而爱上写作。一旦爱上写作，就会进行更多的自主写作。自主作文写得多了，再遇上命题作文时，脑海中的素材就自然会多起来，命题作文也就自然有东西可写了，应试自然也就更加从容了，真可谓是一举多得啊！

教学建议

使用人教版教材的可将本节内容直接作为三年级上册"语文园地八"的教案;使用其他版本教材的可将本节内容作为单项训练教案,或是与相应教材中的自主作文训练结合使用。

教学目标

(1) 使学生学会写自己想写的作文,了解写作本就可以"我手写我心",抒发自己的思想感情,表达自己独特的见解,叙述自己独特的经历,描写自己经历的有趣故事等。

(2) 使学生学会把自己想说的意思写具体,写清楚。

教学重点

如何写出自己想写的东西。

教学难点

"自主"的限制在哪里。

教学准备

歌曲《自由飞翔》;供展示的范文若干篇。

教学过程

一、歌曲导入

"在你的心上自由地飞翔,灿烂的星光永恒地徜徉,一路的方向照耀我心上,辽远的边疆随我去远方。"(歌曲《自由飞翔》)

今天,我们的作文也要自由飞翔了。

二、如何写自主作文?

1. 习作要求

这次习作不规定内容、范围,请你自由写。可以写各种各样的人或事,可以写自己喜欢的景或物,可以写自己的快乐或烦恼……动笔前,先想一想自己最想告诉别人什么。写的时候,要把想表达的意思写清楚。写完后,把不满意的地方改一改。另外,建议你把这学期的习作整理一下,保存好。

2. 审题、拟题

这篇习作练习是一则自主作文，就是自己想写什么就写什么，没有规定内容范围，虽然习作要求中列举了一些内容，但那只是举例而已，你完全可以写要求中没有提到的内容。

今天这节课的主要目的就是让大家学会想写什么就写什么，因为我们学写文章的主要目的是能够表达自己想表达的，而不是按照别人的要求写东西，我们学过的很多文章以及在课外书上看到的绝大部分文章，大都是作者在有了一些想法后写出来的，而不是谁规定他写出来的。

所以，我们学习写作的目的主要是为了学会自主写作。有的同学要问了：那为什么我们要写那么多的命题作文呢？写命题作文的目的就是为了让你们掌握写作文的基本方法，然后你们才能去进行自主写作。就像我们不能教一个还不会走路的人走模特步一样，一个人必须先走稳了，才能去学走摇曳生姿的模特步。同样，一个人必须先学会如何写一篇文章，才能知道怎么去用文章表达自己的思想。

自主作文的标题要根据写作内容来拟，标题就是"自主作文"，肯定是不太好的。如果你要写自己最爱的人，就可以以"我最爱的人"为标题；如果你要写自己的梦想，就可以以"我的梦想"为标题；如果你要写自己的烦恼，就可以以"我的烦恼"为标题等。

生活中总有一些特别值得你感动的人或事，或者你总有一些特别想告诉别人的事情，这些都是作文命题者不一定会出的题目，因为作文命题者要考虑大多数人的感受，所以，不一定能出到那些你最想写的题目，自主作文就给了你这样一个机会。或者，你遇到过一个特别的人，或者你有过一个独特的观点，或者你有一件很有趣的事想和大家分享，那么，给你一个舞台，尽情地展示自己吧！

3. 自主作文怎么写？

有这样一个故事：

老师说："这次作文不规定内容、范围，请你自由写，你可以想写什么就写什么……"

作文批改完后，老师把作文本发下来的时候，问小明："小明，你怎么可以全部都写'我想吃冰棍我想吃冰棍我想吃冰棍我想吃冰棍……'呢？"

小明疑惑地问："您不是说我们可以'想写什么就写什么'吗？"

"想写什么就写什么"的意思，当然不是可以全部都写"我想吃冰棍我想吃冰棍我想吃冰棍我想吃冰棍……"，而是说你可以自由选择写作的内容，想写哪方面的内容就写哪方面的内容。因为毕竟是写作文，所以我们不能脱离"作文"二字，而去抄写生字，或者是将一句话写若干遍，更不能乱写一通："今天多云转天晴，孙悟空三打白骨精，小军不爱吃稀饭，小红爱跳橡皮筋，妈妈剪了新发型，我最不喜欢曹小明……"写作文毕竟是写作文，虽然内容可以随意，但首先得是一篇作文。

你想写些什么呢？

写各种各样的人和事：想想身边的人谁最有个性，写一写，让大家也认识一下他；回忆曾经让你印象深刻的一件事，按照事情的发展顺序写下来。

写自己喜欢的景物：你最喜欢的景物是什么？想一想，然后按一定的观察顺序、有条不紊地写出来，言语之中要流露出"喜爱之情"。

写自己的快乐或烦恼：什么事情让你感到快乐？把这种事情简单地介绍给大家，让大家分享你的快乐。什么事情让你烦恼？把这种事情说出来不仅心里会舒服很多，说不定大家还能帮你解决呢。

写一个童话故事：如果你编童话还没编过瘾，你当然可以再编一个，感受成为一个小作家的快乐。

4. 学一学

住的梦
老舍

不管我的梦想能否成为事实，说出来总是好玩儿的：

春天，我将要住在杭州。二十年前，旧历的二月初，在西湖我看见了嫩柳与菜花，碧浪与翠竹。由我看到的那点儿春光，已经可以断定，杭州的春天必定会教人整天生活在诗与图画之中。所以，春天我的家应当是杭州。

夏天，我想青城山应当算做最理想的地方。在那里，我虽然只住过十天，可是它的幽静已拴住了我的心灵。在我所看见过的山水中，只有这里没有使我失望。到处都是绿，目之所及，那片淡而光润的绿色都在轻轻地颤动，仿佛要流入空中与心中似的。这个绿色会像音乐，涤清了心中的万虑。

秋天一定要住北平。天堂是什么样子，我不知道，但是从我的生活经验去判断，北平之秋便是天堂。论天气，不冷不热。论吃的，苹果、梨、柿子、枣儿、葡萄，每样都有若干种。论花草，菊花种类之多，花式之奇，可以甲天下。西山有红叶可见，北海可以划船——虽然荷花已残，荷叶可还有一片清香。衣食住行，在北平的秋天，是没有一项不使人满意的。

冬天，我还没有打好主意，成都或者相当的合适，虽然并不怎样和暖，可是为了水仙、素心腊梅、各色的茶花，仿佛就受一点儿寒冷，也颇值得去了。昆明的花也多，而且天气比成都好，可是旧书铺与精美而便宜的小吃远不及成都那么多。好吧，就暂这么规定：冬天不住成都便住昆明吧。

在抗战中，我没能发国难财。我想，抗战胜利以后，我必能阔起来。那时候，假若飞机减价，一二百元就能买一架的话，我就自备一架，择黄道吉日慢慢地飞行。

这是老舍先生的《住的梦》，他写的就是关于自己住在哪儿的最好的梦想。虽然有点异想天开，但是，这确实是作者的想法，他也知道这是很难实现的，因为真想这样住的话是需要很多钱的——去某个地方住，总需要不菲的路费以及准备房子、家具什么的，所以，老舍先生在最后说"假若飞机减价，一二百元就能买一架的话，我就自备一架，择黄道吉日慢慢地飞行"，这当然是句玩笑话，但是，这种玩笑既是作者的梦想，也是很多人的梦想，写出来也是蛮有趣的。你有没有这样的奇思妙想呢？如果有，你也可以把它写下来，说不定比老舍先生写的还有趣呢。

5. 练一练

今天我好开心

今天学习《盘古开天地》，读完课文以后，老师问我们有什么问题，同学们提了很多字、词、句子方面的问题。看着同学们积极地举手，我也忍不住举起了手，因为我有一个一直想问的问题，可开始因为觉得不是关于课文的问题而没敢问。

黄老师看到我举了手，非常高兴地叫了我的名字。

我鼓起勇气问道："课文里说盘古倒下去以后，眼睛变成了太阳和月亮，为什么插图中盘古还站着的时候就有太阳和月亮呢？"

黄老师非常高兴地表扬了我："这个问题问得好，说明你不但读了课文，认真地观察了插图，而且还学会了质疑……大家掌声鼓励他，好不好？"

我第一次像个小明星一样接受老师的表扬和同学们的掌声，我真开心啊！

这篇文章写的是小作者在课上提出了一个与课文完全无关的问题，却得到了老师表扬后的喜悦心情。因为是小作者第一次这样接受老师和同学的掌声，所以，他对此印象特别深刻，就把它写了下来。想一想：你有没有记忆特别深刻、让你感到非常开心的事情？这件事情为什么让你感到特别开心？试着把它写下来，让同学也分享你的开心。

我们终于赢了

今天中午，学校组织了一次拔河比赛。

我们三年级和四年级比赛，我们以前和四年级比过两次，没赢过一次。拔河比赛前，班主任黄老师不停地叮嘱我们拔河比赛的要领，又告诉我们不要太紧张。

拔河比赛开始了，我们按照老师说的要领去做，大家齐心协力，谁也不松懈，即使用尽最后一丝力气也咬牙坚持着。终于，皇天不负苦心人，在一片欢呼声中，我们赢了。

同学们激动得有的拥抱，有的欢跳，有的大笑……

啊，我们终于赢了！赢了！耶！

这篇文章写的是小作者所在的班级齐心协力、坚持不放弃，最后终于赢得了拔河比赛的胜利。因为这种胜利的得来是建立在师生共同努力的基础上的，所以，小作者由衷地感到自豪，于是，他就把这件事写了下来。想一想：有什么事情是让你感到特别自豪的？这件事为什么让你感到自豪？在完成这件事的过程中你都遇到了哪些困难？你是怎样克服这些困难的？试着把它写下来，抒发自己的自豪之情。

老师表扬了我

那天，我看到教室地面上有一块橘子皮。

我想：是谁扔的呢？老师说过不准乱扔果皮纸屑，怎么就有人这么不听话呢？可是，这又不是我扔的，我要不要把它捡起来呢？这时，我想起了班主任老师说过的话："我们班每一个人都是我们班的主人，我们班的卫生工作每一个同学都有责任。"于是，我连忙把橘子皮捡起来，扔进了垃圾桶。

班主任刚好路过看到了这一幕，在她上课的时候，她就在班上表扬了我，说我有主人翁精神，并且希望大家都向我学习。听了班主任的表扬后，我觉得心里美滋滋的，也暗自下了决心：今后我一定要做得更好。

这篇文章写的是小作者得到了老师的表扬，心里很高兴。这对别人来说可能算不了什么，但对于小作者本人，却是一件值得回味的事，把它写下来，不仅可以提高写作水平，还可以激励自己做得更好。想一想：老师哪天表扬了你？因为什么事情表扬了你？得到表扬后，你心里是什么感觉？然后把它写下来，自主作文本就是给你一个倾诉自己喜怒哀乐的机会的。

友　谊

今天的班队课上，我们班选举新的班委会。

首先是提名，很多同学都被提名了，却没有一个人提我的名字。其实，我也想当班干部，可是却没有一个人提我的名字。我看了看我的好伙伴沙沙，她也没有被提名，她静静地坐在座位上。我想，也许她和我一样失落吧。于是我也站起来提名，我提的是沙沙。沙沙听到我提她的名后，感激地回头看了我一眼。能够让我的好伙伴心里舒服一点，也算是尽了自己的一份力了。后来，沙沙也提了我的名字。

虽然后来投票的时候，我和沙沙都没有被选上，但是，我和沙沙都似乎更懂得了什么是友谊。

这篇文章写的是选举班干部时，有很多同学被提名，小作者却没有被提名，这时他看到好伙伴和他一样，就想到给好伙伴提名，让好伙伴心里舒服一些。虽然，这种"人情式"的提名选举我们不提倡，但是，我们却能从这篇文章里看到小作者一颗善解人意的心。你和好朋友是否也有过这种温馨的故事呢？想一想，然后把它写下来，那既是对朋友的肯定，也是自己美好的回忆。

参考文献

[1] 陈有年，主编. 作文的结构 [M]. 北京：中国和平出版社，1995.
[2] 程汉杰. 怎样修改作文 [M]. 北京：中国少年儿童出版社，1986.
[3] 黄廷章，主编. 作文的审题立意 [M]. 北京：中国和平出版社，1995.
[4] 李庄，编著. 小学作文教学(上) [M]. 乌鲁木齐：新疆青少年出版社，1996.
[5] 廖晏钟，曾小兰，柳恩铭，主编. 初中生作文开头与结尾 [M]. 海口：海南出版社，1996.
[6] 孟吉平. 作文有秘诀吗？ [M]. 北京：中国少年儿童出版社，1982.
[7] 上海市教育科学研究所小学作文教育质量评价研究组，编. 小学作文教学目标与训练 [M]. 上海：上海科学技术出版社，1989.
[8] 宋启良，许怀诚，主编. 作文的材料 [M]. 北京：中国和平出版社，1995.
[9] 宋涛，主编. 最新21世纪生活百科手册·写作指南 [M]. 北京：北京燕山出版社，2008.
[10] 王光前，编著. 小学作文教学(下)[M]. 乌鲁木齐：新疆青少年出版社，1996.
[11] 熊再生，主编. 小学生作文训练与技巧 [M]. 乌鲁木齐：新疆青少年出版社，1996.
[12] 应学俊，应天常，编著. 作文的语言艺术 [M]. 北京：中国和平出版社，1995.

万千教育 基础教育类书目

书号	书名	著、译者	定价(元)
小学学科教学系列			
0681	小学创意写作	郭学萍 著	42.00
9981	让数学变得好玩 ——小学一二年级数学课堂游戏88例	陈燕云 主编	45.00
9931	经典绘本阅读与创意教学（二年级分册）	顾舟群 著	30.00
9932	经典绘本阅读与创意教学（一年级分册）	顾舟群 著	30.00
8872	钱守旺的小学数学教学主张	钱守旺 著	35.00
7982	小学英语课堂游戏集中营	贺 杰 著	28.00
7870	趣味识字教学	黄 波 编著	28.00
7869	小学作文教学设计方案53例	黄 波 著	30.00
7590	我的迷人"语"秘书 ——小学语文趣味教学12法	黄 波 编著	28.00
7482	方利民快乐作文教学26招	方利民 著	26.00
小学学科教学系列合计			322.00
中小学学科教学系列			
9884	阅读教学设计的要诀 ——王荣生给语文教师的建议	王荣生 著	36.00

9573	名师课堂教学细节设计艺术	徐杰 等 著	36.00
9114	中小学实用教学策略	宋秋前 著	26.00
9007	语文综合性学习教学设计方案40例	赵水英 王林发 编著	36.00
8949	语文口语交际教学设计方案40例	王林发 主编	36.00
8582	智力发展与数学学习	林崇德 著	50.00
7483	走进快乐语文课堂	潘继云 著	26.00
7320	语文课如何是好	王晓春 著	28.00
中小学学科教学系列合计			**274.00**
小学班主任专业技能			
1196	小学班主任与家长沟通之道 ——心与心的交流	许丹红 著	36.00
8266	小学班主任的78个临场应变技巧	许丹红 著	32.00
9555	打造小学卓越班级的38个策略	许丹红 著	30.00
0699	好班是怎样炼成的 ——小学班主任班级建设之道	谢云 主编	40.00
0672	正思维、正能量和正教育 ——魅力班主任的幸福教育生活	钱碧玉 著	36.00
9764	缔造完美教室 ——小学班本课程的开发与实践	李亚敏 刘娟 著	39.00
9574	小学家校沟通的艺术	王怀玉 著	35.00
9935	写给少先队辅导员的41条建议	许其龙 著	35.00

……
欲了解更多图书信息，请登录：www.wqedu.com
联系地址：北京市西城区三里河路6号院2号楼213室　万千教育
咨询电话：010-65181109，65262933

*本目录定价如有错误或变动，以实际出书为准。